FLB
1540
RAN
tie

Jacques Rancière

El tiempo de la igualdad

Diálogos sobre política y estética

Presentación, traducción y notas
de Javier Bassas Vila

Herder

Título original: Et tant pis pour les gens fatigués
Traducción: Javier Bassas Vila
Diseño de la cubierta: Claudio Bado

© 2009, Editions Amsterdam
© 2011, Herder Editorial, S. L., Barcelona

1.ª edición, 2.ª impresión, 2019

ISBN: 978-84-254-2764-0

La reproducción total o parcial de esta obra sin el consentimiento expreso de los titulares del *Copyright* está prohibida al amparo de la legislación vigente.

Imprenta: Servicepoint
Depósito legal: B-33.856-2011
Printed in Spain - Impreso en España

Herder
www.herdereditorial.com

Índice

Presentación: *El tiempo de la igualdad*
[Javier Bassas Vila] 9

¡Y PEOR PARA LOS QUE ESTÉN CANSADOS! 23
POLÍTICA DE LA ESCRITURA 33
HISTORIA DE LAS PALABRAS, PALABRAS
   DE LA HISTORIA 51
¿ES LA POLÍTICA SOLO POLICÍA? 73
LOS HOMBRES COMO ANIMALES LITERARIOS 79
XENOFOBIA Y POLÍTICA 101
¿BIOPOLÍTICA O POLÍTICA? 121
LA POLÍTICA NO ES COEXTENSIVA NI A LA VIDA
   NI AL ESTADO 129
¿PUEBLO O MULTITUDES? 149
LA COMUNIDAD COMO DISENTIMIENTO 159
POLÍTICA Y ESTÉTICA 175
PREGUNTAS A JACQUES RANCIÈRE 213
UNIVERSALIZAR LAS CAPACIDADES DE CUALQUIERA 233
EL NUEVO DISCURSO ANTIDEMOCRÁTICO 245

Los territorios del pensamiento compartido 255
Otro tipo de universalidad 275
Construir los lugares de lo político 289

Bibliografía de Jacques Rancière 305
Índice analítico 309

El tiempo de la igualdad

[Javier Bassas Vila]

¿Cómo repensar la historia del movimiento obrero? Es decir, ¿puede considerarse el movimiento obrero como otra cosa que la clásica lucha por la «toma de conciencia»? ¿Son realmente el conocimiento y la conciencia de la explotación lo que emancipa? ¿Y cómo pensar de otra manera la emancipación más allá de las ideologías supuestamente liberadoras que han marcado las reivindicaciones políticas de los siglos XIX y XX? O, ya en nuestros días, ¿debemos pensar la igualdad de los sujetos como la mera homogeneización de los individuos? ¿Es este el verdadero sentido de nuestras democracias: «todos somos iguales porque todos tenemos un voto»? ¿Qué otras relaciones podemos establecer entre igualdad y democracia? Y, en un sentido radicalmente estético, ¿pueden las nociones de emancipación e igualdad articular una política de la literatura y de las artes en general?

Seleccionadas a partir del volumen francés titulado *Et tant pis pour les gens fatigués,*[1] las entrevistas que siguen fueron realizadas en un periodo que abarca desde 1981 hasta 2007 y despliegan todas las cuestiones que, con el pasar de los años, se han revelado

---

1. Jacques Rancière, *Et tant pis pour les gens fatigués,* París, Amsterdam, 2009.

fundamentales en el pensamiento de Jacques Rancière. De modo que estas entrevistas —reunidas aquí bajo el título *El tiempo de la igualdad,* acordado con el autor mismo— permitirán al lector adentrarse y profundizar en la obra del pensador francés a partir del juego de preguntas y respuestas que agiliza el contenido y facilita la comprensión, sin perder el rigor paciente y haciendo emerger formulaciones más directas, reveladores incluso, por la fuerza misma de la interlocución.

De entrada, la lectura de estas entrevistas nos muestra hasta qué punto el pensamiento de Rancière se basa en una potente, y afinada, interpretación de la igualdad —la noción más citada en estas entrevistas, por encima de «emancipación», «consenso/ disenso», «policía/política», «los sin parte» o «el reparto de lo sensible»—. En estas entrevistas, y en su obra en general, la noción de igualdad no designa de ningún modo un proceso que homogeneiza a los individuos, un régimen de cálculo (1 + 1 + 1...), como puede haber sido el caso en ciertos usos de esa misma noción propios de la «modernidad». La interpretación de la igualdad que Rancière propone remite más bien a la igualdad de las inteligencias y a la capacidad que tiene cualquiera *(n'importe qui)* de hablar y ocuparse de asuntos comunes. Esta interpretación le permite desplegar desde un nuevo punto de vista tanto la historia del movimiento obrero —y la subsiguiente caracterización de la política en general— como también un nuevo acercamiento al arte. En definitiva, redefinidas desde la perspectiva de la igualdad, política y estética se anudan de una manera crítica, dejando de lado todos esos acercamientos «temáticos» en los que el arte político es, simplemente, el arte que trata temas políticos o sus modos de representación.

Los entrevistadores, por su parte, no se complacen en un liviano intercambio de palabra con uno de los pensadores más importantes en el panorama filosófico internacional. El compromiso radical y el rigor que evidencian unos y otros en sus preguntas parecen derivar, aquí, de la cosa misma que se trata: la urgencia de la igualdad, de lo común que cualquiera puede, en un momento preciso, hacer emerger. De manera que, en estas entrevistas, encontraremos momentos en los que invitan a Rancière a precisar algunos puntos que les preocupan e, incluso, preguntas que ponen abiertamente en cuestión su pensamiento, comparándolo con ciertas posiciones adoptadas por otros autores (de Platón y Aristóteles a Marx, Althusser, Arendt, Deleuze, Foucault, Barthes, Bourdieu o Negri, por nombrar solo a los más citados). Frente a ello, Rancière responde siempre de un modo contextualizado, sin omitir ni las dificultades que se plantean ni ocultar tampoco las cuestiones que todavía permanecen, para él, en suspenso.

La historia del tiempo robado

«Yo era un estudiante fascinado por los textos de Marx y también por la persona y el discurso de Louis Althusser...», nos dice Rancière de sus inicios. Para comprender la orientación de su pensamiento, es entonces necesario remontar primeramente a su relación con Althusser y al seminario que este impartía en 1964 en la École Normale Supérieure —seminario que está en el origen del posterior libro colectivo titulado *Para leer El Capital*—.[2] De hecho, es a raíz de esa relación con Althusser —y más precisamente de la ruptura que se produce entre ambos a finales de los años sesenta y principio de los setenta— como se configurará la nueva perspectiva de la historia del movimiento obrero y de lo político que Rancière ha ido desplegando desde

---

2. *Lire le Capital* (obra colectiva de Louis Althusser, Étienne Balibar, Roger Establet, Pierre Macherey y Jacques Rancière), París, Maspero, col. Théorie, 2 vols., 1965 [vers. cast.: *Para leer El Capital*, Madrid, Siglo XXI, 2010].

entonces. De esta nueva perspectiva, empezaremos distinguiendo dos vectores fundamentales: i) su concepción particular del movimiento obrero; ii) la relación crítica con el saber histórico como disciplina.

1) En palabras de Rancière, el marxismo cientificista de Althusser presupone que las condiciones para romper con la dominación se establecen, de entrada, mediante la toma de conciencia de los mecanismos de dominación. Así pues, son los científicos y los intelectuales los que deben transmitir a los obreros el conocimiento –las razones y las causas– de esa dominación que padecen. Bajo la perspectiva althusseriana, nos encontramos en la clásica relación entre intelectual y obrero, como binomio entre el que sabe y el que no sabe, entre el maestro y el discípulo. Es sabido que este binomio quedará definitivamente invalidado bajo la pluma de Rancière, especialmente en una de sus obras más conocidas, *El maestro ignorante* (1987). En esta obra, Rancière recurre al revolucionario pedagogo Joseph Jacotot en busca de otra relación entre el que sabe y el que no sabe, entre el maestro y el discípulo, y también entre el intelectual y el obrero, teniendo como trasfondo esa polémica cuestión que estuvo en el origen de la separación entre el joven Rancière y los círculos althusserianos: las jerarquías del saber.

En este mismo marco teórico, resulta igualmente interesante ver cómo esta cuestión vuelve a aparecer en otras de sus obras bajo una nueva forma, más actual: vemos que ese rechazo a la jerarquía entre el que sabe y el que no sabe se manifiesta también como un rechazo a la expertización de los problemas comunes. Rancière expresa, en efecto, un rechazo total frente a la expertización actual de los asuntos comunes, es decir, frente a esa costumbre política cada vez más consolidada que consiste en confiar la solución de los problemas comunes a «expertos» para que tomen decisiones «objetivas». De hecho, Rancière pone de relieve dos presupuestos de esta expertización de los asuntos comunes: de entrada, la expertización implica la creencia en la posibilidad de determinar una situación dada «objetiva» (enunciable en términos técnicos) que, supuestamente, solo puede ser definida por personas cualificadas; además, con la expertización de lo común, se está negando la capacidad que tiene cualquiera de asumir, participar y decidir sobre esos asuntos comunes que le afectan. Amparada por cumbres y foros internacionales —que los medios anuncian con gran pompa y que resultan, cuando vienen tiempos de vacas flacas, inútiles—, la expertización de lo político es entonces una costumbre antiigualitaria y uno de los males endémicos de nuestras sociedades, cuya extirpación reclaman con fuerza los recientes movimientos sociales (en las plazas, por las calles, en escuelas y universidades).

Tras separarse de la posición cientificista de Althusser, Rancière decide sumergirse en el estudio del movimiento obrero del siglo XIX, en un trabajo de lectura de documentos que durará diez años y le llevará a modificar radicalmente —en contra de su intención primera— su propio acercamiento a la historia de las reivindicaciones obreras. Esta modificación radical de la perspectiva acabará determinando, como él mismo explica en una de las entrevistas aquí contenidas, su concepción de la política:

> En el movimiento de los que estaban relegados al orden del trabajo —en el sentido de que ese orden se presentaba como antinómico respecto al orden del pensamiento y de la palabra—, no había que entender la voluntad de apropiarse un «pensamiento obrero propio» sino, al contrario, algo que estuviera del lado del pensamiento y de la palabra del otro, incluyendo lo que tenían de más elevado [...]. Esta es la lógica que intenté pensar más globalmente como la lógica misma de la política.

Esas lecturas históricas le revelan, por tanto, que el movimiento social de los obreros no tiene por objetivo tomar conciencia del famoso secreto de la mercancía o del funcionamiento de la plusvalía que padecían como «obreros» –conocimiento que, de hecho, tampoco les faltaba–, sino que el objetivo de ese movimiento consistía más bien en apropiarse de lo otro, de aquello otro que les había sido denegado: por una parte, la capacidad de hablar –denegación de la palabra que Rancière ilustra a menudo con la interpretación que hace Ballanche de la célebre retirada de los plebeyos al Aventino y con la distinción aristotélica entre *logos* y *phoné*–;[3] por otra parte, la capacidad de pensar y ocuparse de los asuntos comunes –capacidad por la que los obreros deben luchar para romper el consenso que los asigna al orden del trabajo y distribuir, de otra manera, las funciones y lugares de los cuerpos–; y, finalmente, apuntemos también la denegación temporal que experimentan los obreros y que consiste en la desapropiación del uso del tiempo, siempre contado, siempre contabilizado. Con el título *La noche de los proletarios,* obra de 1981, Rancière señala precisamente esa desapropiación temporal experimentada por los obreros: la noche no es propiamente noche, si se reduce a un mero intervalo de reposo y de recuperación de fuerzas entre

3. Rancière afirma a este respecto: «Ballanche explica la retirada de la plebe romana al Aventino como solución a una sola pregunta: ¿hablan los plebeyos? ¿Es lo que sale de sus bocas el ruido de cuerpos hambrientos y furiosos o el ejercicio de una capacidad para nombrar y prometer?». Véase la entrevista titulada «Política de la escritura», con Monica Costa Netto, pág. 46 del presente volumen. Y respecto a la distinción de Aristóteles, leemos, por ejemplo: «La política atesta una división de principio. Aristóteles quiere fundar la evidencia de la politicidad del hombre en el lenguaje, o, más exactamente, en la oposición entre el lenguaje humano –*logos,* el cual permite discutir sobre el bien y el mal, lo justo y lo injusto– y la voz –la *phonè,* común a muchos animales, la cual sirve simplemente para señalar el placer y el dolor [...]–. Detrás de todo conflicto político, está el conflicto sobre el hecho mismo de saber quién está dotado de la capacidad política de la palabra». Entrevista titulada «Xenofobia y política», con Yves Sintomer, pág. 103 del presente volumen.

dos jornadas de trabajo. Porque los «tiempos muertos» (el ocio) de los burgueses no son tiempo contado, el día y la noche del obrero son «tiempo robado».

Además, como apuntaba Rancière mismo en el fragmento citado más arriba, el estudio del movimiento obrero le ofrecerá las nociones fundamentales para repensar, más generalmente, la política: la constatación histórica de esos repartos excluyentes de voces, así como de la asignación ordenada de funciones, lugares y tiempos, irá orientando efectivamente su propio pensamiento político. De modo que, en su obra, surgirá una serie de nociones derivadas del estudio histórico del movimiento obrero: encontraremos así la identificación del «agravio» *(tort)* constitutivo de todo orden establecido y padecido por «la parte de los sin parte» *(la part des sans-part)*, es decir, por la parte que se queda sin parte en lo común; de igual manera que, como correlato de ese agravio, surgirá la noción de «desacuerdo» *(mésentente)*, así como el uso recurrente de la oposición entre consenso y disenso, policía y política, el recuento y el exceso, o la idea misma del reparto de lo sensible *(le partage du sensible)*. Así se irá configurando la constelación teórica de Rancière, formada por esas nociones que derivan mayormente de su estudio histórico del movimiento obrero y que se han convertido en caballos de batalla de su pensamiento.

2) Ahora bien, no debe tampoco olvidarse que ese trabajo de lectura, que ese interés por los archivos del movimiento obrero y por su historia, constituye una manera particular de hacer filosofía. Una manera que rompe, de hecho, el orden disciplinar establecido. No solo en *La noche de los proletarios*, sino también y más directamente en *Los nombres de la historia*, Rancière despliega una reflexión sobre la escritura y sobre el ámbito propio de la filosofía y de la historia. De esta manera, encontramos en estas entrevistas ciertas reflexiones que alertan a los historiadores sobre algunos presupuestos de su disciplina —como el presupuesto teó-

rico que consiste en asignar anticipadamente a los cuerpos y las voces de la historia un lugar y una intención unitaria (en busca siempre de la coherencia proporcionada por la «identidad de un ser, de un hacer y de un decir»)–[4] o en imponerse el cientificismo sorteando la polémica relación entre discurso y relato. En este mismo cuestionamiento del saber histórico como disciplina, vemos también cómo la filosofía adopta una nueva figura, en lucha constante con las fronteras académicas y más atenta ante el valor político de las diferentes formas de escritura.

La lengua de la igualdad

Estas reflexiones sobre la historia y la filosofía, sobre las fronteras de las disciplinas y sus formas de escritura, desembocan en una doble insistencia que se manifiesta claramente en estas entrevistas. En varias ocasiones se pone de relieve, por una parte, ese vínculo que se establece entre la distribución de los modos discursivos y el reparto de los cuerpos. Partiendo de una base metodológica foucaultiana –como Rancière mismo sugiere–,[5] se afirma que un

---

4. En este mismo sentido, leemos también: «Cuando escribí *La noche de los proletarios*, entendí que no podía tratarse a esas masas heteróclitas de palabras huérfanas haciendo de ellas la expresión de cuerpos y lugares bien especificados, siempre ya dados, los del trabajador, de la fábrica o de una vivienda miserable. Al contrario, había que olvidar esos cuerpos dados por adelantado para reconstituir, con sus lagunas, la red de experiencias que ahí se manifiesta, la red de comunicaciones que ahí se opera, la red de futuro que ahí se proyecta». Entrevista titulada «Política de la escritura», con Monica Costa, pág. 45 del presente volumen.

5. «Si entre los pensadores de esa época ha habido uno del que, en cierto momento, me sentí cerca es más bien Foucault. Hay algo del esfuerzo arqueológico de Foucault que caló en mí, la voluntad de pensar las condiciones de posibilidad de una u otra forma enunciativa y de constitución del objeto», entrevista titulada «Política y estética», con Peter Hallward, pág. 211 del presente volumen. Y véase, también, pág. 134.

El tiempo de la igualdad

reparto de los modos discursivos no puede entenderse nunca de manera aislada, sino en estricta correlación con ciertos modos de ser y de hacer. El interés por esta correlación le permite comprender la importancia que tiene, en el estudio de una situación dada, la identificación de las voces que están autorizadas para hablar y las voces que no lo están, quién tiene esa capacidad de hablar de los asuntos comunes y quién no la tiene –cuestión que ya hemos mencionado más arriba en relación con los obreros, los plebeyos en el Aventino y la distinción aristotélica entre *logos* y *phonè*–. Y ello porque una determinada distribución de los modos discursivos implica siempre una determinada asignación de funciones y lugares de los cuerpos, un reparto de lo sensible: «Recordemos, de entrada, que un reparto entre modos discursivos es ante todo una orientación en el pensamiento. El reparto solo se *realiza* por hipérbole o subrepción asimilándose a un reparto de los cuerpos».[6] Además, la comprensión de esta correlación entre la distribución de los modos discursivos y los modos de ser y hacer abre una nueva perspectiva sobre los acontecimientos revolucionarios, en los cuales «los sin parte» se apropian precisamente de palabras que no les estaban destinadas –lo cual implica, por tanto, una nueva asignación de funciones y de lugares de los cuerpos–. Respecto a esta intrincación entre los modos de decir, ser y hacer, y también respecto a la comprensión que así se abre de los acontecimientos revolucionarios, Rancière escribe:

> La Revolución, en la edad moderna, es el nombre genérico del acontecimiento del habla. Llamo «acontecimiento del habla» a la captación de los cuerpos hablantes mediante palabras que los arrancan de su lugar, que trastornan el orden mismo que colocaba a los cuerpos en su lugar e instituía así la concordancia de las palabras con los estados de los

6. Véase aquí «Política de la escritura», pág. 38.

cuerpos. El acontecimiento del habla es la lógica del rasgo igualitario, de la igualdad en última instancia de los seres hablantes, que viene a disociar el orden de las nominaciones por el cual cada uno tiene asignado un lugar o, en términos platónicos, su propia tarea.[7]

Pero el interés de Rancière por los modos discursivos también le lleva a reflexionar, por otra parte, sobre la escritura misma de la filosofía: esa disciplina que no es propiamente una disciplina sino la puesta en cuestión de las disciplinas y, en consecuencia (por la intrincación entre los modos de decir, ser y hacer), la puesta en cuestión de un orden social, de un consenso político, de un reparto de lo sensible. En esta reflexión sobre la escritura filosófica y su relación con la escritura de la historia o literaria, nos parece especialmente interesante la cuestión del ensayo.

De hecho, en los libros de Rancière, solemos encontrar un estilo ensayístico, conciso, sin apenas notas, en el que se evidencia la presencia del autor sin que ello suponga un intento por poner de relieve la persona, la personalidad, el temperamento del que escribe —pues es más bien lo contrario—. El ensayo, definido en estas entrevistas como «la aventura intelectual que atraviesa las fronteras de las especialidades en la verificación singular y arriesgada de la suposición de un poder común del pensamiento», aparece entonces como una forma de escritura que pone en cuestión cualquier fundamento de autoridad, cualquier identificación o legitimidad previa, cruzando así diferentes disciplinas y erigiéndose en la teoría lo que la novela es en la literatura: «El género de lo que es sin género». Ensayo y novela se caracterizarían, pues, por una figura de autor que asume la responsabilidad de lo dicho sin el amparo de identificaciones o legitimidades previas. Así, ensayo y novela compartirían la búsqueda por elevarse,

---

7. *Ibid.*, pág. 40.

desde un principio de igualdad lingüística, hacia la creación de una voz en exceso respecto a todo género o disciplina –y, por tanto, respecto a todo orden, a todo consenso, etcétera–. Cabría entonces preguntarse si el ensayo, corriendo así en paralelo a la novela, podría considerarse también como una forma democrática de escritura teórica, tal y como la novela lo es en el campo de la literatura: «En este sentido, puede afirmarse que la novela es la forma democrática de la palabra, la que niega toda situación de palabra regulada, caracterizada por una relación definida entre un tipo de agente social y un tipo de receptor social».[8] En resumen, sin legitimidad definida previamente, en una constante y tensa relación con el discurso de las ciencias, podríamos afirmar que la novela y el ensayo hablan la lengua de la igualdad: ruptura del orden genérico o disciplinario previo –natural o consensuado– en busca de la emergencia de voces *excesivas,* es decir, emancipadas.

Espectador emancipado, artista ignorante

Respondiendo a una pregunta sobre el eventual «giro estético» de su obra –que se situaría supuestamente en 1996, con el libro sobre Mallarmé, al que le seguirían otros dedicados a la literatura, al cine y la fotografía–, Rancière afirma: «La política es un asunto estético, una reconfiguración del reparto de los lugares y de los tiempos, de la palabra y del silencio, de lo visible y de lo invisible [...]. Así pues, para mí, nunca se ha producido un paso de lo político a lo estético».[9]

---

8. En «Los hombres como animales literarios», entrevista con Christian Delacroix y Nelly Wolf-Cohn, pág. 96 del presente volumen.
9. Véase «Política y estética», entrevista con Peter Hallward, pág. 198 del presente volumen.

El supuesto paso o giro de lo político a lo estético no tiene cabida, por tanto, en el pensamiento de Rancière. Y no porque el pensador mismo lo niegue –el autor nunca es el mejor intérprete de sus propios escritos–, sino porque la relación que se establece en su obra entre política y estética no permite hablar propiamente de «paso» o de «giro». Uno y otro ámbito no están separados como dos acercamientos independientes, sino que se articulan de una manera más compleja desde el momento mismo en que «la política es un asunto estético». Ahora bien, esta última afirmación resulta incomprensible si se considera la estética como disciplina que trata de lo bello, de las bellas artes. Para Rancière, la estética es más bien un modo de configuración sensible, un reparto de lugares y cuerpos cuya ruptura o emergencia determina la cosa misma de la política. Lo que llama «el régimen estético del arte» sería entonces el lugar en el que puede emerger un espacio de indeterminación que permite abrir la posibilidad para un nuevo reparto de lo sensible, en oposición a los órdenes representativos que funcionan a partir de un modelo de distribución clara y jerárquica de las voces y los cuerpos. Pero lo que nos interesa subrayar aquí es, en este sentido, la relación que Rancière establece entre arte, estética y política, y que tanta influencia está teniendo en los últimos años en los círculos artísticos.

Como decíamos al principio, esta relación no se establece de manera «temática». Es más, la pretensión de crear una obra literaria o artística como explícitamente política (por el tema mismo o el tratamiento de la representación) convierte la obra misma en un artefacto que sitúa al autor o artista como sabedor y al lector o espectador como ignorante, como «cretino alienado» que debe despertar y ser aleccionado con tal o cual consigna. Algo que, de hecho, es válido para todo acto ya sea de creación artística o de militancia política que se dirija al otro de tal manera que no le permita trazar su propia aventura intelectual.[10] De modo que, así como el maestro ignorante es aquel que no utiliza la jerarquía de su saber para trazar por adelantado el programa docente y que, por tanto, asume la igualdad de las inteligencias y posibilita esa aventura intelectual que cada uno establece en el conocimiento, el artista ignorante sería aquel cuya obra no trata temáticamente la política —mediante vínculos directos que el espectador debe reseguir–, sino aquel que abre un espacio de indeterminación en el que, sin intención autoral dominante, cualquiera *(n'importe qui)* pueda emanciparse. Emanciparse, es decir, ocasionar «la ruptura de una adecuación entre cierto tipo de ocupación y cierto tipo de equipamiento intelectual y sensorial»,[11] de tal manera que: 1) la asignación previa de lugares, funciones y cuerpos se vea quebrada; 2) se afirme así la capacidad que tiene cualquiera de ocuparse (pensar, hablar) de temas que, por naturaleza o consenso, no le corresponderían; 3) la igualdad como principio de lo común se despliegue y se multiplique, hasta la identidad de los contrarios que define el mismo régimen estético del arte.

Para terminar, apuntemos también que esta concepción dará lugar a las reflexiones que Rancière desarrolla, por ejemplo, sobre la emancipación del espectador y la política del cine en sus libros más recientes —ya posteriores a estas entrevistas–,[12] obras en las que amplía ciertas tesis que encontramos esbozadas aquí. En sus dos últimas obras, Rancière insistirá efectivamente en el carácter activo y estructurante del acto de ver, así como en la necesidad de

---

10. Así lo expresa Rancière mismo en su crítica a ciertos movimientos de «ultraizquierda» como, actualmente, el Comité Invisible. Véase al respecto la última entrevista del presente volumen, titulada «Construir los lugares de lo político», con *Le Sabot*, pág. 296.
11. De la entrevista «Los territorios del pensamiento compartido», con Jacques Lévy, Juliette Rennes y David Zerbib, pág. 260.
12. *Le spectateur émancipé (El espectador emancipado)* y *Les écarts du cinema (Las distancias del cine)*. Véase la bibliografía adjunta.

asumir la imposibilidad de una teoría del cine –por las múltiples distancias que plantea, por las posiciones contradictorias que suscita su estudio– y, así pues, la necesidad de pensar su relación con la literatura, con el entretenimiento y la política desde un renovado *amateurismo*. En definitiva, a través de su obra ya extensa y reconocida internacionalmente, en una travesía indisciplinada, Rancière nos invita a pensar el tiempo de la igualdad, la urgencia de la igualdad, en política y estética. *Qu'il vienne, qu'il vienne, le temps de l'égalité...*

***

La edición de estas entrevistas cuenta con una bibliografía completa de las obras del autor, donde figuran las traducciones españolas existentes, y un índice analítico en el que podrán encontrarse los autores citados y las nociones más importantes sobre las que reflexiona Rancière en este volumen. Hemos introducido también algunas notas que, sin parasitar la lectura, pueden justificar algunas decisiones de traducción, siempre difíciles –uso de neologismos o términos poco corrientes–. Finalmente, agradecemos a Jacques Rancière la ayuda que nos ha prestado durante el trabajo de edición de estas entrevistas y a Manuel Cruz por llevar adelante este proyecto en su colección. También debo a Joana Masó y a Felip Martí-Jufresa una complicidad intelectual sin la que todo este trabajo no habría sido posible.

¡Y peor para los que estén cansados![1]

[con Edmond El Maleh]

«*Los artesanos de 1840 planteaban la pregunta inaugural de la filosofía: ¿quién tiene derecho a pensar?*»

El efecto conjunto de la teoría marxista y de las investigaciones positivas históricas y sociológicas induce a pensar que, en lo sucesivo, la identidad del proletariado estará asegurada definitivamente. Gracias a esta perspectiva, la imagen del proletario se reflejaría entonces fielmente, sin ningún efecto deformante ni reflejo engañoso. Jacques Rancière no comparte esta opinión. Sus investigaciones abren el camino para una nueva visión del pensamiento obrero. Un trabajo de investigación que se dedica a reconstituir «más acá y más allá de las certezas dogmáticas sobre el Pueblo, el Estado, la Revolución, la complejidad histórica y los efectos espejeantes de las prácticas y de los discursos de los agentes sociales». Jacques Rancière es uno de los miembros activos del colectivo Les Révoltes Logiques, *donde publica los trabajos que comparten esa*

---

1. «Et tant pis pour les gens fatigués!»: título dado para la presente edición a «Entretien avec Jacques Rancière»; esta entrevista fue realizada por Edmond El Maleh para el periódico *Le Monde* en 1981 y retomada tres años más tarde en el volumen *Entretiens avec Le Monde. I Philosophies*, introducción de Christian Delacampagne, París, La Découverte/Le Monde, 1984, págs. 158-164.

misma preocupación por oponer las «evidencias carnales» a los «perjuicios de la ideología».

***

Resultaría muy cómodo ponerle la etiqueta de «historiador del movimiento obrero». Pero usted rechaza tal calificación. Usted anhela un trabajo que pueda «descalibrar la mercancía, arrancar las pancartas, deseñalizar las vías»...

No soy historiador de profesión, sino filósofo. Fui a parar al ámbito de la historia por los callejones sin salida que surgieron de la gran idea de los años 1968-1970: la unión de la contestación intelectual y el combate obrero. Para entender el fracaso o la subversión de los discursos y de las prácticas marxistas, quise volver a los años cuarenta y cincuenta del siglo XIX, en los cuales la teoría marxista se había incorporado a la protesta obrera y oponía la conciencia del «movimiento real» a las esperanzas y los planos de la utopía.

La historia de las mentalidades me servía, al mismo tiempo, de modelo y de base. Quería oponer, a la predilección de esta por los largos periodos de la historia «inmóvil», por las costumbres alimenticias o las actitudes ante la muerte, una antropología del combate obrero: desde las sociabilidades espontáneas a los grandes lemas, del saber manejar una herramienta al saber manejar un arma. Sin embargo, me fui desilusionando rápidamente: los panfletos y los periódicos obreros nos informaban sobre todo de la imagen que querían darnos de ellos mismos. Las prácticas de resistencia o las sociabilidades obreras solo llegaban hasta nosotros a través de las descripciones de los patronos acorralados o de los filántropos fantasmeando sobre las promiscuidades de la miseria o las orgías del cabaret.

A partir de este fracaso se va precisando su orientación...

¡Y peor para los que estén cansados!

Este fracaso permitía justamente poner en cuestión la función crítica conferida a la historia, el papel presente de la historia en nuestra cultura: el papel de «desmitificar», remitir las ilusiones de la subversión de izquierdas a las condiciones materiales y a los comportamientos que se autorizan. Pero esta función crítica se desdobla en una producción de evidencia más dogmática, en el fondo, que las ideologías destruidas. Por un lado, el historiador sigue el rigor de la conciencia: ha aprendido de la etnología el arte de hacer funcionar sus objetos de estudio, de tratar las prácticas como discursos y los discursos como prácticas. Sin embargo, estos objetos no se contentan con verificar lo funcional de la ciencia, sino que lo encarnan con todo su peso de evidencia carnal. Mediante bellas imágenes, nos muestran que el orden social es racional y que se refleja adecuadamente −hoy como ayer− en las distribuciones del orden ideológico y político existente. El historiador nos da la racionalidad del concepto y, a la vez, la evidencia de la imagen: balizamiento del territorio social, desde el centro hasta la periferia.

Extrañamente, en la historia obrera eso no funciona tan bien. El obrero es el héroe mismo de nuestro pensamiento funcionalista: el hombre que posee esa famosa «habilidad manual» para adecuar la materia al pensamiento y a la finalidad del objeto; el luchador que resiste a la opresión, que toma conciencia de la explotación, que se organiza para combatir. Pero ahí, precisamente, encontramos demasiada ideología como para poder reabsorber en la etnología las sociabilidades populares o las prácticas obreras. Siempre hay que dar una interpretación −marxista o anarcosindicalista, en términos de cultura o de estrategia...−, que se presenta abiertamente como tal.

Ahí es, por tanto, donde se encuentra justamente la posibilidad de «deseñalizar las vías». El discurso de domingo del poeta o del militante obrero de los años cuarenta del siglo XIX dice esto: no consiguen avanzar, no logran encontrar su satisfacción en la «habilidad manual» de la «cultura obrera», ni su identidad en el calor de lo colectivo. Tras los halagos que oponen la positividad de sus actos a la palabrería y a los ensueños del pequeñoburgués, advierten el mismo estatuto que Platón le confería en la Antigüedad al artesano: un alma de tercera clase. Para impedir que el artesano se ocupara de política, Platón ya se veía por entonces obligado a alabar la superioridad del artesano como productor frente a los creadores de simulacros (pintores o sofistas). Ahora bien, precisamente, los que yo estudié habrían querido ser fabricantes de sombras (pintores, poetas, filósofos). Y, sin embargo, son ellos mismos los que, a fin de cuentas, producen la imagen del orgullo obrero. Mi objetivo es el recorrido paradójico de esta identificación.

Lo que seduce en su trabajo es esta travesía por el desierto de las abstracciones —marxistas u otras—. Logra captar figuras concretas de obreros, como la del carpintero-poeta saint-simoniano. ¿Qué cambio de perspectiva aporta este gesto?

Figuras concretas, sí, pero hay que precisar algo. El positivismo dominante también tiene sus figuras concretas: «hijos del pueblo» o «antihéroes», cuya particularidad verifica —o, mejor, encarna— las generalidades aproximativas del discurso científico. De lo que aquí se trata, en cambio, es de figuras divididas, de rostros en el espejo, de obreros que afrontan su imagen y expulsan su concepto.

Usted se refiere en su pregunta al carpintero Gauny. Nos dejó manuscritos extraordinarios —correspondencias, artículos, poemas: no se trata de «Memorias de un hijo del pueblo», sino de la experiencia en presente de una pregunta propiamente filosófica: ¿cómo ser obrero? Nos describe cada hora de su jornada de trabajo. Y ya no se trata de bellas obras nostálgicas, ni tampoco de la plusvalía, sino de la realidad fundamental del

¡Y peor para los que estén cansados!

trabajo proletario: el tiempo robado. Y sentimos que nuestras palabras –explotación, conciencia, revuelta...– no coinciden con la experiencia de esta vida «saqueada».

Gauny intenta liberarse, por él y por los otros, puesto que nuestras oposiciones en este ámbito también son irrisorias: los individuos que ya estén liberados son los que tiene que romper las «cadenas del esclavismo». Gauny acepta un trabajo a precio pactado, con el cual se libera del jefe aun permaneciendo y sabiéndose explotado: nos muestra que nosotros, los filósofos, no hemos entendido nada de las relaciones entre la ilusión y el saber, entre la libertad y la necesidad.

Él lleva la paradoja al extremo. Se forja una filosofía de la ascesis. En un momento en el que los obreros no tienen casi nada que consumir, él ya está rechazando la sociedad de consumo. Inventa una economía de libertad en lugar de una economía de riquezas.

Nos enseña el motivo de la pasión militante de sus iguales: no es la «toma de conciencia» de la explotación (ya la conocen), ni la solidaridad obrera (los otros son, de entrada, los cómplices del maestro), sino el deseo de ver lo que sucede al otro lado, el deseo de iniciarse a otra vida. De los burgueses, no envidian la positividad de sus riquezas, sino la negatividad de sus «tiempos muertos», de su ocio, de su noche. En el origen del discurso de la emancipación obrera, se encuentra el deseo de dejar de ser obrero: dejar de estropearse las manos y el alma, pero también dejar de verse obligado a pedir trabajo o sueldo, a defender sus intereses; sin tener que contar durante el día ni dormir por la noche...

Gauny tiene la fuerza para vivir su sueño, su contradicción: ser obrero sin serlo. Como también hace su hermana en la utopía: la costurera Désirée Véret. Otros, como la costurera Reine Guindorff o el tipógrafo Adolphe Boyer, acaban muriendo por ello. Algunos otros, como el cerrajero Gilland, después de haber soñado el «arpa de David», intentan llevar su absoluto a la medida de los «intereses morales y materiales de los obreros». Y otros morirán de malaria en esa Texas adonde llegan en busca de Icaria. Y otros, finalmente, acaban enriqueciéndose... por desesperanza.

Experiencia única: frente a los teóricos utopistas y jóvenes burgueses bienintencionados, que quieren curar sus miserias y promover el trabajo del futuro, esos artesanos vuelven a poner en juego la pregunta inaugural de la filosofía: ¿quién tiene derecho a pensar? ¿Qué señales distinguen a los que han nacido para trabajar con sus manos de los que han nacido para pensar? Nos sorprenden, de esta manera, por donde no lo esperábamos.

En lugar de encarnar los conceptos de nuestra ciencia, dramatizan nuestra filosofía. Ya no funcionan, sino que piensan. Y no solo se ven rechazadas nuestras ingenuidades sobre el trabajo, sobre la conciencia y la revuelta. Lo que se pone en cuestión es, más bien, el funcionamiento mismo de lo que no dudamos en llamar nuestro pensamiento.

La experiencia de Mayo del 68 parece estar muy presente en su trabajo. ¿Cómo puede combinarse con sus investigaciones sobre el siglo XIX?

La relación es completamente natural: ¿acaso no se habló en 1968 de un retorno al siglo XIX? En 1967, la gente informada ya nos veía encaminados hacia el siglo XXI: los estudiantes ya no se ocupaban más que de sus estudios y las perspectivas de futuro, los obreros se aburguesaban, vencidos por las delicias de la lavadora. Y luego, unos meses más tarde, estábamos de nuevo en pleno siglo XIX: las barricadas, la bandera roja. Evidentemente, una vez restablecido el orden, la gran artillería retórica se encargó de recordarnos que el núcleo fundamental del movimiento obrero, digno y responsable, no había tenido nada que ver con el acceso de fiebre de los pequeñoburgueses que jugaban a hacer la revolución.

¡Y peor para los que estén cansados!

Ahora bien, no lo olvidemos: la historia nos muestra que los obreros nunca han dejado de comportarse como esos «pequeñoburgueses». Piense en julio de 1830: en el imaginario de una generación obrera, ese momento desempeña el mismo papel que Mayo del 68. Es el momento en que se decidió que «ya nada sería como antes». Todo se mide con respecto a esos tres días de lucha y de fiesta, de sol, de gloria y de amistad, en los que el pueblo mostró lo que era. Sin embargo, a menudo perdieron mucho: los negocios iban bastante bien, habían ido ahorrando un pequeño peculio, tal vez iban a establecer su propio negocio. Pero, después de la revolución, los negocios periclitan, mientras que la represión se impone rápidamente. Un año más tarde, los saint-simonianos se encuentran con que obreros que antes gozaban de cierta estabilidad ahora no encuentran trabajo, o bien trabajan en cualquier cosa —además, esos «artesanos», que supuestamente defienden su «calificación», viven las más de las veces una existencia, supuestamente inédita, propia de nuestros «trabajadores precarios» y comparten, más de lo que creemos, su misma distancia respecto a la ideología del trabajo. Esos huérfanos de julio de 1830 se aferran a la nueva fe. Pero esta también se derrumba rápidamente. No importa: en el abanico de sus esperanzas, las palabras de amor saint-simonianas insistirán en la reliquia de esas tres jornadas, fortalecerán, a través de las tentativas y sus obstáculos, la decisión que será ineluctable a partir de ese momento: no morir idiotas.

Desde el momento en que se rompe la capa del discurso de representación, e incluso quizá en el interior de ese mismo discurso, uno se queda fascinado ante cierta familiaridad con la que se encuentra: cierto desapego original, una idea de vida que debe cambiarse...Y ello también porque ese es el momento de la franqueza: la pátina propia de los halagos obreristas no camufla todavía la desesperanza ante la condición obrera o el desprecio por los mismos «hermanos» que se defienden.

29

El tiempo de la igualdad

Al principio, mi interés por el siglo XIX era de tipo arqueológico o genealógico: quería poner de relieve el origen mismo de las contradicciones que nuestro propio presente ha heredado. A lo largo de los años, mi interés se fue desplazando: me interesé cada vez más por la similitud de las relaciones existenciales, por la manera de vivir el tiempo histórico, las fechas importantes, los ciclos de esperanza, de desaliento, de vuelta a empezar, de esperanza desplazada. Se convirtió un poco en la historia intelectual de una generación: la manera en que los obreros que, en 1830, habían afirmado que no volverían a vivir como antes mantuvieron su compromiso.

Si el saber positivo padece entonces de ceguera, ¿no hay al final del camino más que desesperanza o escepticismo? Sin embargo, usted quería «devolver a los rebeldes sus propias razones, a los niños llenos de amor sus mapas y sus estampas»...

Sin duda, podría concluirse: todo ha fracasado, el saint-simonismo, las asociaciones obreras, la comunidad de Icaria. Y las artimañas de la razón han conducido a esos obreros soñadores por los verdaderos caminos del porvenir, los caminos de la disciplina —y de las dictaduras— del trabajo erigido en rey.

Pero la historia se termina de otra manera: con las cartas de amor que una mujer ya mayor envía al teórico y amante del porvenir de julio. Ella siempre vivió en el sueño y solo la ceguera le obliga, al final de su vida y del siglo, a «adaptarse» a lo real. No es la alegoría de la desesperanza, sino, al contrario, la alegoría de una invencible firmeza para mantener, en una vida sometida a las limitaciones de la reivindicación proletaria y a los avatares de la represión política, el no-consentimiento inicial; para vivir al mismo tiempo la muerte de la utopía y el rechazo de lo real.

Y es así porque, si la utopía está muerta, se debe al hecho de haber querido construir un mundo positivo con las razones divididas de los proletarios. No hay un hombre nuevo, sino solamente gente que intenta vivir dos vidas. Por tanto, ni se desesperan, ni son desesperantes. Su creencia es infinitamente más astuta de lo que indican las desesperanzas en cartón piedra de nuestros acomodados huérfanos. Tal es la lección de un rechazo mantenido, de una sabiduría más exigente; o, por decirlo así, una medida de lo imposible.

Mi proyecto, como el de Révoltes Logiques, es transcribir la memoria de los enfrentamientos imperceptibles, la huella de esos caminos, la marca de esas rupturas. Nada que ver con las colectas «populares» del positivismo histórico o sociológico. No se trata de la nostalgia de los recuerdos, sino de la insistencia de las preguntas, de la prolongación de una brecha. Algo que se diferencia igualmente del simple paso atrás de un pensamiento crítico: los saberes, los relatos que incluyen el trabajo de lo negativo (el descalibraje, la deseñalización...); un orden de discursos que marca la no-conciliación, la diferencia respecto a sí de los «objetos» sociales. Mapas, estampas..., ni fotografías, ni radiografías.

No se trata de desesperanza. Es una tensión profunda. Mucho trabajo futuro para quien no quiere morir idiota. ¡Y peor para los que estén cansados!

Política de la escritura[1]

[con Monica Costa Netto]

En una época en la que se extienden el «nihilismo revisionista» y «el rumor desencantado del fin de la historia», Jacques Rancière nos propone una reflexión sobre la historia a partir de la escritura de esta como el lugar de su propia verdad. Escribiéndose como historia, la ciencia histórica se ha constituido como un campo del saber que se corresponde con las condiciones de su tiempo. En la tensión entre relato y discurso, sirviéndose de procedimientos literarios contra la literatura, la historia —de Michelet a Braudel— ha impuesto su propio sello científico a las exigencias cientificistas. Sin embargo, esta reflexión se inscribe en un proyecto más amplio, el de una poética del saber: «Estudio del conjunto de procedimientos literarios por los cuales un discurso se sustrae a la literatura, se otorga el estatuto de ciencia y lo significa. La poética del saber se interesa por las reglas según las cuales un saber se escribe y se lee, se constituye como un género discursivo específico. Intenta definir el modo de verdad al que se consagra; no intenta darle normas, validar o invalidar su pretensión científica». Propusimos al

---

1. «Politique de l'écriture», título dado para la presente edición a la entrevista realizada por Monica Costa Netto en enero de 1993 y publicada en *Philosophie, Philosophie*, revista de estudiantes de filosofía de la Universidad de París VIII, 1994, págs. 48-54.

El tiempo de la igualdad

autor que nos respondiera por escrito a algunas preguntas suscitadas por sus obras.

***

Las ciencias humanas, la literatura y la política establecen, bajo su perspectiva, ciertas relaciones muy especiales. El interés que usted demuestra por estas, ¿define la tarea del filósofo como una tarea que consiste en pensar lo que sucede en las fronteras de los territorios de los distintos saberes? ¿Afirmaría que, en cada época, la filosofía solo encuentra su lugar en las fronteras?

Debo decir, de entrada, que no pretendo identificar mi objeto de estudio con cierto destino contemporáneo de la filosofía. No hay ningún destino histórico o historial que reduciría actualmente la filosofía a situarse en las fronteras. La filosofía siempre se ha ocupado del reparto y de las fronteras entre los modos discursivos. Hay filosofía en general donde se encuentra expuesta la idea de un poder común del pensamiento, donde este poder común viene pensado a partir de ese *lo mismo* del pensamiento y del ser formulado por Parménides —ello al margen de las figuras antagonistas de ese *lo mismo,* por ejemplo, *eidos* o *devenir.* La cuestión de la participación en ese poder común se vio intrincada, en el platonismo, con la cuestión del reparto entre los modos discursivos o —para decirlo en los términos de Gilles Deleuze— con el juicio sobre la legitimidad de los pretendientes. Esto es lo que está en juego en la asignación de sofistas o poetas al lugar respectivo que deben ocupar. Pero la cuestión filosófica de las fronteras que deben trazarse para definir el poder común del pensamiento se vio intrincada, de igual manera, con la cuestión política de la comunidad, es decir, de la relación entre el poder común de la comunidad y la distribución de los cuerpos en lugares y funciones. La cuestión política, tal y como la democracia la impone, es esta: ¿qué es lo que, del poder común, entra en la palabra de quien tiene su ocupación social definida por el ejercicio de una u otra *téchnè*? La respuesta drástica de Platón consiste en identificar el *Uno* de la comunidad con el principio mismo de la distribución jerárquica de los cuerpos en la comunidad, con la participación desigual en el poder común del pensamiento. Esta identificación entre el reparto del pensamiento y el reparto de los estados se enuncia en un modo discursivo particular en el que queda abolida la diferencia entre los modos discursivos: el *muthos*. La cuestión del relato no se introdujo en la filosofía contemporánea por una influencia deletérea de la literatura. El relato, en Platón, es el modo discursivo en el que se opera lo que podría llamarse, según los términos utilizados por Alain Badiou, una sutura de la filosofía con la política.

Esta sutura de la cuestión filosófica sobre *lo mismo* del pensamiento y el ser con la repartición política de los cuerpos supuestamente más o menos opacos ante el pensamiento se situó preferentemente, en la época moderna, en un nuevo territorio discursivo, el de las ciencias humanas y sociales. Desde que nacieron, en parte como respuesta al desorden democrático de los cuerpos hablantes, esas ciencias han funcionado claramente como filosofías salvajes. Un territorio de ciencias sociales es también una manera de figurar la relación entre el pensamiento y los cuerpos, de captar lo «propio» de uno u otro tipo de cuerpos, la manera como su ser se manifiesta en maneras de hacer y de decir. *Lo mismo* del pensamiento y del ser no ha dejado de reflejarse sin muchas dificultades en la imagen simétrica del cuerpo salvaje o popular definido como identidad de un ser, de un hacer y de un decir. Ante el historiador de las mentalidades, el etnólogo o el sociólogo, ese cuerpo ha dado figura al mito del objeto correcto del saber, un cuerpo cuya palabra es la pura expresión de su estado. El historiador de las mentalidades, enfrentado a la singularidad de la palabra del herético, se instalará en la intimidad del pueblo para dar al habla errante del herético el aroma del terruño y la evidencia de la relación de una tierra con su cielo. El historiador del trabajo, arraigando la palabra obrera en la «cultura» del oficio, dirá al mismo tiempo dentro de qué límites y de qué maneras los cuerpos obreros producen legítimamente una palabra digna de ser tenida en cuenta. Y el sociólogo, en última instancia, dará a su análisis de las maneras de ser popular un cuerpo para el que las investigaciones y las estadísticas no bastan gracias a un armario de fotos de Doisneau. Así, el pensamiento como poder de operar los repartos se contempla indefinidamente en su objeto: un pensamiento que no piensa, que no es más que expresividad de un estado corporal.

A mi entender, hay dos actitudes filosóficas posibles frente a esos saberes. Una actitud consiste en oponer la dignidad del pensamiento puro tanto a los saberes sociales incapaces de pensar sus presupuestos y sus finalidades como también a sus pretensiones de tratar a su manera los objetos filosóficos. Esta manera tiene asegurado su propio éxito y, por tanto, resulta perfectamente fútil. Otra actitud consiste en reconocer que lo «impensado» de las ciencias sociales, su filosofía salvaje, es también la expresión de cierta salvajería de la filosofía precisamente donde la cuestión del reparto del pensamiento se encuentra con la cuestión del reparto de los cuerpos en la comunidad. Esta actitud consiste en plantarse en esta cuestión de las fronteras no como el lugar propio o último de la filosofía, sino como el lugar en el que, queriendo cerner lo que le es propio, vincula la cuestión de *lo mismo* del pensamiento y el ser a las identificaciones del reparto político de los cuerpos. Interesarse por las fronteras entre los territorios de los saberes equivale entonces a interesarse por la manera en que la filosofía inscribe, en ella, su relación con el exterior.

La literatura entra en este juego por dos razones. Primero, en cierta manera, la literatura es *lo otro* del saber social. La literatura es el acto que indetermina lo que era el universo estructurado de las Bellas Letras: un universo organizado mediante la división de géneros poéticos y los cánones que definían los medios apropiados para la perfección de cada uno de los géneros. La literatura, según el concepto que emerge en el siglo XIX, es el arte de la palabra sin otro lugar ni norma que el poder común de la lengua. En este sentido, la literatura es homogénea respecto al desorden de los seres hablantes característico de la edad democrática. La literatura tiene el poder indiferente de dar y de sustraer cuerpo a la palabra, mientras que la preocupación esencial de los saberes sociales consiste en otorgar de nuevo cuerpo a los sujetos de la democracia. La literatura des-especifica los saberes y sus positividades reinscribiendo sus procedimientos mostrativos y demostrativos en el espacio común de la lengua. En última instancia, les opone su propia utopía: la que conduce todo poder del pensamiento a un poder de la lengua. El papel que desempeñan la literatura y la teoría o crítica literaria en la filosofía contemporánea puede tomar ciertos aspectos caricaturales. Cabe decir, empero, que ello no es el simple efecto de una moda, sino que se encuentra prescrito por la situación de la filosofía en el campo de la política y de los saberes.

Pero falta apuntar la segunda razón: la manera en que el discurso filosófico se pone inicialmente fuera de sí mismo en la definición misma de lo que le es propio: ese *muthos* con el que el *logos* debe identificarse para trazar los repartos, ese *juego* del diálogo que viene a confundir la separación apenas trazada del discurso vivo y de la letra muerta. Podríamos sostener –al menos a título de hipótesis lúdica– que Platón, de igual manera que inventó la sociología contra los oradores de la democracia, también inventó, contra los poetas, el género sin género de la literatura. Y, en resumen, la filosofía, en su relación presente con esos opuestos tales como la literatura y el saber social, se encontraría al mismo tiempo en y fuera de sí misma, confrontada a la paradoja de lo que le es «propio».

La oposición entre retórica y poética desempeña un papel importante en su libro. ¿Está esa oposición proponiendo una nueva disposición del antiguo reparto de la verdad operado por Platón entre, por un lado, los filósofos y, por otro, los sofistas y los poetas? Y, en este sentido, ¿en qué medida concuerdan filosofía y poema?

Recordemos, de entrada, que un reparto entre modos discursivos es ante todo una orientación en el pensamiento. El reparto solo se *realiza* por hipérbole o subrepción asimilándose a un reparto de los cuerpos. No existen criterios objetivos determinantes para distinguir la refutación socrática de la refutación de los erísticos ni el mito platónico del de Protágoras. Lo que marca la diferencia es la manera en que el discurso soporta la idea de un poder común del pensamiento y la referencia a la verdad. Desde este punto de vista, la oposición de la poesía y la retórica es no pertinente en Platón, a menos que sea –irónicamente– en el delirio. La tragedia, como la retórica, está dirigida hacia el aplauso del pueblo, y no hacia la *homonoïa* del pensamiento. Esta posición cambia en la época moderna, bajo formas que son muy diversas, cuando la poesía se emancipa de las artes poéticas y reclama para sí una relación singular de la lengua con la verdad. En *El maestro ignorante,* retomé la distinción del teórico de la emancipación, Joseph Jacotot. Este definía como poética la condición de un sujeto que cuenta a otro su aventura intelectual –su propio viaje en torno a una verdad que no se dice jamás en sí misma–, bajo la presuposición de la igualdad entre los seres hablantes. Dos criterios oponen entonces la poética a la retórica. Una habla bajo la presuposición de una verdad, aunque no pretende decirla, mientras que la otra concibe el discurso como aplicación de reglas validadas por sus efectos –de sujeción o de consenso–. Poética es el habla que identifica el poder común del pensamiento con el poder de la igualdad. Una filosofía que se enuncia bajo este presupuesto puede, en este sentido, considerarse poética, lo cual no significa que pueda reducirse al poema. La oposición poética/ retórica es una oposición en la orientación del habla que puede sostener diversas configuraciones del reparto del pensamiento —incluyendo, aunque no necesariamente, las utopías de la poesía como palabra original o comprensión de la lengua más adecuada a lo verdadero que la filosofía. Ahora bien, en ese libro *[Los nombres de la historia]* hice un uso muy circunscrito de la oposición. Quise mostrar que el modo y el estilo de la narración histórica no son las formas retóricas destinadas a presentar de la manera más eficaz los resultados de la ciencia histórica, sino las formas poéticas que establecen una equivalencia entre relato y ciencia, haciendo del relato la efectuación de una verdad del habla. Cuando Braudel se representa en la cámara de Felipe II o cuando Michelet nos describe las actas de las Fiestas de la Federación como «flores salvajes surgidas en el seno de la cosecha», no se trata de aderezar el discurso de la ciencia histórica para hacerlo entrar mejor en el espíritu del lector, sino que se trata de instituir esta ciencia dando a la palabra un cuerpo de verdad. La poética del saber se propone estudiar esas posiciones de verdad.

Desde su perspectiva, la revolución de la historia se constituye en torno a la Revolución Francesa en la medida en que se enfrenta al relato de la muerte del rey y al exceso de palabras, al habla desencadenada por el conflicto revolucionario. ¿Marca entonces la Revolución, en tanto que acontecimiento, toda historia no acontecial?[2]

La Revolución, en la edad moderna, es el nombre genérico del acontecimiento del habla.[3] Llamo «acontecimiento del habla» a

---

2. Introducimos el neologismo «acontecial» para traducir el término francés *«événementielle»*, forma adjetival del sustantivo *«événement»* (acontecimiento). *(N. del T.)*
3. En francés, *«événement de parole»*. *(N. del T.)*

la captación de los cuerpos hablantes mediante palabras que los arrancan de su lugar, que trastornan el orden mismo que colocaba a los cuerpos en su lugar e instituía así la concordancia de las palabras con los estados de los cuerpos. El acontecimiento del habla es la lógica del rasgo igualitario, de la igualdad en última instancia de los seres hablantes, que viene a disociar el orden de las nominaciones por el cual cada uno tiene asignado un lugar o, en términos platónicos, su propia tarea. El rey muerto, más allá de la persona real empírica, es la cúspide de un orden en el que los modos del decir, del hacer y del ser están determinados: el rey reina sobre un mundo en el que cada uno cumple su propia tarea, en el que los curas rezan, los guerreros combaten, los artesanos trabajan. El acontecimiento del habla sobreviene cuando los guerreros o los artesanos se apoderan de palabras que no estaban destinadas a ellos —las de la arenga antigua o de la profecía bíblica— y, refigurando al soberano bajo los rasgos del tirano o de la prostituta de Babilonia, se refiguran en soldados de Dios o vengadores de la libertad. Así, están haciendo más que esa parodia de la Antigüedad denunciada por Marx. Están inventando un sujeto nuevo, el sujeto pueblo, el cual, matando al rey, no hará más que actualizar una primera muerte, una muerte simbólica que, cambiando su nombre, deslegitimó también el orden que garantizaba el acuerdo entre el orden de las nominaciones y el de los estados. Es lo que sucede en las revoluciones de Inglaterra y Francia: un trastorno simbólico en lo político que es también un trastorno en el saber. En la época de la Revolución Inglesa, Hobbes vincula estrechamente estos dos trastornos: para él, la comunidad política está en una situación mortal por esas palabras flotantes que no son nombres de ninguna cosa y que, suponiendo un ataque al verdadero cuerpo de la soberanía, dan cuerpo al fantasma del pueblo. En la época de la Revolución Francesa, Burke actualizará la identificación: la «metafísica» de los Derechos del Hombre transforma, para él, el desorden teórico de las palabras sin referentes en una catástrofe criminal de la comunidad política. A partir de entonces, la democracia instaura el desorden sin medida de la proliferación de los hablantes que provocan acontecimientos con abstracciones sin cuerpos (pueblo, libertad, igualdad, etcétera).

Es precisamente este vínculo entre un trastorno político y un trastorno del saber lo que atormenta al historiador. «El historiador», dice Braudel, «casi tiene miedo de los acontecimientos». Le horrorizan sobre todo ese acontecimiento y ese poder del acontecimiento que constituyen esas palabras sin referentes, las cuales cortan las cabezas de los reyes y, más gravemente aún, impiden que la ciencia tenga la garantía de encontrar los cuerpos bajo las palabras. De derecho, lo que el historiador de los *Anales* opone a la historia acontecial de los reyes y de las batallas son las largas duraciones de la vida de las masas. Pero tiene que distinguir esa vida de todos esos «papeles» de los que habla Braudel, esos papeles de los pobres «que se empeñan en escribir, en contarse y hablar de los otros». Lo que aparece entonces en el lugar del sujeto rey es la identidad de un espacio territorial y de un espacio escrito, el Mediterráneo. La muerte de Felipe II explicada por Braudel, bajo un modo metafórico, es entonces la muerte buena, la muerte *científica* del rey. Pero Michelet ya se había esforzado –paradigmáticamente en su relato sobre la Fiesta de la Federación– en remediar el desorden revolucionario de las voces, transformando la palabra de los oradores y de los científicos del lugar en voces de la naturaleza y de las generaciones, en voces que provienen de la tierra y obtienen su verdad de los poderes de la vida y de la muerte. La cháchara de los hablantes democráticos queda sustituida entonces por su *verdadera* voz, es decir, su voz de mudos. Y la historia nueva se fijará el objetivo de descifrar los «testimonios mudos». El relato romántico abre entonces la condición de posibilidad de una historia científica.

El romanticismo, al significar el final del reino mimético y la deconstrucción del antiguo canon de las artes poéticas, toma en la argumentación que usted desarrolla un valor revolucionario. De ahí surge el papel fundador del relato de Michelet en el ámbito de la nueva historia. ¿Tendría el romanticismo el mismo valor en relación con la filosofía?

El romanticismo, en su sentido más general, es de hecho el fin de los géneros y de las artes poéticas, la instauración del reino de una poética generalizada, que es coextensiva a la lengua y que multiplica de esta manera los procedimientos singulares por los cuales un discurso puede narrativizar su propia relación con la verdad. Esto es precisamente lo que hace Michelet en su relato: no nos ofrece el acontecimiento acompañado de su explicación, sino que nos cuenta directamente la *verdad* del acontecimiento como coextensiva al acontecimiento mismo. Produce un relato-ciencia en el que el *muthos* y su *logos* se han vuelto indiscernibles.

Esto mismo puede expresarse a partir de la oposición platónica entre *mimesis* y *diegesis*. La revolución romántica es la desvalorización de la *mimesis*, el privilegio de la *diegesis* que, en la forma de la novela especialmente, destrona o absorbe la *mimesis*. Para Platón, como es sabido, la *diegesis* en la que el poeta habla por sí mismo o aparece como el que hace hablar a un personaje es menos engañosa que la *mimesis*. Pero la *mimesis* no es tan solo el modo engañoso de la representación poética, sino que también es el modo «excesivo» del habla democrática, de los hablantes del lugar que dan voz al pueblo imitando la gran retórica. Es la manera en que aquellos, para los cuales «tales asuntos no son competencia suya», se reapropian el habla del otro y hacen de ello un acontecimiento. La primacía de la *diegesis* define entonces una operación tan política como poética. La *diegesis* señala la proveniencia de las voces, muestra las maneras de ser de sus cuerpos, la cartografía de sus lugares. Insiere y suprime la gran *mimesis* errática del pueblo en la voz de su «verdad». El relato romántico hace surgir la voz de «su» cuerpo y el cuerpo de «su» lugar en Michelet, pero también aplaca la democracia en Hugo o Zola, por ejemplo, dándole cuerpo y lugar. Restablece un reparto ordenado de los cuerpos y de los discursos bajo un modo que ya no es el de la distribución de las funciones, sino el de la territorialización de las voces, un acuerdo entre el ser, el hacer y el decir que pone a cada uno en su lugar. Inventa este giro etnográfico que desempeña un papel esencial en la historia de las mentalidades. Sin embargo, como ya he dicho antes, este poder literario de dar cuerpo es idéntico al poder de sustraerlo. El sentido de esta primacía diegética es susceptible, por tanto, de invertirse y de tejer, en la literatura de nuestro siglo, nuevos vínculos de complicidad con el habla democrática.

O, para decirlo de otra manera: el romanticismo es la manera en que la literatura se vuelve filosofía. De modo que el romanticismo no puede entonces tener para la filosofía las «mismas virtudes». Ahora bien, entre una y otra instituye relaciones complejas en las que la filosofía delega a veces su tarea a la literatura –por ejemplo, para hacer y deshacer la racionalidad de las ciencias sociales–, mientras que, en otros casos, denuncia al contrario su usurpación. El trastorno de la filosofía ante la revolución romántica aparece claramente en Hegel. Toda la *Estética* puede considerarse como una máquina de guerra contra la pretensión romántica de una literatura como poder de autorreflexión y contra el erratismo del «humor» novelesco que corresponde a la errancia del habla democrática. La sección dedicada al arte romántico, en particular, desactiva la potencia explosiva del romanticismo diluyendo su novedad en el devenir de la subjetividad cristiana. Y, ante el erratismo novelesco, Hegel privilegia una concepción de la poesía dominada por el paradigma épico de la inmanencia del *decir* poético en una manera de ser y de hacer. El trastorno «literario» que se halla en la filosofía de nuestra época está ligado al retorno de la provocación que había intentado reprimir.

El tiempo de la igualdad

Usted afirma que una nueva revolución poética sería indispensable para que la historia pudiese dar cuenta de lo que llama las herejías laicas características de nuestra época. Sugiere así que la historia, asumiendo su relación esencial con la literatura, renueva sus paradigmas siguiendo la evolución de la novela. Pero ¿puede bastar la elección de sus inspiraciones literarias para proveer a la historia la lógica de su sentido?

No se trata evidentemente de reducir la cuestión del discurso histórico a la elección de uno u otro paradigma literario. La «literatura» interviene en la escritura histórica en un punto preciso: el de la relación entre el estatuto del discurso histórico y el estatuto de aquello de lo que debe dar cuenta: los acontecimientos del habla a través de los cuales los sujetos «construyen la historia». El relato romántico ha provisto para ello a la historia de las mentalidades un paradigma mayor: el que conduce el acontecimiento del habla a la voz de un cuerpo que es el genio de un lugar. Desde *La bruja* de Michelet hasta *Montaillou* de Le Roy Ladurie, este paradigma se ha mostrado perfectamente adecuado para tratar la forma religiosa medieval del exceso del habla —la herejía—. Ha convertido al herético en campesino que expresa una verdad eterna del universo campesino. Pero, en cambio, se ha mostrado completamente inadecuado para tratar las formas aleatorias de la subjetivación democrática moderna, los actos de estos sujetos —pueblo, obrero, proletario...— que se han declarado separándose de su asignación a un cuerpo de trabajo y de reproducción para afirmarse en la igualdad de seres hablantes. Cuando escribí *La noche de los proletarios,* entendí que no podía tratarse a esas masas heteróclitas de palabras huérfanas haciendo de ellas la expresión de cuerpos y lugares bien especificados, siempre ya dados, los del trabajador, de la fábrica o de una vivienda miserable. Al contrario, había que olvidar esos cuerpos dados por adelantado para reconstituir, con sus lagunas, la red de experiencias que ahí se manifiesta, la red de comunicaciones que ahí se opera, la red de futuro que ahí se proyecta. El relato romántico, haciendo nacer esas palabras de su «lugar», habría anulado simplemente lo que constituía su historicidad, a saber, su abstracción misma, su desincorporación. Así pues, había que seguir el modelo de ese giro de la *diegesis* del que he hablado antes, giro que se opera en escritores como Proust, Joyce o Virginia Woolf, en los que la voz no sale del cuerpo ni el cuerpo sale del lugar, sino que es la red sensible de las palabras la que da a los personajes el poco cuerpo por el que son sujetos y la que instituye el lugar del acontecimiento. Solo este giro radical permite dar cuenta de esas formas aleatorias y desincorporadas de la subjetivación democrática, esto es, por decirlo así, de la herejía democrática. La herejía, en su forma más general, es la vida separada de ella misma por la palabra. Un sujeto histórico, en este sentido, es siempre la efectuación de una herejía. Elegir entonces un paradigma literario es decidir respecto a una historicidad, es consagrar el relato historiador a una u otra idea de la verdad y de la relación entre el reparto de los cuerpos y el poder común del pensamiento.

¿Es entonces la poética del saber una hermenéutica crítica? ¿Coinciden el sentido y la verdad de la historia?

La noción de hermenéutica, en la medida en que supondría un ámbito reservado del sentido con sus propios procedimientos de interpretación, es una noción que no me resulta afín. Para mí, la dimensión del sentido no es un orden aparte que requiera, por ejemplo, como en la tradición de las ciencias del espíritu, la «comprensión» en lugar de la «explicación». La dimensión del sentido es el espacio en el que tiene lugar, conflictivamente, la relación entre el poder común del pensamiento y la distribución de los cuerpos en comunidad, en el que la captación del ser hablante por la singularidad de un nombre viene a perturbar el orden de los cuerpos. Esto podría ilustrarse mediante el texto de los *Ensayos de palingenesia social* de Ballanche, que puede considerarse como el relato fundador de los pensamientos de la emancipación en el siglo XIX. Ballanche explica la retirada de la plebe romana al Aventino como solución a una sola pregunta: ¿hablan los plebeyos? ¿Es lo que sale de sus bocas el ruido de cuerpos hambrientos y furiosos o el ejercicio de una capacidad para nombrar y prometer? Los senadores romanos se ven entonces confrontados a este acontecimiento inaudito: los plebeyos se han nombrado y comprometido mediante una promesa. Así pues, su palabra no es la expresión de un estado corporal, sino el ejercicio de una capacidad de ligar el presente y el no-presente en el pensamiento. El sentido se opone al ruido. No es un concepto sustituible por o alternativo a la verdad. La poética de los saberes no propone una teoría de la coincidencia del sentido y de la verdad. La poética de los saberes estudia la manera en que esa relación entre el reparto del discurso y el reparto de los estados se encuentra refigurado en los saberes según una u otra posición de la verdad. Esta refiguración es la que toma la forma de una coincidencia entre sentido y verdad o, más exactamente, entre el *muthos* del acontecimiento del habla y el *logos* que da razón de ello.

¿Podría también ser operatorio un «principio poético de indiscernibilidad» para la escritura filosófica?

Lo que se dice en una lengua común siempre puede ser pensado como poema, es decir, como aventura intelectual que se cuenta a cualquiera presuponiendo que basta con ser un ser hablante para entenderla. Y la escritura, como es sabido desde Platón, borra la posición del padre del discurso, la situación en la que el discurso se ejerce como poder específico respecto a un destinatario específico. De manera que siempre existe la posibilidad de considerar un discurso filosófico como un poema, es decir,

Política de la escritura

pensarlo y escribirlo como ejercicio de un poder común de la lengua bajo el supuesto de una verdad (y no de un simple juego de reglas con efectos). Esto no significa «reducir» la filosofía al poema o a la narración, sino que significa captarla en el punto en que el poder del pensamiento se define en una articulación con el poder del lenguaje (y también con un reparto de cuerpos, es decir, una política). Una escritura así es apropiada para pensar la filosofía fuera de ella misma −por ejemplo, precisamente, los filósofos salvajes de las ciencias humanas y sociales− o en sus límites, donde ella se dice a sí misma, para hacer equivaler un *muthos* y un *logos* para definir lo que le es propio como orientación del pensamiento. La paradoja consiste en que la filosofía siempre se ve conducida, en su mayor intimidad, a utilizar el discurso indiscernible del *muthos*. Cuando se trata, como en el *Fedro*, de «atreverse a decir la verdad hablando de la verdad», hay que rechazar el poema como incapaz de cantar el himno apropiado al lugar de la verdad y, al mismo tiempo, emplear la forma del *muthos*. Hay que rechazar la escritura impropia para manifestar el discurso vivo y, al mismo tiempo, desplegar todas las formas de su *paideia*. El diálogo platónico es y no es la dialéctica platónica; es y no es la filosofía de Platón. No se trata aquí de una fácil paradoja inventada por la narratología moderna. Se trata de la situación necesariamente paradójica de lo que es propio de la orientación filosófica en la aventura común de la lengua que la verdad impone.

En la perspectiva de una poética del saber y de una política de la escritura, ¿cómo debe entonces interpretarse que usted haya escogido el género del ensayo? En esta misma dirección, también querría preguntarle más generalmente sobre la escritura de la filosofía y su firma.

La cuestión de la firma es la cuestión del modo de presencia de un sujeto en «su» discurso, esa cuestión que viene planteada

47

en Platón mediante el concepto de *lexis* o en la presencia o la ausencia del «padre» en el discurso. ¿Quién asume soportar un conjunto de enunciados y bajo qué figura? La firma compromete a un sujeto, su presencia en su discurso y la cualidad de esa presencia. En mi libro, abordé el problema de una manera circunscrita: mostré cómo los efectos llamados a menudo «estilísticos» del historiador no son adornos con los que se engalanaría la ciencia, sino propiamente su firma. Dicen quién escribe y en calidad de qué. Disponen a lo largo del relato la marca de su identidad como discurso de la ciencia. Estos efectos de la firma operan una identificación y una legitimación. No es *x* o *y* lo que soporta tal conjunto de enunciados, sino la ciencia, la sociología, la historia o la filosofía. El nombre propio es, al mismo tiempo, un nombre común, una marca de pertenencia.

Puede afirmarse que, en relación con esto, el ensayo reduce la firma al mero nombre propio. En definitiva, el ensayo es en la teoría lo que la novela es en relación con la poética: el género de lo que es sin género. El ensayo es el discurso que no se sostiene por ninguna posición de legitimidad, por ninguna identificación legítima. No obstante, esta misma ausencia de especificidad puede adoptar dos figuras antagónicas. Por un lado, puede darse como «el estilo que es el hombre», el producto de un «temperamento» de ensayista. El ensayo no es entonces más que una firma: viene a ser la firma de la figura payasa del intelectual que, desde la identidad heroica de un pensamiento y de un carácter, domina desde lo alto toda especialidad. Por otro lado, el ensayo es la aventura intelectual que atraviesa las fronteras de las especialidades en la verificación singular y arriesgada de la suposición de un poder común del pensamiento. El ensayo, en este caso, no designa el objeto de ninguna elección específica. De hecho, no elegí hacer un ensayo. El libro surge de un seminario y, por tanto, de una forma habitual del trabajo universitario. Es el resultado de un trabajo de investigación, no una intervención personalizada sobre el estado del mundo. Lo que caracteriza al «ensayo», a fin de cuentas, son una serie de rasgos formales: su concisión, la ausencia de notas y del aparato erudito, incluso también su formato. Pero ciertos rasgos formales son también, evidentemente, decisiones relativas a una política de la escritura. Rasgos que rechazan formas clásicas de legitimación y de identificación; que tratan de sustraer cuerpo a los relatos de la ciencia y legitimidad a sus posiciones. Sustraer legitimidad puede hacerse también de dos maneras. Existe, por una parte, la manera «desmitificadora» en la que se ha especializado cierta sociología y que consiste en encontrar bajo palabras más o menos grandiosas la banalidad de los cuerpos y de los estados de cuerpos que soportan tales palabras. Es una manera de sustitución de legitimidad poco interesante. Pero también existe, por otra parte, la manera que consiste en establecer entre los saberes el itinerario de una travesía singular en la lengua común, que los remite a la condición poética de la igualdad, a la condición de un discurso que se construye frase a frase en una aproximación infinita, en la que la firma de un nombre propio marca lo que un sujeto se compromete a soportar como suyo en el territorio de la lengua y del pensamiento comunes.

Una política de la escritura, la elección de los cuerpos que se dan a las palabras, la elección de la firma que compromete a un sujeto respecto a la consistencia de esas mismas palabras: se trata siempre de la elección de lo que una escritura decide respecto a las relaciones de lo «propio» del pensamiento y de la disposición de los cuerpos en comunidad. Ahí, la posición de la filosofía no puede sino ser paradójica, no por la coyuntura moderna de la catástrofe del discurso, sino por su misma esencia. Lo «propio» de la filosofía, el pensamiento de lo *mismo* del pensamiento y del ser, se declara siempre de una manera impropia. El gesto que delimita eso que es propio siempre se vincula a una decisión respecto al reparto de la lengua y al reparto de los cuerpos. La filosofía no puede ni renunciar a la delimitación de lo propio ni sustraerse a la manera en que esta la conduce fuera de ella misma y remite su exterior al interior de ella misma. Así pues, hay varias escrituras y varias firmas de la filosofía por necesidad, y no por eclecticismo.

Historia de las palabras, palabras de la historia[1]

[con Martyne Pierrot y Martin de la Soudière]

¿En qué momento sintió la necesidad de reflexionar y escribir sobre la escritura de la historia? ¿En qué momento preciso de su trabajo?

Hubo dos momentos, de hecho, en los que me planteé la cuestión de la escritura de la historia: la primera vez a nivel práctico y, la segunda, más teóricamente. Estaba por entonces escribiendo *La noche de los proletarios*. Al principio, pensaba llegar a un tipo de inteligibilidad de la palabra obrera que la remitiera a cierto modo de ser, a una cultura. Pero me di cuenta de que esa clase de explicación no constataba la realidad de la cuestión y de que, encerrando esas expresiones en una especie de cuerpo colectivo obrero, estaba anulando de hecho el tipo de verdad del que ahí se trataba. La cuestión de la escritura se planteaba, pues, así: yo no podía adoptar un tipo de relato, un tipo de narración con función realista, con una función naturalizante. No podía adoptar esa manera de relatar que hace que un cuerpo emerja de un lugar y que una voz emerja de ese cuerpo. Este modo de

---

1. «Histoire des mots, mots de l'histoire», entrevista realizada por Martyne Pierrot y Martin de la Soudière, publicada en *Communications* 58 (1994), págs. 87-101.

relatar que podríamos llamar *realista* «autoriza» la posición de los hablantes que pone en escena plantándolos en «su» mundo. Ahora bien, aquí se trataba de dar cuenta de la constitución de una red de discursos ilegítimos, que rompen cierta identidad, cierta relación entre los cuerpos y las palabras. En consecuencia, tenía que describirlo de otra manera para devolver a ese universo de palabra su carácter desautorizado y, a la vez, lacunario, para devolver también a esas experiencias toda su ambigüedad y su indecibilidad. Me di cuenta, pues, de que no era posible relatarlo a la manera de Hugo o de Zola.

Había que adoptar una manera de relatar que, aparentemente, no convenía para hablar del pueblo, había que tomarla de otros modelos (de Proust o de Virgina Woolf, por ejemplo); es decir, había que escoger un modo de relatar que no empezara situando, arraigando, sino que partiera del carácter fragmentario, lacunario, indecidible, parcialmente decidible, de esas palabras; un tipo de relato a la manera de Virginia Woolf, en el que hay voces que poco a poco se van entrecruzando y construyen de alguna manera todo el espacio de su efectividad. Se trataba de construir un relato en el que pudiera verse no un cuerpo producido por voces, sino voces que dibujan poco a poco una suerte de espacio colectivo. Así pues, en un primer momento, me encontré con el problema de la escritura a nivel práctico, pero también me vi confrontado evidentemente con lo que podríamos llamar una «política difusa», puesto que la época en la que escribí *La noche de los proletarios* estaba dominada por cierto «giro» etnológico que efectuaba la traducción política de los saberes sociales y, en particular, de la historia: una idea de la comunidad fundada en identidades, territorios, oficios, etcétera. La crítica de ese etnologismo banalizado formaba parte del horizonte de mi trabajo en esa época.

Más tarde, la dirección que tomó mi trabajo relegó esta preocupación a un segundo plano. *La noche de los proletarios* se había centrado en la manera en que los obreros habían podido subvertir el lenguaje de los otros (los burgueses, los científicos, los poetas) para poner en cuestión el lugar que el orden del discurso les asignaba en el orden social. La subversión implicaba el rechazo de una palabra supuestamente propia del modo de ser obrero. A partir de ahí, empecé a reflexionar más generalmente sobre las relaciones entre el reparto de los discursos y el reparto social: cómo la filosofía conceptualiza la significación de la actividad del artesano de una manera que lo asigna al lugar que conviene a su ser; cómo la historia o la sociología vinculan el estatuto de «buen» objeto de la ciencia a la representación de una relación entre un modo de ser y una manera de hacer o de decir propia de la identidad popular; cómo todo esto se refleja en el reparto de los saberes y cómo el reparto entre los saberes interviene en el reparto social. Me interesé muy especialmente por los lugares y los momentos discursivos en que esos repartos se vuelven problemáticos; en los que, por ejemplo, la filosofía o la ciencia necesitan pasar por el modo propio del relato para vincular la cuestión del estatuto de la ciencia o del pensamiento con la cuestión de los repartos sociales; lugares y momentos discursivos en los que la verdad debe decirse bajo el modo de la ficción, etcétera.

Usted encuentra, aparentemente, esos «momentos discursivos» tanto en el ámbito filosófico como en el ámbito histórico.

Sí. Y la cuestión del relato, del texto, fue planteada inauguralmente por Platón. Es un filósofo que me interesa especialmente porque se trata verdaderamente de un dispositivo de escritura; Platón «condena» la escritura pero, al mismo tiempo, pone en perspectiva una serie de escrituras, de críticas de escrituras: a los poetas, a los historiadores que critican las tradiciones de los poetas, a los filósofos que critican a los poetas... En este dispositivo de escritura, el paso del argumento al relato posee formas específicas. El paso se efectúa especialmente en relación con dos puntos nodales de pensamiento. Primero, se efectúa ahí donde se pone en cuestión la relación del pensamiento con la verdad porque, finalmente, hay una heterogeneidad de la verdad en relación con todo lo que el discurso puede construir. En el fondo, el discurso filosófico solo se relaciona con la verdad en la medida en que se vuelve heterogéneo respecto a sí mismo. En el *Fedro,* en el momento en que se presenta el gran relato del alma como carro alado, Platón habla de ese lugar de la verdad que ningún poeta ha sabido ni sabrá cantar, y añade que es el momento de hablar verdaderamente cuando se va a hablar de la verdad. Y, sin embargo, para «decir la verdad hablando de la verdad», Platón explica una historia. El segundo momento típico en que el argumento cede el lugar al relato es cuando la cuestión del reparto del pensamiento se vincula a la cuestión del reparto social. Ahí evoco los grandes «mitos» políticos que intentan relacionar las formas de la distribución política con la desigual participación de las almas en el poder del pensamiento y del discurso, los mitos que destinan a unos a la función de legislación, a otros a la fuerza de los guerreros y a los últimos a la condición de artesanos.

Si le parece bien, ahondemos un poco más en los griegos. Como subtítulo de su última obra, usted ha escogido el término «poética».[2] *¿Podría definirlo más precisamente? ¿Lo opone a «retórica» o incluso a «estética»?*

2. La «poética» viene definida en ese libro como el «estudio del conjunto de los procedimientos literarios por los cuales un discurso se sustrae a la literatura, se atribuye un estatuto de ciencia y lo significa», en *Les noms de l'histoire. Essai de poétique du savoir,* París, Seuil, 1993, pág. 21 [vers. cast.: *Los nombres de la historia. Una poética del saber,* trad. de Viviana C. Ackerman, Buenos Aires, Nueva Visión, 1993].

Cuando hablo de «poética», pienso de entrada a partir de Aristóteles; a menudo pienso a partir de categorías que son categorías griegas, pero que siguen funcionando. «Poética» conceptualiza un modo de actividad que construye lo que Aristóteles nombra un *muthos*. «Poética del saber» afirma de manera subyacente que hay una construcción narrativa del saber y un discurso que se pregunta sobre esta construcción. Por «estética», en cambio, entiendo *aisthesis:* una manera de verse afectado por un objeto, un acto, una representación, una manera de habitar lo sensible. O también, si se prefiere decir así, para mí, «estética» está del lado de la recepción y «poética», del lado de la actividad.

¿Podría decirse que la retórica, a diferencia de la poética, no implica realmente el pensamiento?

Sí. Con la poética, de lo que se trata es del objetivo propio del discurso. De modo que, si tomamos el ejemplo del relato histórico en Braudel (que trabajo en *Los nombres de la historia)*, se trata propiamente de la función del relato en la ciencia misma. Ahí abordamos, más generalmente, la manera en que la ciencia se da el cuerpo de verdad de su palabra; esto va mucho más lejos que la idea de retórica como ornamentación del discurso e incluso como poder de lo verosímil. Además, tradicionalmente, la «retórica» es también el arte de desplegar un habla que tiene por objetivo causar un efecto específico en el oyente, el juez, el espectador... «Poética» designa, al menos a mi parecer, una operación que se sitúa en la perspectiva de una verdad, y no en la perspectiva de un efecto que se obtendría si se observan ciertas reglas.

Resulta interesante advertir que el término «poética» viene utilizado también por otros pensadores; por ejemplo, el sociólogo estadounidense Richard Brown (autor de A Poetic for Sociology). *Pero volvamos a su interés por esa construcción del saber que constituye la poética, a la atención que usted presta a la relación entre el saber y el discurso. ¿Por qué razones nuestras disciplinas manifiestan tal desconfianza, incluso miedo, frente al texto y al análisis del texto de las ciencias humanas? Hemos podido constatarlo en sociología y en etnología. En su caso, en referencia al historiador Lawrence Stone, usted deja entender que ciertos historiadores temen, a fin de cuentas, el «imperio maléfico del texto y de su deconstrucción», o la «indistinción fatal de lo real y de lo imaginario».*[3]

Sí, se ha desarrollado efectivamente una corriente en Estados Unidos en torno al problema de la «deconstrucción» (del pensamiento, del texto, de la narración) que provoca reacciones bastante violentas, incluyendo a los historiadores que, en principio, se habían interesado en esas cuestiones. En una disciplina como la historia, encontramos esta constante que no es exactamente el temor a lo imaginario, sino más bien el temor a la literatura, lo cual manifiesta un temor ante la «no-ciencia». Las ciencias humanas —a diferentes niveles— son ciencias problemáticas, contestadas, siempre faltas de legitimación. Pero, de entre todas estas, y por una serie de razones convergentes, la historia es la que tiene más problemas de legitimación. De entrada, acarrea en ella todas las homonimias de su nombre. De modo que la historia siempre necesita demostrar, demostrarse una y otra vez que es realmente una ciencia y, en consecuencia, necesita negar todo lo que podría introducirse como procedimiento literario en la construcción de un relato histórico. Esto constituye un primer nivel. La historia, por otra parte, vehicula un miedo a las palabras porque construye un discurso que argumenta, esencialmente, mediante la lengua natural. La historia debe dar pruebas de que es una ciencia utilizando los argumentos que son argumentos

---

3. *Ibid.*, pág. 208.

de la lengua natural. Además, se dedica a un objeto que es el *ser hablante*, con todos los problemas que ello conlleva: ¿qué es ese objeto? ¿Qué son esos acontecimientos que, en gran medida, son acontecimientos del habla? ¿No es la manera de ser del ser hablante la negación de lo que «debe» ser el objeto de la ciencia? ¿Cómo evitar entonces quedar «refutado» por el propio objeto? Puede decirse que el historiador tiene miedo de su objeto, que es el ser hablante, porque le parece que ese ser, ese objeto, se sustrae a la ciencia y lo arrastra del lado de la no-ciencia. Último aspecto del malestar del historiador: se las ha con el tiempo, con la muerte; su objeto lo remite a la muerte.

Concentrémonos en el texto que es propio de la historia. Cuando usted habla del discurso específico de la historia (que debe «articular» un «triple contrato»: «científico», «narrativo» y «político»), parece que su definición se acerca a la que propone Roland Barthes. ¿Estaría de acuerdo?

Sí, sin duda. Pero en esta obra *[Los nombres de la historia]* no he planteado tanto el problema del texto sino el problema del relato. En el fondo, la pregunta era la siguiente: ¿qué es una ciencia que trata con seres hablantes y con los acontecimientos que les suceden a esos seres hablantes? Esta ciencia —la historia— no solo debe encadenar los acontecimientos y estructurar los hechos, sino que también debe hacer cierto tejido a partir de o con otro *tejido de palabras*. Ese era el problema que me planteaba y, más específicamente, cómo podemos «hacer» la verdad (o un discurso que apele a la verdad) en la relación y la dialéctica entre todos estos registros, a saber, el de la palabra errante, el de la palabra que circula, el de la palabra no legitimada; y, además, el texto en el que esta palabra debe ser dicha de nuevo, reconstruida, registrada, explicada. Más que la cuestión del texto como «diseminación» o la relación entre el «sociolecto» y el texto, lo que me interesa es la relación entre la gran *mímesis* social de

El tiempo de la igualdad

los diferentes modos del habla –la manera en que los actores de la historia, como los revolucionarios de Marx, repiten lo ya dicho– y la «diegética» del relato del historiador que pone orden en ese juego mimético.[4]

Usted dice «seres hablantes» y, en su libro, escribe: «El hombre es una animal literario». Esta referencia a la literatura es, sin duda, intencionada. ¿Podría desarrollar esta idea, por ejemplo a partir de esta otra afirmación: «Dado precisamente que el hombre es un animal literario, la ciencia histórica es imposible y la historia, posible»?

Digo «animal» literario en referencia evidentemente a «animal político». Lo que intento mostrar ahí es que el hombre es un animal político porque es un animal literario, instalado en el trayecto del habla, de la letra, al que le suceden acontecimientos individuales y colectivos, a través de palabras, a través de frases. Cuando hablo de literatura, estoy de hecho aludiendo a algo más específico, a saber, al nacimiento de la literatura como idea, como concepto de sí misma en la época romántica, es decir, en el momento en que ya no se está en la tradición de las artes poéticas (géneros poéticos y reglas poéticas), sino que se está en un momento en el que la literatura se da como un arte que solo depende del poder común de la lengua. Intento decir que lo que posibilita la historia es, en el fondo, esto: la historia puede utilizar este poder común, este poder que se ha vuelto de alguna manera neutro, de la literatura.

---

4. Mímesis y diégesis se refieren a la distinción establecida por Platón en el libro III de la *República*, donde se opone la mímesis, forma y señal de la representación trágica, a la diégesis, en la cual el narrador interpone su voz entre el personaje y el público. En *Los nombres de la historia*, Rancière aplica estas categorías a la manera en que el relato de Michelet trata –es decir, establece– la palabra mimética de las actas de las Fiestas de la Federación.

Historia de las palabras, palabras de la historia

Usted afirma que la nueva definición de la literatura es contemporánea de una nueva definición del relato histórico, así como del advenimiento de la democracia. ¿Han surgido estos tres advenimientos de un mismo proceso? Y, más precisamente, ¿cómo interactúan entre ellos estos tres registros?

Lo que intento decir en el libro es que la época en que la ciencia histórica se constituyó y fundó, sobre cierta idea de ciencia, es también el momento de la democracia y, específicamente, el momento de un régimen político que tiene en cuenta el hecho de que el hombre es un animal literario, que el animal político es un animal literario. Por tanto, el gran momento del pensamiento científico y cientificista, el momento en que la ciencia histórica intenta constituirse, es también el momento en que la literatura toma conciencia de sí misma separándose del universo sometido a las normas de lo que se llama las «Bellas Letras», la elocuencia y la poesía. Pero esta coexistencia puede ser conflictiva. Tomemos, por ejemplo, uno de los paradigmas dominantes de las ciencias humanas, a saber, el paradigma sociológico: este se creó en reacción contra la democracia. Siguiendo la convicción de que el cuerpo social estaba roto, deshecho por una palabra que circula de manera ilegítima, este paradigma se constituyó mediante la idea de repensar el tejido social con la intención de volver a encontrar una suerte de unidad del individuo y de la colectividad a partir de la creencia que expresa el vínculo de la comunidad. Así pues, podemos observar una contemporaneidad que define tanto la conflictividad como (eventualmente) el enriquecimiento mutuo. Pienso que la historia de esa época particular se vio marcada por una conflictividad que siguió funcionando incluso cuando se olvidó como conflicto. Es decir, que todos los paradigmas de la colectividad, de la creencia, etcétera, propuestos por Durkheim, siguieron funcionando y conformando la historia de las mentalidades aun cuando se había olvidado su aspecto conflictivo. La historia de la época democrática seguía viéndose bloqueada por una idea de la ciencia que podemos catalogar, esquemáticamente, como idea antidemocrática. De ahí surge la siguiente paradoja: la ciencia histórica, que quiso ser la ciencia de la edad de las masas, buscó en general su objeto del lado de las épocas de reyes y curas. Este paradigma «sociológico» nunca ha permitido hacer una verdadera historia de la época de la democracia.

Historia de las palabras, historia del habla, historia de los individuos: en el fondo, el problema específico del historiador consiste en tener que conjugar en su propio discurso el tiempo histórico y el tiempo del relato.

Sí, en efecto, solo el relato pensado como tal permite dar cuenta, en verdad, del hecho de que el objeto de historiador es un ser que no es contemporáneo de sí mismo. Hay acontecimiento, la historia sucede (en el sentido en que suceden cosas) en la medida en que el ser humano es un ser no contemporáneo consigo mismo. Suceden acontecimientos porque hay diferentes tiempos que se entremezclan y chocan, suceden acontecimientos porque hay futuro, futuro en el presente, porque hay también un presente que se repite en el pasado, porque hay temporalidades diferentes en un «mismo» tiempo... Ahora bien, no se puede dar cuenta de todo esto si no es asumiendo la narración como lo que es, a saber: hacer una verdad de lo que no es idéntico a sí. En lugar de utilizar el tiempo como principio de identidad, la narración, cuando se construye, debe construir el tiempo de su acontecimiento. Los historiadores siempre pueden mantener un discurso a la manera de Bachelard, un poco estándar, del tipo «Nada viene dado, todo se construye». Pero en muy pocas ocasiones lo aplican al tiempo. Sin embargo, el tiempo se construye, se construye el tiempo mediante el relato. Y los historiadores tienen miedo de ese tiempo móvil. Prefieren o bien rechazar tiempo y relato, o bien utilizar el tiempo como principio de simultaneidad, es decir, de identidad.

En relación con esto, precisamente, hay un momento en su libro en el que usted utiliza la palabra «intriga». ¿Cómo definiría este término? ¿Lo utiliza, por ejemplo, en el mismo sentido que Paul Veyne?

Utilizo «intriga» en el sentido aristotélico. La intriga es una historia, una disposición de ciertas acciones. El historiador se ve conducido a tratar su objeto a través de cierta disposición de acciones. Este sentido no está muy alejado de lo que dice Paul Veyne, pero lo que me interesa no es exactamente lo que interesa a Veyne. Además, él oscila entre diferentes posiciones respecto al estatuto que otorga al acontecimiento. En su pensamiento, el acontecimiento aparece a veces como objetivo, cuando habla, por ejemplo, del «campo acontecial» *[champ événementiel]*: los historiadores compartirían un mismo campo de acontecimientos. Así pues –tal y como afirma Veyne–, si los historiadores siguen el mismo camino, lo recorrerán de la misma manera y harán la misma historia. Por tanto, habría intrigas que el historiador construye a partir del campo acontecial. Lo que quizá me alejaría de esta posición es que yo no creo que haya un campo acontecial. Pienso que hay una multiplicidad de hechos y, luego, ciertos modos de intriga que dicen si ha habido acontecimiento y cuál. El revisionismo, por ejemplo, constituye una intriga en la que una colección de hechos es una colección de hechos y no toma la figura de acontecimiento único. Por mi parte, tuve ciertamente que decidir: las cartas que intercambian los obreros en los años treinta del siglo XIX, esas «profesiones de fe» que realizan a petición de los saint-simonianos, ¿constituyen un acontecimiento? ¿Y cuál? ¿Pertenecen al conjunto de «testimonios de la vida privada y de las sociabilidades obreras? ¿O bien pertenecen a un conjunto –que debe manifestarse narrativamente– que se llamaría «simbolización polémica del ser-obrero»? En ese punto, podemos afirmar que la intriga constituye el acontecimiento como acontecimiento.

Usted alude a menudo a la palabra de los individuos. Escribe: «Lo que determina la vida de los hombres hablantes es el peso de los nombres dichos, escritos, oídos, las palabras son más testarudas que los hechos». Y en otro pasaje: «La manera propia de la historia, como acontecimiento del habla, es el trayecto según el cual los seres hablantes se consagran a la verdad de su palabra». Parece, en definitiva, que usted intenta encontrar la adecuación más probable o el destino de las palabras...

Lo que he intentado decir ahí es que hay propiamente una historia de las palabras, una historia de las secuencias significantes, una historia de eso que las palabras ordenan entre los cuerpos, que es una historia más grave que los testarudos hechos de los que habla el historiador en general. Me quedé sorprendido cuando no conseguía hacerme entender por algunos historiadores, con los cuales he tenido ciertas polémicas respecto a las relaciones entre cultura artesanal y expresión simbólica obrera en el siglo XIX. He intentado mostrar, aunque un poco en vano, que es un tanto extraño que sean ciertos gremios obreros los que siempre hayan encabezado los conflictos. En general, es algo que empieza con los sastres y los zapateros. Uno se ve entonces tentado a pensar (es lo que afirman los historiadores) que ello se debe al hecho de que esos oficios deben afrontar problemas de cualificación. Pero esto es algo que siempre puede decirse. Por lo que respecta a la Francia de 1830-1840, no tiene mucho sentido hablar de «descualificación» de los oficios de zapatero o de sastre. Existe efectivamente la confección añadida al trabajo propio del taller tradicional, pero, las más de las veces, son los trabajadores «cualificados» quienes hacen la confección durante la temporada baja. En cambio, se produce un hecho masivo, a saber: «zapatero» es un nombre que, desde la Antigüedad, siempre se ha visto estigmatizado. ¡Podemos verlo hasta en Esopo! Esopo cuenta cómo la divinidad repartió las cualidades (verdad o mentira) entre los diferentes gremios, entre las diferentes actividades. En el momento en que les tocó a los zapateros, ya solo quedaba mentira para distribuir. El tema del zapatero también aparece en Platón. Y también en Apeles.[5] Están las asociaciones, en las que el zapatero es el maldito. Y hay muchos más casos. Puede encontrarse finalmente una asimilación constante entre el zapatero y el judío (a menudo también entre el sastre y el judío), etcétera. El lugar en el orden social pasa, pues, por una designación que pertenece al orden del discurso. Esto también tiene que ponerse en relación con el hecho de que esos oficios son los oficios menos estructurados, mal reconocidos, oficios en los que hay mucha circulación y, por tanto, mucha precariedad. Sin embargo, es la relación de una situación efectiva y de una posición simbólica lo que explica esta estigmatización, y no lo que se cuenta sobre los fenómenos de descualificación, que pueden manipularse en todos los sentidos para hacerles decir lo contrario en cada caso. La nominación implica algo relacionado con el destino de un individuo y de una colectividad, es una asignación social.

Hasta ahora hemos hecho referencia a la historia. ¿Hasta qué punto podría extrapolar sus convicciones a otras disciplinas? Es una pregunta central para este número de Communications *y queremos planteársela muy especialmente, ya que nos parece que muchos sociólogos o etnólogos pueden reconocerse en ciertas posiciones que usted defiende en su libro.*

5. Pintor de la Antigüedad a quien se atribuye una frase que acabó dando lugar a la locución *sutur ne ultra crepidam* («Zapatero, no más arriba del zapato», *id est*, que el zapatero no juzgue lo que no es propio de su campo).

Hay que tener en cuenta que, de hecho, nunca me he planteado de manera general y en un momento preciso la pregunta «¿cómo escribimos la historia?» Me vi conducido a reflexionar sobre el encuentro entre mi propio trabajo y un tipo de pregunta que podríamos llamar «filosófica», una pregunta más general, que es la pregunta sobre la práctica del lenguaje en un modelo historiográfico dominante (el modelo de la historia de los *Anales*, por dar un ejemplo). Así pues, confronté la manera en que yo mismo había tratado a los seres hablantes y la manera en que lo había hecho la escuela de los *Anales* (siguiendo cierto modelo que es el modelo sociológico del «hecho social total», modelo a fin de cuentas político). De hecho, nunca me había preocupado por plantear la cuestión de la escritura en general –aunque sé perfectamente que también debo responder eventualmente a preguntas ¡que yo mismo no me he planteado!–. No sé si hay otras personas que se plantean las mismas preguntas que yo en otros ámbitos. Creo que esta misma manera de proceder, este mismo tipo de preocupaciones, puede encontrarse especialmente en los ámbitos de la etnología, de la sociología, de la historia. Existe en estos una preocupación común que gira en torno a estas preguntas: ¿cómo explicar la manera en que los tejidos de palabras dan lugar a una verdad? ¿Cómo rechazar al mismo tiempo el procedimiento que toma la palabra del otro como ella misma se da y el otro procedimiento que la convierte en lo que el científico sabe? ¿Cómo evitar la doble trampa consistente en otorgarle nuestras razones o en interpretarla según «sus» razones, que son siempre las razones de una razón idiomática inferior?

Sí, nos parece efectivamente que una preocupación común –como usted mismo dice– atraviesa de alguna manera las ciencias humanas. No obstante, al mismo tiempo, ¿no sería una disciplina como la etnología (estoy pensando en la corriente textualista estadounidense, etcétera) más sensible y más permeable a este tipo de problemáticas?

Historia de las palabras, palabras de la historia

Creo que la pregunta no se dirige tanto a ciertas disciplinas, sino más bien a ciertos modos de tematización y a ciertas operaciones sobre objetos de la ciencia. El problema de la escritura del relato concierne a objetos, tematizaciones de objetos, modos de interpretación que atraviesan las fronteras entre los saberes. Está claro que no existe un problema general de las ciencias humanas y sociales, porque las ciencias humanas y sociales se refieren a modelos de racionalidad diferentes, completamente heterogéneos. Ni siquiera es pertinente el término «ciencias humanas y sociales» (en el sentido en que designaría una colectividad que tendría un principio unitario). Pero creo que existe cierto número de ámbitos, cierto número de objetos que están relacionados e implican problemas comunes o problemas, en el fondo, de figuración del objeto y de tratamiento de ese objeto. Creo que hay una serie de disciplinas (o, en cualquier caso, una serie de discursos), una serie de operaciones temáticas que plantean cierto número de preguntas relativas a las categorías filosóficas de lo Mismo y lo Otro. En el caso de la sociología, de la etnología, de la historia, puede afirmarse que existe un problema común: definir una alteridad que sea pensable en términos de mismidad. Vemos claramente que la manera en que la historia se refiere constantemente a la etnología (a las etnologías más o menos buenas, a menudo más bien catastróficas) consiste en esto: en que, con respecto a su objeto (el ser hablante y el ser hablante en el tiempo), el historiador siempre tiende a referirse a un modelo supuestamente seguro, a saber, la etnología, porque el etnólogo, incluso si su objeto está lejano, incluso si es diferente, lo tiene en cualquier caso ante él y puede comunicar con él. Hay un cara a cara posible entre lo mismo y lo otro en el que, de alguna manera, lo mismo aprende la lengua del otro y, por ello mismo, puede constituir al otro en su identidad consigo mismo. Esta situación preocupa constantemente al historiador. Hay una serie de ciencias que están más cerca que otras respecto a lo que podríamos llamar «operaciones», no solo de la lengua común, sino también del sentido común −aunque, al mismo tiempo, se ven confrontadas a cierta alteridad−. Se establece una relación complicada entre el hecho de que utilicemos las operaciones del sentido común, de que tratemos con cierta alteridad, y el hecho de que debamos hacer con ello ciencia y, con la alteridad, hacer un objeto que sea semejante a uno mismo.

El problema de esta distancia, de esta alteridad, está muy presente en ciertas corrientes de la etnología, cosa que acercaría la historia a la etnología. Además, en este sentido nos parece que otra posición contribuiría a ello, a saber, la convicción de Evans-Pritchard, por ejemplo, quien afirmaba en su época que la etnología era más un arte que una ciencia stricto sensu.

No hay que preocuparse por saber si lo que uno hace es ciencia, sino más bien si lo que uno hace es susceptible de apuntar una verdad. No se trata de escoger entre el arte y la ciencia. Se escoge el arte (en el sentido de hacer bien lo que se tiene que hacer para intentar dar a ver lo que uno considera una verdad), antes que saber si se está respondiendo a modos de valoración que permitirán que se reconozca como ciencia lo que estás haciendo. No hay que partir de un sistema de oposición, ni de la idea de que el arte (o la literatura) está de un lado y que, del otro, está la ciencia.

Pero permítame retomar la cuestión de la etnología. Incluso en ciertos etnólogos de los que me siento afín, lo que me acaba separando de ellos es la relación que mantienen con la noción de «cultura» y sus presupuestos: la idea de una unidad del todo que se expresa idénticamente en modos de ser, en maneras de hacer o de decir. Este modelo expresivo presupone una unidad de los diferentes modos que siempre es problemático y que, para ciertos tipos de objetos, resulta sin duda un contrasentido. En lo que a mí me interesaba —la simbolización del ser-obrero en el siglo XIX–, eso era precisamente lo que sucedía. Razonar en términos de cultura, pensar que esas redes de palabras —correspondencias, poemas, folletos, periódicos obreros– expresaban lo que también expresaban los saberes de sus oficios, equivalía a anular toda verdad enunciable de ese objeto. Hay una historia en general en la medida en que se introducen ciertas fracturas entre esas maneras de ser, de hacer y de decir que el concepto de cultura une en una misma totalidad expresiva.

Hace un momento hablábamos de las imposiciones de la nominación. La nominación es lo que instala la identidad entre una manera de decir, una manera de ser, una manera de hacer, haciendo que los cuerpos, en función de su situación y de su nombre, estén como asignados a tal lugar, a tal función, y que tenga que haber correspondencia entre, en este caso, lo que es un obrero, la manera en que trabaja, la manera en que actúa, la manera en que habla. Ahora bien, el concepto de cultura supone este tipo de identidad, y lo que yo intento decir es casi lo opuesto, o sea, que solo hay historia en la medida en que hay fenómenos que atraviesan y que rompen esa especie de armonía que parece presuponerse casi como preestablecida, pero que no es sino la armonía del orden social.

Si lo entiendo bien, usted estaría así considerando lo social como discontinuidad (y su historia como rupturas) más que como continuidad, orden o coherencia.

Sí. Creo que lo que hace la historia son, efectivamente, las líneas de fractura. Lo que hace que haya política (y política democrática) son las líneas de fractura en relación con lo que sería un orden, preestablecido de alguna manera, de la comunidad. Mi idea es que hay dos tipos de comunidad: las sociedades pensadas bajo el modo orgánico y funcional, el modo de la identidad del ser, del hacer y del decir; y, por otra parte, las comunidades fundadas en la simple igualdad de los seres hablantes, fundadas en la contingencia de su reunión.

Para volver al problema de la escritura, ¿podríamos llegar a decir que, a cada tipo de definición que se da de la comunidad, correspondería un tipo de escritura, un tipo de relato? Es quizá un poco fácil como conclusión, pero es una pregunta intencionadamente ingenua.

No, por supuesto. Está claro que hay una genealogía de los tipos de escritura de la comunidad. Por ejemplo, una escritura de la época romántica que es realista; una escritura que responde a cierto paradigma de la comunidad tal y como se adoptó en la sociología, tal y como se adoptó en la historia de las mentalidades. Pero lo que yo intento es trabajar en otra escritura que responda a otra idea de comunidad, lo cual supone que, de golpe, tomemos modelos de escritura que aparentemente no corresponden a los objetos de los que se trata. Y ello porque debe mostrarse, justamente, que esos objetos de los que se trata no corresponden a lo que «deberían» ser.

¿Por eso hace usted referencia a Virginia Woolf o a Joyce, es decir, porque los modelos literarios serían más pertinentes?

Sí, las verdaderas novelas de la época democrática son, de hecho, esas novelas que hablan aparentemente de personas del mundo ocioso y de sus estados del alma, y no esas novelas que deben dar cuenta supuestamente de las grandes gestas de lo social a la manera de Zola.

A través de la «poética» de la historia que pasa por el «relato», usted define de manera roborativa lo que funda (debería fundar) la especifi-

cidad del discurso histórico, su «textura». Apunta así con contundencia los peligros, las derivas, las tentaciones que amenazan a la historia. No obstante, parece que no le van mal las cosas a esta disciplina, si se la compara, por ejemplo, con la sociología...

Las cosas le van bien y mal. Le van bien en la medida en que ha sabido resistir al demonio de cierto cientificismo. Cada vez que ha concedido cierto espacio a las cifras sin dejar al mismo tiempo de «explicar», de utilizar las formas de la lengua común y las argumentaciones propias del sentido común, ha sabido mantenerse como historia, llevar su nombre, otorgándose al mismo tiempo cientificidad. En cambio, le van mal las cosas no porque habría sucumbido al positivismo de las cifras, sino cuando sucumbe a lo que podríamos llamar una especie de rabia de desmistificación, una especie de resentimiento con respecto a su propio objeto.

Para retomar desde otro ángulo la cuestión del temor de las ciencias sociales frente a la escritura, ¿qué debe pensarse de la falta de confianza, de la desconfianza que ya encontramos en Platón, ante la seducción de lo escrito en comparación con lo oral, siendo este considerado como más auténtico?

Sí, tal es la historia del conflicto recurrente entre la escritura y el habla como palabra viva. Hay una tensión que atraviesa la historia de la escritura, una tensión que remite la escritura a una «verdadera» escritura, a un habla que estaría más acá y más allá de la escritura, un habla de verdad, de vida. Efectivamente, en el *Fedro* de Platón, la palabra viva es la que puede prestarse socorro a sí misma, la cual es propiamente la palabra del maestro o la palabra del que dialoga; y luego está la escritura muerta. La paradoja es, evidentemente, que este mismo privilegio de la palabra viva está encerrado en un dispositivo de escritura que Platón califica de «juego». En cualquier caso, en el *Fedro*, la filosofía puso en escena de manera inaugural una guerra de la escritura que todavía dura, una guerra que se vio renovada en el contexto de la tradición judeocristiana y de la problemática cristiana de la encarnación como verdad de las Escrituras. Y esta querella filosófico-teológica no ha dejado de rondar la modernidad científica y política.

En el siglo XIX, ¿qué es la utopía sino la idea y la esperanza de un habla que se habría convertido en carne viva de la comunidad? La utopía, de hecho, es un sueño muy específico: el sueño de un habla que ya no estaría hecha de palabras, el sueño de un habla que, a la manera de las ferrovías saint-simonianas, se encarnaría verdaderamente en un territorio, en una comunidad.

Sí, pero ¿cómo explicar la persistencia de esta tensión o incluso de este conflicto entre lo oral y lo escrito, cuando resulta que lo escrito está legitimado desde hace mucho tiempo, incluso sobrevalorado, tanto social o políticamente como intelectualmente? «La ciencia solo se sirve de la escritura», escribe Raphaël Pividal,[6] por ejemplo...

Sí, por supuesto, puede afirmarse que el pensamiento solo existe escrito pero, al mismo tiempo, este pensamiento se escribe en una tensión, con la idea latente de que esta escritura siempre es deficitaria respecto a la verdad. Algunos investigadores de renombre no paran de repetir que nunca se consigue poner la ciencia por escrito. Afirman que, evidentemente, escriben, pero que el trabajo de la ciencia supone una serie de operaciones que la escritura no puede asumir. Sin embargo, al mismo tiempo, se pone en juego toda una serie de dispositivos de escritura. En cierto sentido, esta declaración recurrente de que la escritura nunca llegará a dar cuenta de lo que es el trabajo de la ciencia

---

6. En *La Maison de l'écriture*, París, Seuil, 1976.

es también un dispositivo de escritura por el cual la ciencia se autolegitima, afirmando que no puede ponerse por escrito.

Hace un momento nos parecía que usted era más bien optimista. Para acabar, sería interesante saber cómo ha sido recibido su libro Los nombres de la historia *por parte de los historiadores, puesto que, en otras disciplinas de las ciencias humanas, el trabajo de «deconstrucción» de la ciencia, de su poética, no va de suyo. Este trabajo suscita de hecho diversas reacciones de defensa y desconfianza porque parece que uno está osando poner en cuestión el texto, interesarse por la escritura...*

En este sentido, diría que comprendo perfectamente que la escritura incomode... La idea primera, el postulado de la ciencia social, es que la sociedad sufre la enfermedad de la escritura. Lo que quiero decir con ello es que ese juicio implícito que encontramos en el origen de la sociología —la sociedad sufre la enfermedad de la escritura— se sitúa más ampliamente en la esfera de una constatación posrevolucionaria —y, eventualmente, contrarrevolucionaria— de la sociedad enferma de protestantismo, es decir, de la religión únicamente de la escritura. Esta enfermedad de la comunidad sin cuerpo, librada solo a la escritura, es lo que la ciencia sociológica adoptó inicialmente como su objeto de estudio. Así pues, es normal que el saber social tenga miedo de la escritura.

¿Qué entiende precisamente por la expresión «la sociedad sufre la enfermedad de la escritura»?

En el origen de la sociología —como idea del saber social y no como disciplina particular—, se encuentra esa idea de que la revolución es la manifestación de una sociedad cuyos vínculos se han deshecho a causa de un mal que se llama «individualismo» o «protestantismo»: el mal de una comunidad cuyos átomos ya no están ligados por una tradición de palabra viva, de espíritu encarnado, átomos que ya no están religados más que en la exterioridad por la letra muerta de la escritura. Esta idea es la obsesión de Comte, es la obsesión de Durkheim. Y la literatura también es esto: la escritura es Don Quijote experimentando que el libro ya no se vuelve verdad en un cuerpo.

¿Es la política solo policía?[1]

[con Jean-Paul Monferran]

Con su libro En los bordes de lo político, *propone una redefinición de lo que es la política misma. Hablando de los «bordes»* [«bords»], *usted sugiere varias interpretaciones: lindero, frontera, pero también elección, en el sentido del «bando»* [«bord»] *en el que uno se sitúa...*

Empecé la escritura de este libro hace unos diez años, en un momento en el que el tema del «fin» estaba muy desarrollado: fin de la política, fin de las utopías, fin de las ideologías... Quise entonces resituar este discurso en un marco más general, analizando lo que son las fronteras de la política, sus «bordes» y, por tanto, el acercamiento mismo de lo que se entiende por política. Generalmente, la política se asimila a la lucha por el poder, o bien al ejercicio y al objeto de ese poder: la gestión de la sociedad, la repartición de los bienes y de los poderes entre los grupos sociales. Quise mostrar que la política no es la dominación ni la gestión, sino que define una actividad excedentaria precisamente respecto a la lógica de la dominación y de la gestión. La política empieza con la existencia de sujetos que no son «nada», que

---

1. «La politique n'est-elle que de la police?», entrevista realizada por Jean-Paul Monferran, publicada en *L'Humanité* el 1 de junio de 1999.

son un exceso respecto al recuento de partes de la población. El proletario no es el representante de un grupo social, sino un sujeto político cuya palabra causa efracción porque es la palabra de los que supuestamente no tendrían que hablar...

Usted habla de anomalía, de efracción, de excedente, etcétera, distinguiendo una doble cara de la política...

Lo que propongo, de hecho, es oponer dos nociones. La noción de «policía», entendida no solamente en el sentido de represión, de control social, sino de actividad que organiza la reunión de los seres humanos en una comunidad y que ordena la sociedad en términos de funciones, de lugares y títulos que deben ocuparse. Y hay luego otro proceso, el de la igualdad. Este consiste en el juego de prácticas guiadas por la presuposición de la igualdad de cualquiera y por la preocupación de verificarlo: el nombre más propio para designarlo es el de «emancipación». Lo que llamamos política es, de hecho, el enfrentamiento constante de estos dos procesos, una lucha para decir lo que es la «situación» misma. En este sentido, en los movimientos sociales que tuvieron lugar en 1995, el gobierno declaró que hacía lo único que era posible frente a los «atrasados» que eran incapaces de ver esa situación. La política de los «atrasados» ponía en cuestión precisamente esta pretendida evidencia sensible. Aristóteles fundamentaba la política en la calidad del ser hablante, capaz de discutir sobre lo «justo» y lo «injusto», mientras que el animal no puede expresar más que dolor y placer. Ahora bien, el principio de la «policía» siempre ha consistido en partir a la humanidad entre los que «saben» y esos de los que se dice que simplemente manifiestan descontento, furor, histeria...

¿Piensa que este acercamiento, al margen de todo juicio moral, podría ser el origen de la crisis de la política misma, la cual tiende a manifestarse

actualmente en lugares diferentes de los que le eran propios tradicionalmente? Podemos pensar, por ejemplo, que ha habido más «política» en 1998 durante la Copa del Mundo de fútbol que en el momento de la renovación trienal del Senado...

La política tiene lugar en lo que llamamos «cuestiones sociales». Pero ello no significa necesariamente que haya sujetos políticos que la pongan en juego. Siempre me he mostrado más que reticente frente a la idea de que la política iba a pasar a niveles elementales, en las redes, las asociaciones... Aunque existe una suma de microsituaciones sociales que determinan formas de sensibilidad política, formas de resistencia ante lo que podríamos llamar el orden «policial» o puramente gestor, no hay política hasta que no hay una capacidad de universalización de lo que está en cuestión en una u otra situación, ya sea el movimiento de 1995 o el de los sin papeles. No se trata solamente de federar las fuerzas, sino de constituir sujetos políticos que tengan como vocación universalizar el conflicto. La política es el conflicto en la medida en que adopta una función universal...

¿Cómo se constituyen esos «sujetos políticos»? ¿Qué es lo que puede crear un «vínculo» entre ellos? ¿Un partido-guía de tipo «marxista»?

Su pregunta remite a mi propio recorrido. Yo era un estudiante fascinado por los textos de Marx y también por la persona y el discurso de Louis Althusser. Así pues, con *Para leer El Capital*, participé en esa ambición que pretendía dar al marxismo su verdadera teoría. Este método, con la separación de la política y de la ideología, sugería en el fondo que los agentes sociales no podían sino ignorar su condición. Finalmente, nuestra «ciencia» sofisticada siempre acababa por afirmar que el intelectual y el científico son los que deben aportar a los desdichados dominados las verdaderas explicaciones de las razones de la dominación que los somete. Hacia 1968, empecé a poner en cuestión este tenaz presupuesto cientificista. Ello me incitó a trabajar sobre la relación histórica entre la constitución del marxismo y la de las figuras de la emancipación obrera. Así pues, dediqué unos diez años a trabajar en los archivos del pensamiento obrero del siglo XIX intentando, como interés principal, encontrar una especie de pensamiento obrero auténtico que se opusiera al pensamiento marxista. Luego, trabajando en ello, me di cuenta de que el problema no debía plantearse en esos términos...

¿Por qué razones?

Lo que les faltaba principalmente a los proletarios no era tanto el conocimiento de los mecanismos de explotación y de dominación, sino un pensamiento, una visión de ellos mismos como seres capaces de vivir algo diferente de ese destino de explotados y dominados. Fue entonces cuando tomé conciencia de que el movimiento social es, de entrada, un movimiento intelectual. Es decir, en el movimiento de los que estaban relegados al orden del trabajo, en el sentido de que ese orden se presentaba como antinómico respecto al orden del pensamiento y de la palabra, no había que entender la voluntad de apropiarse de un «pensamiento obrero propio», sino, al contrario, de algo que estuviera del lado del pensamiento y de la palabra del otro, incluyendo lo que tenían de más elevado. El fenómeno de los poetas obreros, por ejemplo, muestra que toda la historia de la aculturación militante se articulaba por medio de una especie de ayuda mutua y, a la vez, por la transgresión de un mundo que era el mundo del otro... Esta es la lógica que intenté pensar más globalmente como la lógica misma de la política. A saber, que lo que se ha llamado movimiento obrero no era un movimiento de toma de conciencia de los intereses históricos propios de una clase, sino, de entrada, el movimiento intelectual de los que querían

¿Es la política solo policía?

franquear de alguna manera las barreras del mundo oscuro en el que se encontraban para pasar a ocuparse no solo de sus propios asuntos, sino de los asuntos comunes. Ello nos conduce a la noción de exceso...

Y, precisamente, ¿no se manifiesta también este «exceso» en el caso de la utopía?

Siempre desconfío un poco del discurso que pretende que la utopía sea como un suplemento del alma. Me esfuerzo por distinguir dos cosas. Efectivamente, no hay política si no se franquean los límites que el orden que llamo «policial» determina como los límites de lo posible. Pero ¿es necesario para ello convocar a Fourier o a Saint-Simon? Las utopías son discursos que postulan que no hay necesidad de política, que el conflicto democrático o el conflicto igualitario estarían finalmente fundados en un malentendido. Al mismo tiempo, siempre han tenido esta función de crear distancia. Y, a lo largo del siglo XIX, fueron necesarias ciertas figuras de la distancia para que apareciera el movimiento obrero. Siempre me ha sorprendido esa relación doble, ambigua, de los proletarios de la época frente a las utopías: se adherían a la utopía como reconfiguración polémica del orden de los posibles, pero estaban mucho menos tentados por las formas concretas de organización que proponían los utopistas. Los proletarios politizaban la utopía, la cual pretendía, por su parte, acabar con los conflictos políticos.

¿Afirmaría lo mismo en el caso de Marx?

La figura de Marx es extremadamente ambigua. Es alguien que captó verdaderamente la configuración sensible de la emancipación, pero en una especie de doble discurso: el discurso afirmativo del poder de la emancipación y, luego, el discurso llamado «científico», según el cual el movimiento emancipador es algo que no puede ser conocido por aquellos que participan en él. Hay ahí una tensión extrema. Evidentemente, después de Marx, se han producido todas las derivas y las monstruosidades que ya sabemos... Pero sorprende constatar que, en cada momento político, Marx manifiesta una especie de adhesión contrariada por la idea de que, de todas maneras, los que actúan no conocen el sentido de lo que hacen, que ese sentido no está ahí y que, en cierto modo, actuando, van en contra de la elucidación de su propia situación... De modo que, al principio, partí de la oposición entre ciencia e ideología, luego volví a atravesar la oposición entre pensamiento burgués y pensamiento proletario para llegar a constatar que ambas oposiciones eran inconsistentes. De lo que se trataba fundamentalmente en el movimiento obrero del siglo XIX, de lo que se trata actualmente en los movimientos que he evocado, es de un lugar —o no— en el orden y en la palabra común, un poco a la manera de una lucha llevada a cabo para franquear la frontera...

Los hombres como animales literarios[1]

[con Christian Delacroix y Nelly Wolf-Cohn]

Para empezar, nos gustaría que precisara lo que, a nuestro parecer, atraviesa todos sus trabajos: lo que llama la historicidad democrática, la herejía democrática, la palabra en exceso...

Hablemos, primero, de la historicidad en general. A diferencia de la corriente dominante de los historiadores que oponen la práctica científica que consiste en «hacer la historia» al tema político-ideológico de un sujeto que «hace historia», lo que he intentado mostrar es que no hay historia en general –y, en particular, que no hay historia científica– sin historicidad, es decir, sin la idea de la historia como un modo de ser determinado por la palabra y la acción de sujetos. Hay historicidad donde se cuenta el tiempo separándolo de la temporalidad de la simple reproducción, hay historicidad donde se da un conjunto de palabras y acciones que están memorializadas, organizadas en secuencia autónoma, arrancadas al anonimato de la vida natural. Durante mucho tiempo, esta cualidad «histórica» es-

---

1. «Les hommes comme animaux littéraires», entrevista realizada por Christian Delacroix y Nelly Wolf-Cohn, publicada en *Mouvements* 3 (marzo-abril de 1999), págs. 133-145.

taba reservada a los grandes personajes, considerados como los únicos sujetos de la historia. Podemos hablar de historicidad democrática cuando cualquiera es susceptible de ser sujeto de la historia. Hay historia en general porque los hombres son animales literarios, animales captados por la palabra, alejados por la palabra de la naturalidad del orden productivo y reproductivo. Podemos llamar historicidad democrática a ese tipo de historicidad que está ligado al hecho de que cualquiera hace la historia.

¿Por qué historicidad democrática? Porque la democracia no es simplemente una forma de gobierno, ni tampoco un modo de vida social, a la manera de Tocqueville. La democracia es un modo específico de estructuración simbólica del ser en común. Es el modo mismo de subjetivación de la política en general, lo que hace existir la política como una excepción en relación con el orden «normal» de la dominación. La democracia es esa inversión singular del orden de las cosas, según la cual los que no están «destinados» a ocuparse de las cosas comunes pasan a ocuparse de ellas. Y se ocupan de las cosas comunes precisamente porque ellos son, en tanto que animales literarios, susceptibles igualmente de verse desviados por el poder de algunas palabras de su destino natural −que es el de reproducir su vida dejando el cuidado del gobierno a los que poseen títulos para gobernar, dejando el cuidado de hacer la historia a los que tienen un nombre y una memoria. La historia democrática es el tipo de historicidad que está definido por el hecho de que cualquiera puede verse atravesado por palabras como «libertad», «igualdad» o «fraternidad», para tomar el ejemplo más sencillo.

¿También por la palabra «dignidad»? Pensemos en el movimiento de los sin papeles y, más generalmente, en los que usted llama los sin parte. Desde su perspectiva, ¿participa este tipo de movimiento de esa historia democrática?

Los hombres como animales literarios

Si participa en ella, es porque significa más de lo que entendemos generalmente por lucha en busca del reconocimiento y la dignidad. Poder tener papeles en el lugar en que uno vive y trabaja, poder discutir sobre ese derecho, en resumen, ser contabilizado en el mundo de la palabra común, todo ello es algo que depende de la categoría política de la igualdad, no de la simple categoría ética de la dignidad. Los sin papeles hablan de buen grado el lenguaje de la dignidad. Pero lo que están pidiendo son papeles, no reconocimiento. Una historia democrática implica la idea de una vida colectiva fundada en algunos significantes colectivos. Libertad o igualdad son esos significantes, no dignidad. Y desconfío de cierta tendencia contemporánea que ofrece consideración ética en lugar de derechos políticos.

Usted ha demostrado que los saberes con pretensión científica que querían dar cuenta de esa historicidad democrática, de esa irrupción de palabra, han fracasado en el intento. Uno de los primeros fracasos de este tipo –que usted mismo ha analizado– fue el del marxismo cientificista de Althusser, del que se separó con cierto escándalo, por decirlo así, en los años setenta. ¿Funda esa ruptura con el marxismo cientificista sus posteriores trabajos? En resumen, ¿qué piensa actualmente de esa ruptura?

¿Qué era el marxismo cientificista? Era la idea de que la dominación se fundamenta simplemente en la posesión o la desposesión del saber, la idea de que los proletarios estaban privados del saber de su situación, del saber de lo que la causaba y que, en consecuencia, el papel de los intelectuales consistía en aportarles esa conciencia que les faltaba. El trabajo que hice en *La noche de los proletarios* (1981) consistió justamente en salir de esta problemática. Lo que intenté, más precisamente, fue decir que el conocimiento del famoso secreto de la mercancía, el secreto del capital y de la plusvalía, es algo que nunca les ha faltado a los proletarios; lo que les faltaba –al menos eso es lo que intentaban conquistar en los textos que estudié– era algo diferente: el sentimiento de la posibilidad de un destino diferente, el sentimiento de participación en la cualidad de ser hablante. Su problema no era pasar de una ignorancia a un saber, sino que consistía en romper un reparto tradicional que colocaba a los hombres de pensamiento y de gobierno en un lado y, en el otro, a los hombres de trabajo; o, incluso, a un lado los hombres de la palabra y, al otro, los hombres del ruido. Aristóteles dijo en un texto célebre que la política está fundada en la cualidad que posee el hombre de ser hablante, pero precisamente se rechaza aplicar esta cualidad de ser hablante a una proporción siempre mayoritaria de la humanidad. Y este reparto primordial entre, por una parte, los hombres de la palabra y de la visibilidad y, por otra, los hombres del ruido y de la oscuridad sirve como base para el reparto entre los que saben y los que ignoran.

Tal es la paradoja del cientificismo. A menudo quiere sacar a los dominados de su situación por medio la ciencia. Pero, haciendo esto, no puede sino considerarlos como ignorantes. El cientificismo es la idea de que la ciencia del científico es ciencia de la ignorancia del ignorante. Ello significa que el objeto de la ciencia es, al mismo tiempo, su otro: la víctima de la ideología dominante en el marxismo, la víctima del desconocimiento en la sociología de Bourdieu, el hombre de la creencia en la historia de las mentalidades. Romper con el cientificismo marxista era, de hecho, romper por adelantado con las figuras *soft* del cientificismo que han tomado su relevo.

En La noche de los proletarios, *precisamente, se encuentra con portavoces que son el contrario del portavoz de una conciencia colectiva; insiste en que se trata siempre de seres que rompen a la vez con su medio y que se ven atraídos por otro medio. ¿Encontramos esta figura ambigua del portavoz en el recorrido de la historicidad democrática que usted intenta poner de relieve?*

Los hombres como animales literarios

Sí. Por «portavoz» entendemos generalmente el que habla por los otros, el representante o el negociador de un grupo. Quise mostrar ahí que, para convertirse en portavoz en este sentido, ya había que serlo primero en otro sentido, había que estar situado en el circuito de la palabra como tal. Los obreros del siglo XIX que estudié eran, de entrada, personas atrapadas por una palabra venida de otra parte, atrapadas por el discurso saint-simoniano, y también por la magia del alejandrino, por el deseo de escribir en general y no especialmente de escribir textos obreros. Así pues, son personas que entraron, por su relación con la palabra, por su relación con la escritura, en otro modo de vida; y es esa participación en otro modo de vida —la vida de los seres hablantes que participan plenamente en la totalidad de los poderes de la palabra— lo que les permite desempeñar el papel de portavoces.

Pero no expresan una mentalidad, es decir, usted rechaza la idea de que expresarían algo así como una conciencia colectiva.

Empíricamente, es sabido que la mayoría de los militantes obreros son personas que han roto con su grupo, con los valores de su grupo; se hacen militantes obreros, primeramente, por una especie de exasperación o de rechazo frente a la identidad obrera tal y como la habían vivido, como manera de ser de un grupo social asignado a su lugar y a su destino productivos y reproductivos. Lo que los constituye como portavoces es su voluntad de participar en un habla común. Ahora bien, el habla común —la que está libre de marcas de un grupo particular— era un habla reservada. Aristóteles distingue la palabra característica de los hombres, que permite decidir sobre lo justo y lo injusto, de la voz animal, que solo sirve para expresar placer y disgusto. Sin embargo, resulta que esta distinción se ha aplicado igualmente al habla humana: hay un habla *común* que pertenece a los superiores y el resto de la humanidad está asignada al ámbito del ruido. Tradicionalmente, todo ser de una clase −o de un sexo− inferior es considerado como incapaz de articular un discurso sobre lo justo y lo injusto, como siendo capaz solamente de expresar hambre o furor. Lo que ha constituido a los «portavoces» es precisamente el hecho de haber roto ese reparto, es la apropiación transgresiva del habla común, del habla de los otros, por parte de los hombres del ruido. La noción de conciencia «colectiva» ignora que solo hay un habla común mediante la ruptura del reparto mismo del habla.

Entre los saberes que pretenden justamente dar la palabra a los sin palabra o hacer hablar a los anónimos, usted identificó rápidamente a la sociología crítica de los años setenta −sociología que practicaba en particular Pierre Bourdieu−. Usted adopta una posición bastante severa frente a esta tentativa de dar cuenta de la «dominación», que es un concepto central de esta sociología crítica. ¿Podría explicarnos ese momento importante de su itinerario, momento en el que pone en cuestión esta ciencia social que se fundamenta, por otra parte, en el proyecto de Durkheim y que se desarrolla posteriormente en la mencionada sociología crítica?

El núcleo mismo de los grandes libros de Bourdieu era, para mí, una variante de lo que yo mismo había combatido bajo la forma de marxismo cientificista althusseriano. Era la demostración de que los dominados no pueden sino ser dominados y que, en consecuencia, esas formas de apropiación de la lengua, del pensamiento, de la cultura común que había estudiado solo podían ser ilusiones que adoptaban aquellos que las efectuaban en el círculo de la cultura legítima, construida para perpetuar su propia dominación. O, dicho de otra manera, el discurso de Bourdieu −por ejemplo, en *La distinción*−[2] mostraba cómo el universo de los valores estéticos era un universo de legitimación

2. *La distinción: criterios y bases sociales del gusto*, Madrid, Taurus, 1998. *(N. del T.)*

de la dominación y de imposición de un tipo de hábito inaccesible al pobre o al que solo podía acceder bajo el modo de la renegación. En consecuencia, Bourdieu mostraba una especie de lógica implacable de una dominación que se legitima, que impone las formas de legitimación, adoptando a los que querían protestar contra esa lógica bajo las formas de esa misma legitimación. Ahora bien, lo que yo había podido constatar a través del estudio del pensamiento obrero del siglo XIX era la manera en que una voluntad de apropiación estética, una voluntad de apropiación de la palabra del otro –podría decirse de la «gran palabra»– por parte de los militantes obreros, era precisamente lo que había definido una ruptura en relación con un modo de vida, en relación con un hábito obrero. Bourdieu, en cambio, daba la elección entre hábito popular y hábito distinguido. En su pensamiento, se considera toda forma de apropiación de los valores culturales como una mistificación, puesto que lo no distinguido no llegaría jamás a apropiarse de los valores distinguidos y solo podría vivir dolorosa e indefinidamente su relegación. Esto es algo que se opone completamente a lo que yo había entrevisto y había intentado mostrar: el valor transgresivo en el plano político de ese intento de apropiación de los valores del otro por parte de los militantes obreros del siglo XIX.

A propósito de Bourdieu, y más allá de las polémicas recientes que le conciernen: en el «movimiento de diciembre de 1995», hubo posiciones divergentes, e incluso antagónicas, entre dos grupos de intelectuales –uno de los cuales estaba encabezado por Bourdieu– respecto al análisis del movimiento y a la acción de los intelectuales frente a dicho movimiento. La polémica se concentró, en particular, en el eventual papel de los intelectuales como portavoces del movimiento para ayudar a que los agentes sociales tomaran la palabra. Los análisis que usted había realizado desde 1970 –y posteriormente– en relación con la sociología crítica, ¿recogen el eco de estas cuestiones?

Es algo complicado. Creo que cabe distinguir dos cosas. Primero, está la paradoja de Bourdieu, que es también la paradoja tradicional de todas las formas del pensamiento «crítico», del pensamiento cientificista de izquierdas, y que consiste en un discurso que muestra la necesidad de la dominación y la necesidad de que el dominado desconozca la ley de esa dominación. ¿Cómo podría ser un discurso así una verdadera arma de combate? Pero la contradicción del pensamiento cientificista/crítico juega en ambos sentidos. Por un lado, demuestra a los dominados que son víctimas de la dominación, que la igualdad es imposible —y, de entrada, a un nivel intelectual: quien crea que lo ha entendido está engañado por esa misma creencia, etcétera–. Pero, por otro lado, rechaza la pretensión del discurso dominante de valer como discurso común, como discurso fundado en la simple aprehensión objetiva de lo que impone la necesidad. Ahora bien, esta pretensión es la base del discurso «consensual» —término que hay que entender literalmente: el consensualismo nos remite a la «evidencia» sensible de los datos, nos dice que no hay nada más que hacer porque no hay nada más que ver–. Ante esto, el «pensamiento crítico» muestra que este discurso de la razón común no es más que el discurso de los dominantes, acogiendo y difundiendo así el discurso que contesta la «necesidad» oficial. Esto es lo que sucedió precisamente en 1995. El discurso oficial proclamaba que se estaba haciendo cuanto había que hacer y que estaba respaldado por toda una *intelligentsia* «de izquierdas» que denunciaba, en nombre de las realidades económicas o de los principios del bien común, de Marx o de Hannah Arendt, el egoísmo y el retraso de los grupos sociales aferrados a sus mezquinos privilegios. Lo que estaba en cuestión era entonces la legitimidad de un espacio disensual del pensamiento. El movimiento de apoyo a los huelguistas que encarnó Bourdieu, incluso si procedía de otras partes, recordó a su manera que «hay razones para rebelarse», que no hay una univocidad de los datos ni privilegio de la *intelligentsia*. ¿Se trata entonces de un movimiento de intelectuales portavoces? Para mí, «intelectual» es una palabra extraordinariamente ambigua. Un «movimiento de intelectuales» es un movimiento que rompe el reparto de la palabra y de los saberes, que rompe la solidaridad de «los que saben» con los que gobiernan. El movimiento de 1995 desempeñó esa función frente al peso considerable de lo que puede llamarse la «izquierda de derechas». Defendió la idea de que también hay pensamiento en los movimientos sociales, defendió –en contra incluso de las presuposiciones de la sociología de Bourdieu– el espacio del exceso democrático de la palabra que también es un exceso del pensamiento en relación con lo que programan los gobernantes.

Frente al grupo encabezado por Bourdieu –el grupo de intelectuales que querían (de hecho, sinceramente) reflejar las aspiraciones del movimiento–, había también otro grupo de intelectuales que, denunciando el corporativismo y el arcaísmo del movimiento, estaban del lado que usted llama de gestión. Ahora bien, parece que no haya mucho más entre estos dos polos. ¿Existe otra manera de dar cuenta de ese pensamiento del movimiento social, de ese exceso de palabra que surge; es decir, existe otra manera que sea diferente de, por un lado, el modo propio del discurso del desconocimiento, de la ilusión y, por otro lado, diferente también del modo del realismo gestor y de la denuncia del arcaísmo de las categorías sociales que están llamadas, en cualquier caso, a desaparecer? Usted no se reconoce evidentemente en ninguna de estas dos maneras...

No me reconozco teóricamente ni en una ni en otra manera, pero... en 1995 me reconocí políticamente partidario de los que apoyaban el movimiento. ¿Cuál es ahí el problema? Por una parte, existe esa *intelligentsia* de servicio que produce simplemente un discurso bis del poder, con un pie en el realismo de las necesidades económicas y el otro en el neomoralismo del «bien común», siendo estos campeones del realismo y los del bien común los mismos: las personas que ocupan los puestos, luchando «valientemente» contra el atraso igualitario de los movimientos sociales. Por otra parte, existe un pensamiento «crítico» que apoya un movimiento social sin tener la posibilidad de pensar la significación *política* de ese movimiento. ¿Qué es, en efecto, un movimiento político? Es un movimiento que pone en cuestión el reparto dado de lo sensible, es decir, la configuración de los datos, de las «evidencias sensibles» que sostienen la dominación —o sea, el reparto entre los que tienen y los que no tienen la cualidad para ver los datos y para argumentarlos–. Este es precisamente el objetivo de la política: ¿qué es lo que constituye una situación? ¿Quién está cualificado para decir lo que vemos y el sentido de lo que vemos? Eso era precisamente lo que estaba en juego en 1995; el discurso de la «reforma» decía de entrada lo siguiente: hay personas que son capaces de ver y de prever, y hay otras que no son capaces de ello. Hay hombres de discurso y hombres de ruido. La demostración de la capacidad de los «incapaces» reconfiguraba este reparto. Y esto es lo que el pensamiento crítico no puede pensar. El pensamiento crítico permanece atrapado en el esquema según el cual lo político es la apariencia cuya verdad escondida reside en lo social, y escondida de entrada en los agentes de ese movimiento. Para el pensamiento crítico, un movimiento social es un movimiento que muestra el estado de la sociedad y la mentira de la dominación. Es portador de una verdad cuyo conocimiento solo compete a los científicos, frente a los «desprovistos», que son víctimas fatales de su ignorancia.

Usted alude a la lógica del consenso, oponiéndola a la lógica del desacuerdo como constitutiva de la política democrática, la cual permite tener en cuenta la parte de los sin parte. A partir de la cuestión de lo que se llama «inmigración», ¿podría precisar qué objetivos se propone este enfrentamiento entre la lógica consensual y la lógica del desacuerdo?

Los hombres como animales literarios

La cuestión concierne al estatuto de lo que está *de más*. La lógica del desacuerdo —o del disenso— afirma que la política está hecha por sujetos que no son grupos sociales, sino agentes de enunciación y de manifestación que siempre son supernumerarios en relación con el cómputo de los grupos sociales. El *dèmos* de la democracia no es la población ni su esencia ideal. Es la cuenta suplementaria de las personas de nada, la cuenta de aquellos que no tienen ningún título particular para gobernar. Asimismo, los proletarios no son la población obrera, sino los agentes de su desincorporación. La lógica del consenso es, inversamente, una lógica de completud. Una lógica que identifica a los sujetos políticos con las partes reales de la sociedad y pretende gestionar la distribución óptima de las partes que pueden ser atribuidas a cada una. En consecuencia, quien está de más, para ella, *sobra*. El «inmigrante» es entonces como lo reprimido de la política en el orden consensual. Es el suplemento que ya no es simbolizable —un peligro que debe excluirse para los extremistas, un problema «sin solución» para los gobernantes: excedente del que no nos podemos liberar y, al mismo tiempo, *el otro* ante el cual el recubrimiento imaginario del espacio político queda garantizado por medio de la cuenta exacta de las partes y de lo que hay que repartir.

Volvamos ahora a la sociología que, de hecho, ha evolucionado: algunos sociólogos se han adherido a una corriente de ruptura respecto a la sociología crítica —estoy pensando, por ejemplo, en los trabajos de sociólogos como Luc Boltanski y Laurent Thévenot,[3] los cuales insisten mucho, separándose así de las nociones de hábito o de reproducción, en las capacidades inventivas de los agentes, en sus competencias para desplazarse por entre diferentes universos sociales de referencia. ¿Cree entonces que esta evolución es un intento de tener en cuenta lo que usted

---

3. Luc Boltanski y Laurent Thévenot, *De la justification. Les économies de la grandeur,* París, Gallimard, 1991 (edición anterior, París, PUF, 1987).

siempre ha querido analizar, es decir, esa palabra, esas subjetivaciones excedentarias que están como desviadas y aplastadas generalmente por la tradición de la «gran ciencia social» científica?

Aquí debemos considerar dos cosas. Es interesante, efectivamente, pensar en términos de capacidad de agentes, en términos de intervención de varias líneas de acción, de varios tipos de racionalidad, considerar que un individuo actúa en su existencia en varias líneas y a través de estrategias que puedan ser múltiples. Desde mi perspectiva, el inconveniente surge al constituir algo así como una teoría del agente social inteligente que, en definitiva, no sería sino una especie de doble del agente racional económico. Tengo la impresión de que este otro tipo de sociología, para decirlo en pocas palabras, nos lleva a decir a esos agentes sociales: «Sois más inteligentes de lo que creéis, mucho más inteligentes de lo que vosotros mismos pensáis, y os damos por ello la enhorabuena». Sería de nuevo una posición similar a la del famoso «seguid siendo lo que sois», dicho por Victor Hugo a los poetas obreros del siglo XIX: «Sois obreros, seguid siendo lo que sois». Creo que hay un poco de eso en la exaltación actual de los «agentes», a los que parece que se les dice: «Sois actores multidimensionales y eso es formidable». Y al mismo tiempo: «¿Qué más queréis?». Esta idea de democracia como multiplicidad de agentes, de estrategias, de posibles, etcétera, hace desaparecer lo que resulta ser el corazón mismo de la práctica democrática: no que las personas se ocupen muy astutamente de sus propios asuntos, sino que se ocupen transgresivamente de esos «asuntos comunes» que, precisamente, «no son asunto suyo», sino de los que tienen los «títulos» para hacerlo.

Hay una disciplina que ocupa un lugar un poco particular en sus trabajos: la historia. Después de La noche de los proletarios *en 1981, usted publicó, en 1992,* Las palabras de la historia [Les mots de l'histoire] *que se convirtió por razones editoriales en* Los nombres de la historia

Los hombres como animales literarios

[Les noms de l'histoire]. *Este libro no fue bien acogido por los historiadores; parece que se produjo una especie de malentendido entre usted y muchos historiadores. Quizá porque el libro fue recibido como una especie de condena de la historia según los Anales, y especialmente de la historia de las mentalidades. En cualquier caso, creo que habría que revaluar y matizar lo que muchos han considerado como una condena porque, de hecho, usted otorga un estatuto bastante particular a la historia. En su opinión, los historiadores se han abstenido de lo que usted mismo llama la «muerte cientificista», reservando una parte justamente a esos seres hablantes, a esos excesos de palabra. Creo que usted no asimila completamente la historia a ese tipo de ciencia social representado por la sociología crítica, de la que hablábamos hace un momento.*

El estatuto de la historia es, en efecto, paradójico: no hay ciencia de la historia sin historia, no hay historia sin acontecimientos que advienen a sujetos. El sentimiento de esta condición mínima evitó que la historia desapareciera —sociólogos y economistas de la época cientificista le invitaban efectivamente a desaparecer—. Sin embargo, resulta evidente que ello coloca a la historia en una especie de inquietud constitutiva: debe mantener ese vínculo mínimo con el hecho de que suceden acontecimientos a sujetos, sea cual sea el estatuto que se le otorgue a esos sujetos y la manera en que los conceptualice (incluso cuando se hace la crítica de la historia acontecial). Al mismo tiempo, la historia tiene el sentimiento de que la asunción de esa condición le hace correr el riesgo de suprimir su validez como ciencia; por ello quiere conjurar constantemente esa condición original de «bastarda» que la vincula a la condición del animal literario. La historia responde entonces a ello mediante el cientificismo. Como hemos visto, el cientificismo no es simplemente una manera de tratar los objetos, sino una manera de que un discurso garantice su propia situación de ciencia constituyendo la ignorancia o la creencia como el hecho mismo de su objeto. Esto es lo que se encuentra en el corazón mismo de la historia de las mentalidades: la conversión del estatuto mismo del ser hablante. La palabra que zanja en la naturalidad de una condición se vuelve la palabra que expresa esa naturalidad. En *Las palabras de la historia,* cogí el ejemplo del *Montaillou* de Le Roy Ladurie,[4] consagrado enteramente a esa operación: transformar la herejía —es decir, un corte mortal del orden del discurso— en creencia que expresa, a la inversa, un fenómeno de arraigamiento al lugar. Toda la historia de las mentalidades tiene esta función: territorializar la palabra en exceso, hacer de ella la manifestación de un modo de vida, la expresión de un territorio. No se trata de un modo etnológico en la historia. La práctica etnológica ha sido a menudo la puesta en cuestión de los diferentes repartos cientificistas. La «etnología» propia de la historia es, al contrario, una especie de garantía permanente. La historia se demuestra su propia cientificidad por medio de la evidencia de que la creencia —la no-ciencia— es lo propio del ser hablante que es su objeto. Creo, pues, que la historia ha vinculado muy estrechamente su propia certeza al proyecto cientificista.

Recientemente, la cuestión de la verdad se ha vuelto de nuevo una cuestión central en la reflexión de los historiadores, en particular ante las falsificaciones negacionistas. Sin embargo, usted piensa que la concepción de lo verdadero que domina entre los historiadores —a saber, lo verdadero concebido como lo que el contexto histórico posibilita— constituye un obstáculo ante las falsificaciones negacionistas puesto que, en cierto modo, los negacionistas radicalizan ese historicismo que hace depender la verdad de los contextos de enunciación.

4. Emmanuel Le Roy Ladurie, *Montaillou, village occitain: de 1294 à 1324,* París, Gallimard, col. Folio, 1985 (1982).

Esta relación –que preocupa a los historiadores– de la historia con la historicidad suele resolverse generalmente por la vía rápida mediante el historicismo. El historicismo es el discurso que identifica un momento empírico del tiempo con un sistema conceptual de posibilidades, permitiéndonos saber que, en tal momento y en tal época, solo puede pensarse tal cosa y no se puede pensar tal otra. El historicismo implica una fragilidad constitutiva del historiador en relación con todas las tentativas de falsificación de la historia. En efecto, el gran criterio de verdad que la historia utiliza es un criterio de contemporaneidad, según el cual una cosa es considerada como verdadera o como falsa en función de si es o no contemporánea de sus condiciones de posibilidad. Si se afirma que las condiciones de posibilidad no están reunidas, podrá decirse efectivamente que el acontecimiento no ha tenido lugar. Insistí en esta demostración, propuesta en particular por Lucien Febvre en *La religión de Rabelais*,[5] porque me parece ejemplar de ese tipo de pensamiento que coloca un argumento inverificable detrás de un conjunto de «evidencias» que se imponen como indiscutibles, a saber, que hay épocas en las que ciertas ideas están excluidas del campo de lo pensable. Tras la demostración de que tales condiciones determinan tal época, se está proponiendo de hecho otra cosa muy diferente: la afirmación tautológica de que lo imposible es imposible. Creo que el razonamiento negacionista se pierde en esta tautología. Los negacionistas no necesitan a Lucien Febvre ni a los historiadores en general para ello pero, cuando se quieren negar ciertos acontecimientos, o bien se afirma resueltamente que no sucedió nada, o bien, según modalidades diversas, se intenta mostrar que no se daban las condiciones para que ello tuviera lugar. De este modo se concluye que tal aconte-

---

5. Lucien Febvre, *Le problème de l'incroyance au XVIe siècle: la religion de Rabelais*, París, Albin Michel, 1947 [vers. cast.: *El problema de la incredulidad en el siglo XVI: la religión de Rabelais*, trad. de Isabel Balsinde, Madrid, Akal, 1993].

cimiento no tuvo lugar, o que se produjeron ciertos hechos pero que no tienen el sentido que se les ha dado. Esto es precisamente lo que hacen los negacionistas. Es a priori singular ver que el negacionismo progresa mientras que las pruebas de la realidad de la exterminación se van acumulando. Sin embargo, esto no es verdaderamente una paradoja. Las pruebas materiales acumuladas por los historiadores no bastan para contestar ese régimen historicista del pensamiento que hace depender la realidad de un acontecimiento de su posibilidad. El caso es que, si no se afronta este régimen de pensamiento, se opondrán en vano catálogos de hechos y de nombres al negacionismo.

A propósito del negacionismo, precisamente, hemos podido ver que varios historiadores invocan también un argumento ético como una especie de último recurso contra los negacionistas, defendiendo así la idea de que no se pueden estudiar fenómenos como el nazismo sin una condena ética previa. ¿Qué piensa usted de este retorno a la ética en historia?

No creo que la condena ética previa sea la clave del asunto, sino que se trata nuevamente de una cuestión del régimen de pensamiento. Que se parta de la posición previa que considera el nazismo como algo malo no es, en el fondo, el problema. El problema es, en el fondo, liberarse de esos conceptos inconsistentes —lo imposible, lo impensable, lo irrepresentable— que sustraen los hechos de la exterminación de las reglas normales de reunión y análisis de los hechos. No conozco bien los términos actuales de este debate entre historiadores. En los filósofos, en cambio, veo los efectos de este discurso ético que afirma que estamos en este caso ante fenómenos impensables, fenómenos que desconciertan el pensamiento. Por ello mismo, las exigencias del respeto ético hacen que nos quedemos como bloqueados ante la consideración de los hechos. Este discurso que califica a un fenómeno como absolutamente impensable puede llegar a convertirse en esa forma de neutralización que lo declara imposible. En definitiva, no creo de ninguna manera que sea una actitud de respeto ético lo que pueda resolver los problemas.

A partir de las aporías de la historia, de su dificultad de dar cuenta de los seres hablantes, de su acción, de los acontecimientos, usted sugiere que la literatura podría constituir un recurso para dar cuenta justamente de lo que no consiguen hacer los saberes sociales, científicos o los que se pretenden tales.

Yo no diría que la literatura constituye un recurso, como si se tratara de encontrar soluciones. La cuestión de la literatura se plantea a dos niveles. El primero es el de la escritura de los saberes. La historia siempre practica cierta forma de literatura. Esta forma de literatura configura cierta disposición del paisaje y, si queremos intentar cambiar la disposición del paisaje de los objetos del saber, también hay que adoptar otros procedimientos de escritura. Este es uno de los aspectos en cuestión. El otro aspecto es que la mayoría de los modos de inteligibilidad que emplean las ciencias sociales —que son también los modos del pensamiento crítico que es, en el sentido más amplio, su territorio— nacieron de entrada en la literatura. En consecuencia, para que la historia pueda pensar lo que hace, debe interrogarse también sobre los orígenes literarios de sus modos de interpretación. Tomemos un ejemplo sencillo: la oposición entre la historia de los acontecimientos y la historia de las costumbres fue formulada primeramente por escritores como Hugo y Balzac. Son ellos también los que definieron los modos interpretativos propios de ese cambio de óptica: la explicación de lo de arriba por lo de abajo, el recurso a los «testigos mudos» (la cloaca de *Los miserables*), la lectura de los signos de la sociedad y de la historia en un cuerpo o en un objeto, etcétera. La oposición de una verdad de los signos mudos respecto al discurso de los grandes acontecimientos y de los grandes personajes fue, de entrada, la oposición de la ciencia literaria respecto a la crónica histórica antes de que la historia misma se apoderara de ello. Si debemos hablar de recurso, se trata entonces de una reflexión sobre las fuentes y no de un suplemento del alma.

Pero la literatura no es solo un recurso para el historiador: ¿acaso no es también el lugar mismo en el que se efectúa el reparto democrático de la palabra?

En el sentido histórico del término, la literatura es efectivamente la destrucción del sistema de los géneros según el cual la elevación −o la bajeza− del tema mismo determinaba un género definido y ciertas formas de expresión adaptadas a ese género. El sistema genérico clásico estaba fundado en el reparto de lo alto y lo bajo, en el hecho de que hay formas de escritura adaptadas a los grandes acontecimientos, a los grandes personajes, a los sentimientos nobles, y otras formas de escritura adaptadas a las personas viles y a las formas viles, lo cual viene resumido por la oposición tragedia-comedia. La literatura es la ruina de esa jerarquía y se cumple, esencialmente, a través de la promoción de la novela. La novela, en efecto, siempre ha sido la forma de escritura en la que no hay ninguna relación necesaria entre forma y contenido, en la que hay una mezcla de personajes y de registros. Ha sido el lugar de una palabra desvinculada, sin anclaje ni arraigamiento. En este sentido, puede afirmarse que la novela es la forma democrática de la palabra, la que niega toda situación de palabra regulada, caracterizada por una relación definida entre un tipo de agente social y un tipo de receptor social. Esto constituye el primer aspecto. Pero esta indeterminación social de la novela es también lo que hace que su forma informe haya sido el lugar de cumplimiento de un proyecto

Los hombres como animales literarios

de la literatura como ciencia, como modo de desciframiento del mundo. En la novela se produce la conjunción entre dos fenómenos: un fenómeno de dispersión y de deslegitimación de la palabra –que señala al mismo tiempo su textura interna y su modo social de circulación–, pero también una intención de saber en la cual se considera la literatura como revelación de la poeticidad inmanente de un mundo, es decir, como revelación de los signos más o menos escondidos de su historia. Es la oposición que establece Balzac en *La piel de zapa* entre la poesía geológica de Cuvier, que reconstituye un mundo a partir de un fragmento, y la poesía subjetiva a lo Byron. Así, las *Ilusiones perdidas* o *Los miserables* serán el despliegue y el desciframiento de esas redes de signos en los que consiste una sociedad. A través de la novela, se instaura una tradición propiamente hermenéutica de la literatura en la que la literatura es lo que lee los signos sociales que escapan a la política. Creo que es importante que la literatura se declare como tal justo después de la Revolución y que se declare como un discurso que pasa por encima del discurso de la tribuna, del orador, para ponerse a leer lo que constituye la realidad profunda de un mundo. La novela se impone entonces como esa gran poesía-ciencia que revelará, a la manera del geólogo, las capas recubiertas y los fósiles de la historia.

Por tanto, ¿es la novela ese género sin género que resulta ser, al mismo tiempo, el lugar de la palabra democrática y de su exclusión?

No pienso en términos de exclusión, sino de reparto, lo cual es diferente. La literatura, en su oposición al régimen jerárquico de las Bellas Letras, se construye sobre un régimen de palabra sin escena legítima. Ahí construye su propia legitimidad, lo cual determina en el siglo XIX la condena o la relegación de la «literatura de los obreros» –como apropiación salvaje de la literariedad por parte de aquellos que no tendrían que «ocuparse de ese asunto» que es escribir–. La novela contiene esta contradicción consistente en deslegitimar por el hecho su escena de legitimidad. Las desgracias del que o de la que lee novelas es un gran *topos* novelesco. Pero ¿para quién se escriben las novelas si no es para aquellos que las leen –y las deslegitiman–?

En *La palabra muda,* analicé una novela de Balzac, *El cura de aldea [Le curé de village],* que se ve atravesada ejemplarmente por esta contradicción: la desgracia de la heroína no es sino el hecho mismo del libro, de la circulación anárquica de la escritura. En definitiva, la literariedad del animal humano que la novela debe condenar y de la que, empero, vive. La novela se caracteriza por el hecho de ser la escena legítima de la palabra ilegítima. Este tipo de contradicción se encuentra también en el centro mismo del pensamiento de Mallarmé, el cual no es una especie de esteta prendado de las sensaciones evanescentes. Hay ciertamente un pensamiento político de Mallarmé, bien anclado en una problemática propia de la Tercera República, una problemática relativa a la comunidad, a lo que puede dar su sello a la comunidad en el momento en que ya no hay ni Dios ni rey. Mallarmé piensa la poesía como lo que sucederá a la religión y consagrará una especie de estancia común. Afirma resueltamente la idea de que el Estado democrático le debe solemnidad al individuo. Para Mallarmé, la palabra poética no tiene un destino de silencio, de palabra evanescente, sino que posee verdaderamente una vocación pública. De ahí resulta su relación constante y compleja con el teatro como lugar de celebración de la grandeza común.

Una última pregunta respecto a las formas de los saberes que usted ha analizado: ¿están estas formas condenadas a ignorar el exceso de palabra de los sin palabra y a reproducir una mismidad, a fabricar coherencia social?

Digamos, de entrada, que no me sitúo en la problemática ética de la alteridad. Mi problema es, más bien, la consideración del tipo de «otro» que construyen los saberes para asegurar su propia certeza. Dicho esto, creo que los saberes pueden perfectamente señalar las fisuras de esta coherencia social. Lo que intenté hacer como historiador, en *La noche de los proletarios,* fue dibujar el espacio de emergencia y de circulación de cierto número de palabras, imágenes, discursos, que han servido para la construcción de las identificaciones del proletario y del movimiento obrero, pero dejando ver el carácter aleatorio de esta construcción. En mi caso, se trataba de salir de la fabricación cientificista de «la ciencia y lo otro», y también de la tradición crítica que siempre intenta mostrar el punto en el que la dominación es visible, en el que la opresión es visible, en el que la mentira se ha revelado, en resumen, la tradición que intenta hacer confesar. Si la tradición crítica suele fracasar respecto a su vocación, es porque siempre ha intentado que su objeto confiese. Yo he preferido configurar los momentos del reparto que no son los momentos de la confesión, que son momentos en los que la construcción misma del sentido de la comunidad es una cuestión polémica. He intentado mostrar que hay política en la medida en que hay división respecto al sentido mismo de lo que es política, respecto a lo que es lo dado comúnmente. He intentado practicar una historia que mostrara cómo un sentido de comunidad se configura y define ciertos tipos posibles de historia y de tradición política, pero sin definir por ello nuevos ejes de inteligibilidad de la historia, los cuales alimentarían una memoria y una legitimación consensuales. Asimismo, he intentado trabajar sobre las contradicciones de la literatura, en su pretensión de decir la verdad sobre la sociedad. Para mí, es interesante trabajar sobre las aporías pensando que las aporías no son lo que condena un discurso, sino lo que señala precisamente sus objetivos fundamentales. Creo que la investigación no está encerrada de ninguna manera en esta oposición que resulta como una pesadilla para los historiadores y para muchos *social scientists,* según la cual o bien se tiene la cosa misma, o bien no hay más que discurso. Este tipo de oposición es pueril. Alimenta miedos ficticios para evitar toda pregunta. Pensemos, por ejemplo, en la importación francesa del fantasma estadounidense de la amenaza deconstruccionista, del gran terror a que, en el terreno de la ciencia, «solo haya discurso». El miedo es siempre y en cualquier caso lo opuesto al pensamiento, tal y como el cientificismo es lo opuesto a la actitud científica.

Xenofobia y política[1]

[con Yves Sintomer]

Para comprender la manera en que aborda la xenofobia, hay que remontarse a la definición de política que usted expone, por ejemplo, en su libro El desacuerdo.

Intenté oponerme a toda una tradición de la filosofía política que piensa la política como una actividad fundada en la naturaleza, ya sea positivamente a través de la idea de una naturaleza sociable y de un destino político del hombre, ya sea negativamente a través de la idea de una violencia irreprimible que solo puede contenerse mediante la ley común, el abandono de la libertad natural y la institución del contrato social. Lo que intenté, inversamente, fue pensar el carácter contingente de la política y su violencia simbólica. En este sentido, opuse la política a la «policía», a un orden natural de las cosas en el que una sociedad se representa como dividida en funciones, en lugares en los que estas funciones se ejercen, en grupos que son, por su lugar

---

1. «Xénophobie et politique», entrevista realizada por Yves Sintomer, publicada en Florence Haegel, Henri Rey e Yves Sintomer (dir.), *La xénophobie en banlieue: effets et expressions,* París/Montreal, L'Harmattan, col. «Logiques politiques», 2000, págs. 215-227.

101

El tiempo de la igualdad

mismo, destinados a ejercer una u otra función. Lo que llamo «policía» es una estructuración del espacio común que hace que la situación dada de dominación aparezca fundada en un sistema de evidencias sensibles. La policía, que se confunde generalmente con la política, implica una visión orgánica de la sociedad, visión que sustenta generalmente las teorías de gobierno como también las de la relación entre el gobierno y la sociedad.

¿Considera que las teorías de la justicia, y en particular la de Rawls, son en este sentido teorías de la policía?

Estas teorías se apoyan en una tradición de la filosofía política que intenta definir una especie de equilibrio natural de las cosas, el cual podría encontrarse mediante el cálculo bien pensado. No asimilo esta idea a la lógica de la «policía». Lo que sí es cierto es que esa idea pertenece a la tradición de la filosofía política que confunde «política» y «policía», queriendo fundar la política en una ley natural. Para mí, hay política cuando se sale de la referencia a una organicidad de la sociedad o a una naturalidad del ejercicio de gobierno, cuando se sale de la repartición de los lugares y los poderes. La política siempre adviene como exceso en relación con el orden policial, en el sentido que he dado de este término. El *dèmos* no es, de entrada, el pueblo en el sentido jurídico moderno de una entidad ideal, ni tampoco la masa de la población o las clases pobres. Fundamentalmente, el pueblo o el *dèmos* es más bien la gente de nada: no los pobres, sino los que no tienen ningún título en particular para ejercer la política. El escándalo original de la democracia es precisamente, para toda la gente de bien, que la democracia se presenta como el gobierno de los que no tienen título para gobernar, por oposición al gobierno de los ancianos, al gobierno de los nobles de nacimiento, de los sabios, de los científicos, de los ricos.

Xenofobia y política

La política atesta una división de principio. Aristóteles quiere fundar la evidencia de la politicidad del hombre en el lenguaje, o más exactamente en la oposición entre el lenguaje humano —*logos*, el cual permite discutir sobre el bien y el mal, lo justo y lo injusto— y la voz —la *phonè*, común a muchos animales, la cual sirve simplemente para señalar el placer y el dolor—. La filosofía política suele partir de este esquema y postula que habría una animalidad política que se opondría a una animalidad apolítica. He intentado mostrar que todos los grandes conflictos políticos ponen en juego justamente la seudoevidencia de este reparto. Detrás de todo conflicto político, está el conflicto sobre el hecho mismo de saber quién está dotado de la capacidad política de la palabra. La dominación se fundamenta siempre en la idea de una diferencia sensible, en la idea de que hay personas que no hablan verdaderamente, o que no hablan más que para expresar el hambre, la cólera y cosas así. Durante mucho tiempo, este modelo ha servido para relegar a las clases pobres o, incluso durante más tiempo, para relegar a las mujeres.

Al rechazar esta dominación, se plantea el problema de lo que usted ha llamado la «parte de los sin parte».

En el fondo, hay dos visiones fundamentales: o bien se considera que la política es el gobierno de la sociedad y, entonces, se identifica la sociedad con el conjunto de las partes que la constituyen, es decir, que se opera una identificación entre la consistencia social de un todo y su naturaleza política; o bien se considera que la política constituye una práctica heterogénea respecto a esta organicidad de la sociedad, que está hecha por sujetos que no son grupos sociales, incluso aunque lleven el mismo nombre que grupos sociales o que grupos identificables en una sociedad. Lo que llamo la «parte de los sin parte» no es la generosa consideración de los excluidos, sino lo que reenvía a la idea de que la actividad política siempre adviene como exceso en relación con la distribución de las partes a repartir entre las partes de la sociedad. La «parte de los sin parte» significa que, fundamentalmente, la política es una actividad hecha de sujetos que suponen un exceso en relación con cualquier recuento que se realice de las partes de la población.

Antes de discutir la repartición de los bienes o la definición de los valores, habría que solucionar una cuestión previa: ¿quiénes son los que tienen derecho a participar en la discusión, los que son los sujetos de esa discusión, los que son iguales en tanto que seres hablantes?

Así es, en efecto, pero el problema es justamente que no hay una solución previa para esa cuestión. Siempre se supone que esta cuestión ya está respondida y debe plantearse de nuevo bajo el modo de un litigio. Y la política consiste en poner sobre la mesa la cuestión referida, en cada caso, a lo que está en juego en el conflicto y a quién puede hablar de ello. El dogma policial, en el sentido en que lo entiendo, afirma que los datos de una situación son objetivos. El principio de la política es, al contrario, que los datos mismos son datos polémicos. La polémica se refiere a los objetos que hay que ver y que tener en cuenta en una situación y, al mismo tiempo, a los sujetos capaces de hacerse con esos objetos, de hablar de ellos, de llevar a cabo una argumentación y de actuar al respecto.

Opuesta a la organicidad de lo social, la política reivindicaría un principio de igualdad que se opone a la desigualdad estructural que es parte interesada en todo orden social orgánico.

Podría decirse así, pero no se trata de una *reivindicación* de igualdad, sino más bien de una *afirmación* de igualdad. Lo que distingue a la política de la policía no es la especificidad de un contenido reivindicativo, sino la forma misma de la acción. Lo que yo llamo «policía» supone un sistema de distribución de los lugares y de las competencias. La política es fundamentalmente la revocación de la idea de que es necesaria una competencia específica para ocuparse de los asuntos comunes. La política remite, en última instancia, a la igualdad de los seres hablantes y esta igualdad es justamente lo que debe ponerse siempre en cuestión.

De este marco surge entonces el «desacuerdo».

El desacuerdo es precisamente el hecho mismo de que los datos de la situación no son unívocos, objetivos, que no solo se rebaten ideas, derechos o reivindicaciones, sino también los datos mismos del problema. El desacuerdo consiste en el hecho de que los sujetos de la política no son partes de un grupo social. Consiste, en el fondo, en el reparto inicial entre policía y política, en la posición misma de una parte de los sin parte.

Desde esta perspectiva, esa oposición o trabajo de la política frente a la policía sería algo interminable, en el sentido en que sería difícil concebir una sociedad en la cual la política ya no causaría ningún problema. Una sociedad emancipada tal y como ha podido soñarla una parte del movimiento obrero, y Marx mismo, sería a la vez una utopía y un horizonte; pero ¿se trata de un horizonte inaccesible?

Yo no pienso en términos de horizonte inaccesible, sino en términos de división en el origen. La desigualdad de un orden social siempre se basa en una igualdad en última instancia que hace que sea impensable fundar y pensar una sociedad política sin una igualdad en última instancia de los seres hablantes. Y, al mismo tiempo, esa posición igualitaria se encuentra constantemente contrariada, reprimida en la constitución del orden político y social. En este sentido, precisamente, la batalla es interminable, pero no en el sentido en que miraría hacia un horizonte inaccesible, sino en el sentido en que la igualdad es lo primero aunque siempre quede negada.

Contrariamente a la igualdad, parece que el sentido de nociones como libertad y comunidad no está fijado con precisión en su obra.

La partición igualdad/desigualdad es efectivamente mucho más estructurante para pensar la política, pero no la pienso en términos de valores; no se trata de privilegiar la igualdad por encima de la libertad. Está claro que debe anteponerse la libertad si se piensa la política como el cumplimiento de una naturaleza del hombre. Para mí, al contrario, la partición original igualdad/desigualdad ocupa el lugar principal. Y, respecto a la noción de comunidad, la empleo de hecho en un sentido genérico, en el sentido de reunión humana en general, y me pregunto bajo qué reglas funciona y se piensa esa reunión humana. En este caso tampoco atribuyo un valor positivo o negativo a la comunidad, como si se opusiera a la sociedad o a lo universal. Para mí, no se trata de un concepto normativo.

Usted se apoya especialmente en dos momentos ejemplares de desacuerdo, de irrupción de la política: la retirada de los plebeyos al Aventino y el desacuerdo de los proletarios de los años treinta del siglo XIX.

He ilustrado efectivamente esta situación de desacuerdo mediante el relato legendario de la retirada de los plebeyos al Aventino. Dio lugar a dos tipos de relatos. El primero, el célebre relato de Tito Livio, ofrece lo que podría llamarse la versión «policial» de la cosa: un patricio va a explicar a los plebeyos que se han retirado al Aventino que, en una sociedad, como en un cuerpo, hay un órgano central que dirige y miembros que ejecutan, es decir, patricios y plebeyos. Después de esta explicación, los plebeyos entienden efectivamente cuál es su lugar y vuelven a sus puestos.

Pero hay un segundo relato, el de Ballanche, en el siglo XIX. Ballanche ha quedado olvidado completamente, pero tuvo un papel considerable en su época, momento en el que se definieron los conceptos de emancipación obrera. Ballanche reescribe este relato centrándolo de alguna manera en la cuestión de saber si los plebeyos son o no son seres hablantes. Los plebeyos no piden simplemente la satisfacción de sus derechos, sino un tratado, una especie de contrato con los patricios. La posición de los patricios consiste en afirmar que no pueden hacer ningún tratado con los plebeyos, puesto que un tratado implica una palabra y los plebeyos no hablan. Ahí interviene esa estructuración imaginaria de la sociedad que hemos evocado hace un momento: hay seres cuya palabra no es una verdadera palabra; los plebeyos son considerados como gente que no habla realmente; se cree que hablan, pero –dice un patricio– lo que sale de su boca es en realidad una especie de gruñido que expresa hambre o furor, y no un discurso articulado. En el relato de Ballanche, toda la discusión, toda la lucha que llevan a cabo los plebeyos –en relación con los patricios, pero también y de entrada en relación con ellos mismos–, consiste en demostrar que son seres que poseen efectivamente la palabra y que, en consecuencia, pueden imponer un tratado y participar en una discusión sobre los intereses de la comunidad.

Toda la historia de la igualdad y de la desigualdad retoma, en el fondo, este primer relato. Más precisamente, en esta relectura de la secesión de los plebeyos encontramos ideas, ideales y formas de acción típicos de la emancipación obrera. También se encuentran en la noción de proletario, que difiere de la noción de obrero o de productor, incluso si los dos parecen después fusionarse, especialmente a través de la teorización marxista y sus avatares. Fundamentalmente, la categoría de proletario remite a la idea de que, por su nacimiento, cierto número de seres queda fuera de lo común. Evidentemente, esto está vinculado al reparto tradicional según el cual los que trabajan con las manos son seres que no viven en la esfera pública, sino en la esfera privada, seres que no tienen palabra ni pensamiento sobre lo común, sino únicamente apetitos e intereses privados. Al retomar subjetiva y afirmativamente el nombre de proletario, se produce la afirmación de una humanidad denegada.

Esto no significa simplemente una especie de protesta moral o miserabilista, sino la afirmación de una participación en lo común por parte de aquellos que habían sido colocados como fuera de lo común. Esta distinción original es importante: los proletarios no son los «trabajadores» o, si se prefiere, son los trabajadores en tanto que niegan esa exclusión respecto a lo común que definía, en una visión policial, el trabajo mismo. La categoría de la parte de los sin parte es una categoría abstracta que se encarna en el mundo a través de cierto número de sujetos políticos.

Ha hablado también de las mujeres como las que han sido excluidas, incluso durante más tiempo, «fuera de lo común». Más allá de esto, ¿no gira otro modo de «organicidad» social —por retomar sus mismos términos— en torno a categorías raciales o de rechazo al extranjero? ¿No hay una parte de los sin parte que está en juego en el racismo o la xenofobia?

En torno a la idea de una sociedad fundada en diferencias naturales, cabe señalar dos aspectos: por una parte, están los que son de noble nacimiento y los que no, en una u otra condición; y, por otra, están los que han nacido aquí y los que han nacido en otro lugar. Ambas oposiciones pueden a veces coincidir, como también pueden separarse, pero la cuestión racial o racista radica fundamentalmente en última instancia en la identificación de la comunidad con gente que está vinculada por cierta identidad, o cierta originariedad, respecto al nacimiento. Ello define efectivamente una forma de parte de los sin parte, pero bajo un modo complejo: en la medida en que la parte de los sin parte define de alguna manera la estructura política de una comunidad, esta estructura polémica de una comunidad se constituye también en función de algo que está de alguna manera rechazado. En este conflicto que instaura una comunidad política, siempre se da un plus exterior que se encuentra, por ello mismo, fuera de la comunidad.

Una de las discusiones sobre el antirracismo en los últimos años gira en torno a la evolución del racismo, de una visión naturalista o esencialista a una visión diferencialista: los otros no se ven rechazados porque son inferiores por naturaleza, sino simplemente porque son diferentes, de una diferencia tan absoluta que niega la idea misma de comunidad humana. ¿Cree que esta evolución establece una diferencia real entre las dos visiones?

No creo que esto suponga una diferencia real, pero sí que vemos cómo una argumentación diferencialista intenta recurrir a un movimiento de emancipación que podía estar connotado como una reivindicación progresista del derecho de las comunidades o de las minorías. De hecho, el argumento diferencialista siempre ha estado incluido en la otra forma de racismo, a menudo de una manera sutil y compleja. Se olvida demasiado rápido, por ejemplo, la sutilidad de las formas de exclusión que emergen en la historia colonial. En las legislaciones coloniales, las razones por las que los derechos políticos de los colonizados se veían negados se apoyaban también en el «respeto» por su especificidad. Actualmente, algunos explican que un islamista, incluso un simple creyente del islam, no puede integrarse realmente en una comunidad fundada en la universalidad. Es el mismo argumento que utilizaban los juristas de la época colonial, argumento que pedía respeto por la particularidad del islam: se explicaba efectivamente que, para la población musulmana, el derecho no podía separarse de una noción religiosa, que no podía producirse, por tanto, una integración en una comunidad jurídica del tipo que estructura la política francesa y que había que respetar esa diferencia.

¿Ve usted afirmarse ciertas subjetividades políticas contra el racismo, contra esta organicidad social marcada por la relegación del extranjero o de la persona de etnia diferente a un lugar inferior?

Actualmente es un verdadero problema, porque ahí se encuentran trampas identitarias. Lo que ha sido posible, a saber, la capacidad de grupos como los proletarios o las mujeres para identificarse con la parte de los sin parte, es hoy en día mucho más complicado en esa forma de la parte de los sin parte que constituye el extranjero, el no-nacional, al que se llama inmigrante. Estas formas de relegación solo desaparecen por medio de una afirmación política subjetiva y, en este caso, parece difícil que se constituya. Una subjetivación política siempre es una demostración de capacidad; contradice, por el hecho, la denegación de una capacidad. Así es como puede causar un agravio interno a la sociedad, mediante la afirmación de una parte de los sin parte, haciendo coincidir el cuestionamiento de una exclusión interna con la cuestión misma de la línea que separa el adentro y el afuera de una comunidad. Sin embargo, cuando el conflicto se plantea solo respecto a la frontera del adentro y del afuera, respecto a la mera cuestión de la pertenencia, se tiende a perder esta dimensión afirmativa de una capacidad, se tiende a caer en una figura humanitaria. Esta figura consiste en plantear la humanidad del otro sin que esta humanidad encuentre efectivamente los medios de afirmarse como capacidad y subjetividad políticas.

Xenofobia y política

Si nos limitamos a este ejemplo, la lucha de los sin papeles ha tenido cierto impacto en los intelectuales y en la sociedad en general. ¿No podría asimilarse esta lucha a una de las figuras de la afirmación de una subjetividad política contra el orden policial, en el sentido que usted otorga a estos términos?

La lucha de los sin papeles puede ser asimilada a un tipo de combate político, pero hay que distinguir la naturaleza política propia de los objetivos de un combate y la capacidad para constituir figuras fuertes de subjetivación política a través de ese combate. En este sentido, aunque la lucha de los sin papeles es una lucha propiamente política, que pone en juego lo que llamo la parte de los sin parte, vemos al mismo tiempo que existe una dificultad considerable para constituirla en una subjetivación política fuerte, es decir, para vincular la reivindicación de una pertenencia a una demostración de capacidad. Una figura de subjetivación política fuerte no puede definirse simplemente a través de la conquista de temas materiales o de derechos específicos, aunque se trate de la obtención de permisos de residencia regularizados.

¿Cuáles son las afirmaciones políticas posibles frente al desarrollo de las tendencias racistas que han caracterizado a la sociedad francesa a lo largo de los últimos quince años? ¿Pueden otras personas que no han sido excluidas de lo común apoyar, mediante la militancia, la contestación de esta jerarquización orgánica de la sociedad, que aparta a ciertos individuos?

No pretendo tener soluciones. Existe efectivamente un déficit político, y la lucha de los sin papeles, que es una lucha completamente característica y ejemplar, se encuentra replegada sobre sí misma, replegada sobre lo real de la línea de reparto porque no encuentra formas de subjetivación fuertes que puedan atravesar formas de exclusión o de denegación. Tiene que haber varios

El tiempo de la igualdad

litigios para que se produzca un desacuerdo y, sobre todo, la denegación de la pertenencia tiene que poder convertirse en afirmación común de una capacidad común.

En este sentido, cuando algunas jóvenes musulmanas afirman su voluntad de llevar el pañuelo islámico en la escuela, ¿se trata en su opinión de un error identitario o de un primer litigio que pudiera conducir a un desacuerdo?

Para mí, no se trata verdaderamente de un conflicto político, ya que no veo de qué manera la cuestión del velo podría, en uno u otro sentido, resultar el principio de una política. Solo podría pensarse tal cosa en el imaginario de los que se llaman los «Republicanos». Para mí, en última instancia, es un problema de policía: se trata de definir cuáles son las reglas de *funcionamiento* de una institución y lo que entendemos propiamente por laicidad o por propaganda religiosa. En este asunto se produce cierta crispación porque ello vuelve a poner en escena el supuesto combate entre el universalismo y el particularismo, pero no es verdaderamente un conflicto político.

La oposición entre el derecho de lo universal y el de los particulares o las particularidades no define un conflicto político. Hay conflicto en el momento en que hay singularización de un universal, constitución de un caso polémico de universalización. Algo que se produjo cuando las mujeres afirmaron una palabra política que se les había rechazado. Una palabra política es una palabra que posee la capacidad de decidir sobre lo común, no es simplemente la reivindicación de un hacer o la de ejercer un derecho.

Por ello mismo, habría también que situar en este espacio de la policía, antes que en el de la política, estrategias como la que ha desplegado recientemente SOS Racismo *para luchar contra la discriminación en las discotecas o en el trabajo.*

Así es, pero el término «policía» no es peyorativo. También hay luchas en ese terreno. Hay conflicto político cuando la lucha por los derechos o por una u otra categoría de bienes se une con la afirmación de una capacidad para juzgar o decidir sobre asuntos comunes.

Y si nos remontamos hasta la marcha de los Beurs[2] en los años ochenta, o si consideramos movimientos menos masivos como el Mouvement de l'Immigration et des Banlieues *(*MIB*), ¿nos encontramos entonces en presencia de esbozos de movimientos políticos? ¿Sería su escasa repercusión un indicio de la dificultad de afirmar una subjetivación política en ese terreno?*

Es difícil de decir. Para llegar a una afirmación política, esta forma de exterioridad que toma actualmente el nombre de inmigrante tendría que hacerse valer como una cuestión dirigida a toda la comunidad, como una afirmación de una parte de los sin parte, como una redistribución de las partes de la comunidad y de las capacidades para hablar de la comunidad. Cualquiera tendría que poder llamarse «inmigrante», tal y como cualquiera podía llamarse «proletario». Como ya señalo en *El desacuerdo,* los que lanzaron en Francia la palabra «proletario» como término político no se referían al obrero o al trabajador manual, sino que consideraban al sujeto proletario como aquel que está fuera del sistema existente de reparto de las partes y de las capacidades.

En varios lugares de su obra, usted analiza la relación entre sociología y política. ¿No podríamos distinguir dos dimensiones diferentes en

---

2. «La marche pour l'égalité et contre le racisme», llamada «La marche des Beurs», tuvo lugar en 1983. «Beur» es un término familiar para designar a los descendientes de emigrantes de África del Norte nacidos e instalados en Francia. *(N. del T.)*

esta relación? Por una parte, la afirmación de la política pasa por el rechazo a toda «sociologización», es decir, a todo encierro en un grupo a cuyos miembros se les negaría (o negarían a los otros) la cualidad igual de estar dotados de palabra y se verían confinados a un lugar o una función específica en el seno de un orden social orgánico. Pero habría también una segunda dimensión de la relación entre sociología y política que difiere radicalmente de la primera y que tiene que ver con el contexto de emergencia de la política. Esta segunda dimensión intenta dar cuenta, por ejemplo, de que puede llegar a ser más difícil afirmar una subjetivación política ante la planificación racista de una sociedad que ante las jerarquías contra las cuales luchan los movimientos de emancipación de los proletarios o de las mujeres. En otros términos, ¿no vuelven ciertos contextos más difícil o, al contrario, más frecuente una verdadera afirmación política? ¿No existen condiciones sociales que la favorecen o la desfavorecen? ¿Es casualidad que usted haya citado el ejemplo del plebeyo en Roma –y no el esclavo o el extranjero que vive en esa ciudad– y del proletario en el siglo XIX –y no el subproletario–, los cuales afirman una subjetividad política a riesgo de que esta pase por la negación de la identidad social previamente asignada? ¿No hay lugar para una sociologización de la política, en el sentido de una tentativa de comprensión del contexto que favorece la afirmación de las subjetividades políticas?

Hay que saber de entrada lo que ello significa. Si retomamos el ejemplo del proletario del siglo XIX, lo que he intentado en ese caso es poner de manifiesto la carencia de los tipos de explicación que definen, a partir de ciertos fenómenos industriales o económicos, la emergencia de una clase sociológica cuya situación sería tal que desembocaría inevitablemente en una «toma de conciencia», en una situación que habría producido, por tanto, el movimiento obrero. He insistido en que lo que se llamó «movimiento obrero» era de entrada un movimiento de subjetivación, un trabajo de simbolización: para ello, es necesario que la gente que pertenece a un grupo social más o menos fuertemente definido esté en condiciones de intervenir en las divisiones simbólicas de la sociedad. Así pues, la constitución de una subjetividad proletaria se encontró menos vinculada a la revolución industrial como tal que a una modificación en la relación entre el trabajo y la autosimbolización de la sociedad. Hubo un momento en que toda la lógica de subordinación del trabajo se volvió una lógica contradictoria respecto a las formas bajo las cuales la sociedad se autosimbolizaba y, en eso, hay algo que favoreció una subjetivación política. No obstante, esta forma de causalidad es completamente diferente de una relación de expresión entre una situación y las formas de conciencia de esa misma situación. Está claro que una forma de subjetivación política no interviene en un momento cualquiera, ni tampoco siempre con la misma fuerza o con el mismo poder de contestación. Pero lo que está en juego en ese caso son las capacidades de autosimbolización de un orden, antes que las condiciones sociológicas particulares.

Desde esta perspectiva, ¿cómo explicar la dificultad actual de afirmar una subjetivación política vinculada a las cuestiones del racismo y de la xenofobia?

Las dificultades que existen para subjetivar políticamente las formas presentes de exclusión están justamente vinculadas a un fenómeno de desimbolización del orden social. Conceptos como el movimiento obrero o el proletariado estaban fundados en la visibilidad de una declaración de las fronteras, del reparto y de los lugares, en una declaración abiertamente desigualitaria de la estructuración social. Ahora bien, en la situación presente, la barrera parece denegada, inconsistente, no está colocada en ninguna parte. En el fondo, la dificultad radica en constituirla, porque esa barrera interviene simplemente bajo la forma del afuera. Hay subjetivación política fuerte ahí donde una sociedad está estructurada interiormente por cierto número de barreras que pueden visibilizarse y volverse el objetivo de un combate. Hoy la barrera ya solo aparece como una especie de exterioridad de la sociedad. Un sujeto político es alguien que está a la vez dentro y fuera, un sujeto que muestra que está de hecho excluido por lo mismo que pretende incluirlo e, inversamente, que participa en eso de lo que pretenden excluirlo. De manera ejemplar, la categoría del trabajo se ha prestado a esta doble demostración. Lo que falta actualmente es quizá esta fuerza de relación interna entre el adentro y el afuera. Por ello mismo, la alteridad se encuentra como rechazada al exterior: se trata o bien de integrar a los que están fuera, o bien de rechazarlos. La dificultad radica en salir de la simple afirmación de la humanidad común que todo el mundo está dispuesto a aceptar actualmente. A veces vemos cómo cierto discurso humanitario se acerca extrañamente a un discurso racista. El tema mismo de la integración contiene una forma de rechazo: una sociedad que ya no está estructurada polémicamente desde el interior es una sociedad que solo estará estructurada por su entorno –pensado como permeable (la cuestión pasa a centrarse entonces en los límites de su permeabilidad), o bien como impermeable y obligado a permanecer impermeable para que la sociedad siga existiendo.

¿No estaba la subjetivación política proletaria favorecida por el hecho de que, a través de la huelga, por ejemplo, lo que se estaba cuestionando era el corazón mismo de la estructuración social? La retirada de los plebeyos también es, por su parte, simbólica: sin ellos, Roma no puede seguir siendo Roma. La sociedad no puede funcionar si ellos se retiran. ¿No influye entonces el contexto social o histórico también en las formas en que se afirma la subjetivación política? En un estudio reciente sobre los sin papeles, Johana Siméant ha mostrado que la huelga de hambre era la única arma disponible para la gente que es considerada hasta tal punto

como los sin parte: cuando quieren afirmar algo, no pueden hacer una huelga, no pueden manifestarse, porque corren el riesgo de ser detenidos.[3] Esta forma de lucha extrema, y sin duda también menos política, parece ser la única de la que disponen dada su situación.

Sí, la forma clásica de la huelga se basa efectivamente en el hecho de que el trabajo no es simplemente una actividad económica, de que tiene una visibilidad para la sociedad y de que esta visibilidad repercute sobre la lucha obrera y, en particular, sobre la huelga. La huelga de hambre, en cambio, no es sino la visibilidad de los que hacen huelga, personas que necesitan simplemente ser vistas. En las formas clásicas de la subjetivación, siempre hay una reivindicación de visibilidad del movimiento que se vincula a la voluntad de visibilizar el reparto de la sociedad. Era posible efectivamente visibilizar el reparto de la sociedad a partir de la interrupción del trabajo. Pudo imaginarse también a partir de la huelga de las mujeres, de la huelga de vientres, que nunca tuvo lugar realmente pero que podía pensarse como una amenaza o como un potencial. En ambos casos, el reparto es interior y esta interioridad estructura un orden social. En el caso de los sin papeles, se trata de movimientos que visibilizarán lo que hacen, pero que no podrán visibilizar la estructuración de la sociedad misma.

Inversamente, lo «social», o esa mezcla de social y político que suele llamarse generalmente por ese nombre, ¿no remite el racismo y la xenofobia a lógicas que son bastante específicas según el medio? Estoy pensando especialmente en el trabajo de Stéphane Beaud y Michel Pialoux sobre los obreros de la región de Montbéliard.[4] Muestran que,

---

3. Johana Siméant, La cause des sans-papiers, París, Presses de Sciences Po, 1998.
4. Stéphane Beaud y Michel Pialoux, Retour sur la condition ouvrière. Enquête aux usines Peugeot de Sochaux-Montbéliard, París, Fayard, 1999.

El tiempo de la igualdad

> *cuando el obrero —en tanto que función social, así como el proletario en tanto que afirmación de una subjetivación política– se encuentra desvalorizado o parece haber desaparecido, las condiciones de vida concretas se vuelven más difíciles, como también las condiciones de una afirmación de pertenencia a una misma comunidad. En esta situación, se difunde un racismo popular, sin duda también porque falta una contestación creíble del orden social y político. Uno las toma entonces con los que pueden arrebatarle el puesto de trabajo y, quizá, con una figura de la alteridad que intentamos dejar de lado para intentar incluirnos mejor nosotros mismos. ¿Hay una especificidad del racismo en medios populares?*

Podría estar de acuerdo con estos análisis, pero desplazando el eje de gravedad. Es lo que he intentado decir a mi manera. Las formas actuales de racismo están vinculadas a formas de desimbolización, de pérdida de subjetividad política. Hay que distinguir el nivel de las actitudes políticas del nivel de los comportamientos humanos: en otras épocas también se produjeron actitudes racistas en medios obreros, persecuciones de árabes, de inmigrantes, como también suspicacia frente a los extranjeros que te roban el pan. Lo importante es que estos fenómenos han podido coexistir con actitudes políticas, comunistas o revolucionarias. Las mismas personas podían odiar individualmente al obrero extranjero que amenazaba su puesto de trabajo, incluso participar con algunos compañeros en una pequeña expedición contra los árabes, siendo al mismo tiempo miembro de un partido internacionalista y luchando así en favor de esos mismos extranjeros. Así pues, tales personas se desdoblaban y, de la misma manera, desdoblaban al inmigrante: este era un «proletario inmigrado». Hay que distinguir el plano de los comportamientos humanos, el de las motivaciones económicas y el de las formas de simbolización política. Lo que se llamaba movimiento obrero y lucha de clases constituyó una forma de simbolización que era capaz de reprimir el odio simple al otro, o el rechazo del otro, o la percepción del otro como amenaza. En los casos en que falta esta simbolización política, el litigio se repliega en cuestiones de concurrencia económica y de cohabitación difícil. El otro ya no se ve desdoblado en proletario e inmigrado, sino que es simplemente el otro, definido únicamente por las características de incompatibilidad que definen su alteridad y por el carácter de amenaza que constituye su presencia. El término «racismo popular» es un poco ambiguo y, al utilizarlo, corremos el riesgo de caer en una aporía o un dilema infinitos: se dice entonces que quien vive en los barrios altos no tiene por qué ser racista, ya que no se encuentra con negros, mientras que el que vive cada día en un barrio periférico se los encuentra cotidianamente. No se trata de definir un racismo popular en el sentido de un arraigamiento del racismo en condiciones de vida específicas. «Pueblo» no define condiciones de vida, sino cierta forma de simbolización de lo común. Y el racismo no es un asunto relacionado con comportamientos individuales cotidianos, sino con la estructuración de la relación colectiva. No creo que podamos suprimir así una serie de comportamientos psicológicos, sociológicos o económicos marcados por la desconfianza, el odio o el alejamiento respecto al otro. Ahora bien, estos comportamientos sí que pueden subordinarse a una visión propiamente política de la alteridad.

Parece estar bastante claro que la desaparición del proletario como figura de subjetividad política influye en la difusión de esos fenómenos. No obstante, ¿no desempeña también una función la desvalorización del obrero como figura social, si no a nivel político al menos a nivel de la «policía», para retomar los términos que usted mismo utiliza?

Me resisto a compartir lo que intuyo detrás de esa idea, a saber, una psicologización o sociologización de la cuestión en términos de identidad. La valorización o la desvalorización del obrero es una cosa, el funcionamiento de la categoría simbólica o política del obrero, en tanto que proletario, es otra cosa. Se ha tendido demasiado a pensar el movimiento obrero como fundado en una afirmación heroica del valor eminente del trabajo obrero y de la identidad obrera. En mis trabajos de historia, lo que he intentado mostrar es que no podíamos fundar la afirmación política obrera o proletaria en un orgullo social. Y que, inversamente, tampoco podemos pensar los fenómenos de involución sobre la base de la desvalorización social del obrero. Esta puede desplegarse en paralelo a una fuerte afirmación de una capacidad colectiva. Es lo que pone de manifiesto, por ejemplo, un muy bello documental italiano de Daniele Segre sobre la lucha de los obreros menores en Cerdeña titulado *Dinamita*. Hay un momento muy fuerte en el que uno de los que encabezan la lucha afirma: «Sí, nosotros los obreros no somos nada». No es una protesta. Es una conciencia efectiva de insignificancia social. Pero esta conciencia de insignificancia social viene acompañada de la afirmación de una capacidad común de todas esas personas que saben y dicen ser poca cosa, capacidad de decidir sobre su destino y juzgar sobre los datos generales «objetivos» que les contraponen. Hay que distinguir un nivel de conciencia psicosociológica de un nivel de afirmación política.

¿Biopolítica o política?[1]

[con Éric Alliez]

En su libro El desacuerdo, *usted pone a prueba el cuestionamiento político confrontándolo a la falsa opinión sobre la que se basa, en la* Política *de Aristóteles: la dualidad de la voz* (phonè) *como expresión de lo útil y de la palabra* (logos) *como expresión de lo justo; dualidad que escinde originariamente la animalidad. Al margen de esta oposición, usted señala también el litigio, o el agravio, como el verdadero lugar de lo político —ese agravio que consiste precisamente en relegar a la mayoría de los seres hablantes al ruido vocal en el que se expresa el sufrimiento y el placer.[2]*

Si nos hemos dirigido a usted para pensar el uso que puede realizarse de la categoría de biopolítica, es porque nos parece que el gesto que usted lleva a cabo constituye una tentativa singular para reconducir

1. «Biopolitique ou politique?», entrevista realizada por Éric Alliez y publicada en *Multitudes* 1 (marzo de 2000), págs. 88-93.
2. Traducimos aquí el término francés *«tort»* por «agravio». La noción de *«tort»* es fundamental para entender el pensamiento de Rancière y designa la causa del litigio, del disenso, a saber: el hecho de que toda asignación de lugares y funciones causa un *agravio* a uno de los componentes de la comunidad en la medida en que ese componente se ve relegado fuera de los asuntos comunes —quedando así caracterizado por tener *phoné*, pero no *logos*—. El agravio impide, pues, la igualdad de todos con todos y la repartición igualitaria. En este sentido, Rancière insiste en que no deben entenderse la manifestación y la exposición del agravio como una figura de victimización, sino simplemente como «el modo de subjetivación en el que la verificación de la igualdad adopta figura política». *La mésentente,* París, Galilée, 1995, pág. 63. *(N. del T.)*

la política a la vida de los sujetos y transformar su concepto a ese nivel de radicalidad. Sin embargo, ese gesto parece inmediatamente retenido: parece como si toda la política ocupara su lugar en la distancia que se abre entre dos formas de vida y en el litigio producido por esa misma distancia. Situándonos en su perspectiva, ¿podríamos afirmar entonces que la biopolítica es lo impensado constitutivo de la política misma?

Yo no he «reconducido la política a la vida de los sujetos», si el sentido que se le da a esa expresión es que yo he demostrado el arraigamiento de la política en un poder de la vida. La política, para mí, no es la expresión de una subjetividad viva originaria que se opone a otro modo originario de la subjetividad –o a un modo derivado, desviado, como en los pensamientos de la alienación–. Volviendo a la definición aristotélica del animal político, mi objetivo era poner en cuestión la fundación antropológica de la política: la fundación de la política en la esencia de un modo de vida, la idea del *bios politikos,* que ha vuelto a emerger estos últimos tiempos a través de referencias más modernas (Leo Strauss y Hannah Arendt, esencialmente).

Lo que quise mostrar es que había un círculo vicioso en esa fundación: la «prueba de humanidad», el poder de comunidad de los seres dotados de *logos,* lejos de fundar la politicidad, es de hecho el punto fundamental y permanente del litigio que separa la política de la policía. Pero este litigio no es la oposición entre dos modos de vida. Política y policía no son dos modos de vida, sino dos repartos de lo sensible, dos maneras de dividir un espacio sensible, de ver o no ver en él espacios comunes, de escuchar o no escuchar en él a sujetos que los designen o que argumenten sobre ellos.

La policía es el reparto de lo sensible que identifica la efectuación de lo común de una comunidad con la efectuación de las propiedades –las semejanzas y las diferencias– que caracterizan los cuerpos y los modos de su agregación. La policía estructura el

¿Biopolítica o política?

espacio perceptivo en términos de lugares, funciones, aptitudes, etcétera, excluyendo todo suplemento. En cambio, la política es —y no es más que— el conjunto de actos que efectúan una «propiedad» suplementaria, una propiedad biológica y antropológicamente inencontrable: la igualdad de los seres hablantes. La política existe como suplemento a todo *bios*. Lo que se opone entonces ahí son dos estructuraciones del mundo común: la estructuración que solo conoce el *bios* (desde la transmisión de sangre hasta la regularización de los flujos de población) y la que conoce los *artificios* de la igualdad, sus formas de refiguración del «mundo dado» de lo común efectuadas por sujetos políticos. Estos no afirman otra vida diferente, sino que configuran un mundo común diferente.

En cualquier caso, la idea de sujeto político, de la política como modo de vida que desarrolla una disposición natural característica de una especie viviente singular, no puede asimilarse a lo que analiza Foucault: los cuerpos y las poblaciones como objeto del poder. El animal político aristotélico es un animal dotado de politicidad, es decir, capaz de actuar como sujeto que participa en el actuar político, en términos aristotélicos, un ser que participa en el poder de la *arkhè* como sujeto y al mismo tiempo como objeto. El cuerpo al que se refiere la «biopolítica» de Foucault es un cuerpo objeto de poder, un cuerpo localizado en el reparto policial de los cuerpos y de las agregaciones de cuerpos. Ahora bien, esta cuestión no es la cuestión de la política. La cuestión de la política empieza en el momento en que se trata del estatuto del sujeto que es apto para ocuparse de la comunidad.

Creo que Foucault no se interesó en esta cuestión, al menos no a un nivel teórico. Foucault se ocupa del poder e introduce el «biopoder» como una manera de pensar el poder y su influjo en la vida. No hay que olvidar el contexto en que lo presenta en *La voluntad de saber:* una crítica de los temas de represión —y de liberación– sexual. Para él, se trata de oponerse a un discurso de tipo freudo-marxista, de mostrar cómo cierta idea de la «política de la vida» se basa en el desconocimiento de la manera en que el poder se ejerce sobre la vida y sobre sus «liberaciones». Es ciertamente paradójico querer invertir el dispositivo polémico de Foucault para afirmar un arraigamiento vitalista de la política. Y aunque la idea de biopoder es clara, la de biopolítica es confusa, ya que todo lo que designa Foucault se sitúa en el espacio de lo que yo llamo policía. Si Foucault pudo hablar indiferentemente de biopoder y de biopolítica, es porque su pensamiento de la política se construye en torno a la cuestión del poder, porque nunca se ha interesado teóricamente por la cuestión de la subjetivación política. Actualmente, la identificación de los dos términos va en dos direcciones opuestas, que me parecen ajenas al pensamiento de Foucault y que, en cualquier caso, son ajenas a mi propio pensamiento.

Por una parte, está la insistencia en el biopoder como modo de ejercicio de la soberanía, que encierra la cuestión de la política en la del poder y empuja al biopoder a un terreno onto-teológico-político: por ejemplo, cuando Agamben explica la exterminación de los judíos de Europa como consecuencia de la relación con la vida incluida en el concepto de soberanía. Esta es una manera de llevar a Foucault del lado de Heidegger mediante una visión de lo sagrado y de la soberanía a la manera de Bataille. Ahora bien, aunque está claro que Foucault lanza a veces ciertas insinuaciones en esa dirección, el caso es que no identifica simplemente el concepto de soberanía con el de poder sobre la vida y que piensa el racismo moderno en los términos de un poder que se aplica para aumentar la vida, no en los términos de la relación de la soberanía con la vida al desnudo. La problemática arendtiana –en última instancia, heideggeriana– de los modos del *vivir*, problemática que sustenta la teorización de Agamben, me parece ajena a la de Foucault.

La política no es coextensiva ni a la vida ni al Estado[1]

[con Nicolas Poirier]

En El desacuerdo, *usted establece una distinción entre dos dimensiones del estar juntos humano —la policía y la política—, confundidas por el pensamiento filosófico clásico bajo el concepto de política. La policía (lo que suele entenderse como constituyente esencial de la política) podría definirse como el orden natural de la dominación que se basa en la distribución jerárquica de los lugares y de las funciones. Existirían, de hecho, dos modos fundamentales de legitimación de este poder: la dominación fundada en la filiación (por ejemplo, el mandamiento de derecho divino) y la dominación fundada en la riqueza (el derecho del patricio respecto al plebeyo o del burgués respecto al proletario). La política, al contrario, constituiría ese proceso singular por el cual la parte no contada del pueblo irrumpe en el seno de ese espacio discriminante y contesta el orden natural de las cosas haciendo que se oiga la expresión del agravio que experimentan, haciendo visible así lo que permanecía oculto bajo el velo opaco de la dominación natural (por ejemplo, las relaciones de violencia entre el jefe y el obrero dentro de una fábrica). Por política, pues, no habría que entender un orden sustancialmente establecido (esto*

---

1. «La politique n'est coextensive ni à la vie ni à l'État», título dado para la presente edición a la entrevista realizada por Nicolas Poirier y publicada en *Le Philosophoire* 13, «*La violence*», invierno de 2001, págs. 7-20.

es lo propio de la policía), sino un modo de subjetivación por el cual los individuos que se declaran dotados de una igual inteligencia identificarán su palabra como expresión de una práctica emancipadora con el logos de la comunidad política —la comunidad del litigio—. Esta parte del pueblo, no contada en el cálculo estructural del orden policial e identificada con la totalidad de la comunidad, expresaría en el fondo la verdad de la democracia como poder de los que no tienen ningún título para mandar. En esta diferenciación conceptual, podemos reconocer la distinción operada por Castoriadis entre poder instituido y poder instituyente. ¿Qué es lo que le separa de un pensamiento político de la autoinstitución y del imaginario radical, el cual ve en la democracia ateniense los gérmenes de toda actividad política que se da la autonomía individual y colectiva como finalidad y fundamento?

La reflexión de Castoriadis parte fundamentalmente de una problemática centrada en la relación entre el *autos* y el *heteron*, una manera de combinar el proyecto de una política de la autonomía con la condición de heteronomía que el pensamiento del inconsciente inscribe en las bases mismas de toda subjetivación. Lo que Castoriadis intenta en el pensamiento de la institución en general y de la institución democrática en particular es conducir el marxismo y el liberalismo a una misma cuestión fundamental, que es una nueva forma de la pregunta «¿cómo pueden los sujetos hacer la historia si están hechos por ella?» Para mí, esta pregunta se ve desplazada mediante el trabajo que he llevado a cabo entre el archivo obrero y la teoría de la emancipación intelectual de Jacotot. Este trabajo me condujo a otro pensamiento de la subjetivación, en el cual un sujeto se constituye tomando las frases de otro, las frases por las que ese otro constituye su relación consigo mismo, para deshacer la relación identitaria a sí en la que se veía encerrado por ese otro: el obrero —en el sentido de identidad definida por su actividad necesaria— se volvía obrero —en el sentido de sujeto político— dejando de

La política no es coextensiva ni a la vida ni al Estado

hablar como obrero. Así, la escena de lo mismo y de lo otro se desdoblaba. La subjetivación no se producía entonces en la relación de un volverse sí mismo con una alteridad fundamental, sino en la oposición de dos topografías, de dos distribuciones de lo mismo y de lo otro. Lo que fundaba la emancipación no era la libertad por conquistar o recuperar de un *autos*, sino la igualdad, una pura relación necesaria que debe presuponerse para toda desigualdad que pasa por una simbolización. Pero esta igualdad que es primera de derecho siempre viene, de hecho, en segundo lugar. Pasa por operaciones siempre singulares de subjetivación, es decir, de redistribución de las relaciones de lo mismo y de lo otro.

Así pues, puedo estar de acuerdo con el privilegio que Castoriadis otorga a cierta figura, la del sujeto político como «aquel que participa en el hecho de gobernar y ser gobernado», y también respecto a las escenas históricas fundadoras en las que esa figura se afirma como, por ejemplo, la reforma de Clístenes. Comparto la misma voluntad de dar a la fórmula democrática su radicalidad instituidora. Pero la perspectiva es diferente. En la explicación de las condiciones del poder, lo que para mí resulta el punto esencial es el modo paradójico de su afirmación. Las operaciones políticas de subjetivación siempre consisten en poner un mundo en otro. Así, la significación simbólica esencial de la reforma de Clístenes es ese gesto que logra una misma unidad topográfica con «lugares» heterogéneos. Porque la constitución del pueblo como sujeto «autónomo» presupone que ese pueblo sea heterogéneo respecto a todos los grupos identificables como partes de la sociedad. Un sujeto es, de entrada, la invención de una topografía de lo mismo y de lo otro que rompe las relaciones identitarias. Es el trazo de otro mapa de lo que es visible y argumentable como posibilidad de los cuerpos. Este dibujo re-instituye una visibilidad del estar-juntos. Pero no funda con ello instituciones que serían lo propiamente eficaz de ese principio instituyente. La igualdad instituyente en última instancia es una presuposición y no un origen. No ofrece la fórmula de un sujeto que establecería un contrato consigo mismo.

¿Le parece legítimo el proyecto de una sociedad sin Estado, provista en cualquier caso de instituciones explícitas de poder? ¿Sería posible pensar los diferentes modos de subjetivación política operados en la historia bajo la forma del ejercicio singular de un poder que no esté identificado con la esfera estatal y que corresponda a lo que Castoriadis llama la capacidad autoinstituyente de las colectividades que obedecen a las leyes que ellas mismas se han dado libremente?

Creo que aquí hay que distinguir dos problemas diferentes. El Estado, tal y como lo conocemos, es una forma específica —y no necesaria— del poder explícito. Así pues, puede haber una sociedad que esté regida por otros modos de explicitación del poder. Ahora bien, saber si la forma del Estado puede verse sustituida por la de una sociedad autónoma —en el sentido de una sociedad que ha explicitado completamente los fundamentos del poder y que, por ello mismo, lo ha suprimido— es una cuestión diferente. Una cuestión que contiene dos más: la de la posibilidad de una explicitación integral de los fundamentos de la institución y la de la identificación del sujeto político con una comunidad que se da a sí misma su propia ley. La autonomía de Castoriadis nunca se realiza bajo la forma de una comunidad de explicitación integral. La autonomía realizada en esta perspectiva es como la relación entre un punto óptimo de explicitación y un punto óptimo de participación en ese poder explicitado. Es decir, que la autoinstitución se diferencia del principio contractualista de la obediencia a una ley que la comunidad se ha dado. Es más: para mí, es imposible hacer coincidir la subjetividad política con la relación entre una colectividad y la ley que esta misma se ha dado. No hay «sujeto que

La política no es coextensiva ni a la vida ni al Estado

obedezca la ley que él mismo se ha dado». Ningún individuo, ninguna comunidad, se da *su propia* ley ni *se obedece* a sí mismo. Los individuos y las colectividades políticas se subjetivan según reglas y principios de fidelidad a las reglas. Las comunidades nacionales-estatales dan lugar a formas de subjetivación política que se apropian sus leyes y se ven reconfiguradas, en su constitución y su funcionamiento, por los actos de subjetividades políticas. Pero estas comunidades no son, ellas mismas, sujetos políticos. El proyecto comunista de la sociedad sin Estado fue el de una reabsorción de la comunidad nacional-estatal en el colectivo en acto, de la máxima y de la ley en el movimiento de un sujeto vivo, regulado por su vitalidad. Esto aún puede encontrarse en la teorización de Toni Negri. Pero la idea de sujeto constituyente es ajena a mi trabajo, tanto bajo esta forma comunista como bajo la forma iusnaturalista.

¿Cuál sería la diferencia entre esta práctica de la política como modo de subjetivación y las técnicas de sí de las que habla Foucault en sus últimos escritos? ¿Habría que ver, en el ejercicio de estas técnicas de sí, modos de subjetivación considerados como respuestas singulares —tantas como individuos hay— ante las técnicas de gobierno que intentan hacerse cargo de la totalidad de la existencia social bajo la forma de disciplina y de control de los cuerpos?

Un modo de subjetivación política es, para mí, una nueva forma de división de lo sensible común, de los objetos que este sensible contiene y de la manera en que los sujetos pueden designarlos y argumentar sobre ellos. El punto fundamental de la relación entre política/policía radica efectivamente en la constitución de los «datos» de la comunidad. Una subjetivación política es un dispositivo de enunciación y de manifestación de «un» colectivo —asumiendo que este colectivo es una construcción, la relación de un sujeto de enunciación con un sujeto manifestado por la enunciación–. No creo que el pensamiento teórico de Foucault se haya preocupado por este problema. Foucault se interesó en las relaciones entre las técnicas de poder y las técnicas de sí. En una primera fase, lo hizo analizando las grandes máquinas productoras de las condiciones en las que los individuos pueden identificarse y relacionarse «consigo mismos». Después, estudió las técnicas de sí a un nivel ético. Prometía, al final de su vida demasiado breve, un análisis de la manera en que esas técnicas de sí podían definir ciertas formas de resistencia. Ahora bien, no creo que fuera simplemente una cuestión de falta de tiempo para hacerlo ni que, en tal caso, habría definido una esfera de la acción política. En ninguna parte vemos que Foucault considere una esfera específica de actos que podríamos llamar actos de subjetivación política. No creo que se interesara nunca en definir una teoría de la subjetivación política en el sentido en que yo la entiendo, a saber, como reconfiguración polémica de los datos comunes. Lo que le interesa no es lo común polémico, sino el gobierno de sí y de los otros. Es el poder en el sentido de lo que un sujeto puede hacer que otro haga o crea. Habla así de puntos de resistencia que se anudan en las relaciones de poder. Pero, en su teorización, no hay lugar en el que podrían encontrarse racionalidades antagónicas. He aprendido mucho de Foucault, de su manera de constituir los problemas revocando las distinciones disciplinarias y de pensar las relaciones de lo visible, lo decible y lo pensable. Pero mis intereses son diferentes.

Más fundamentalmente, ¿qué le habría faltado a Foucault para lograr pensar la esencia misma de ese modo de actuar que es la política y la esencia del sujeto específico capaz de ponerla por obra? ¿Cree usted que el concepto foucaultiano de biopoder resulta operativo para comprender lo que constituye la originalidad de las formas contemporáneas de la dominación política?

La política no es coextensiva ni a la vida ni al Estado

Lo que le falta, a mi entender, es simplemente un interés *teórico* por la política. Lo que le interesó teóricamente bajo el nombre de política es propiamente la relación del poder del Estado con los modos de gestión de las poblaciones y de producción de los individuos. Esto, para mí, es constitutivo de la esfera de la policía. Y lo que Foucault hizo fue, en el sentido fuerte del término, la teoría del Estado policial: no del Estado represivo, sino del Estado como realidad en sí, no referida al acto de una subjetividad política originaria, el Estado funcionalista, dedicado completamente a la relación entre su propia conservación y la conservación –o la no-conservación– de cierto estado de su población. Es el Estado el que favorece la vida y envía a la muerte. Creo que Foucault estuvo muy marcado, más de lo que suele decirse, por la idea marxista de aparato. Lo que llama política, teóricamente, es siempre un sistema de tecnologías de poder.

Definido en este marco, el concepto de biopoder es un concepto inestable. No lo digo, empero, como una crítica. Los conceptos son caminos móviles trazados en mapas de relaciones que se mueven. El concepto de biopoder ha tenido un destino singular. Al principio, tenía una doble función. Intentaba definir una secuencia específica del ejercicio del poder estatal. Pero esta misma secuencialización es problemática. Foucault oponía inicialmente el biopoder nuevo, aplicado en la vida, a la soberanía antigua, centrada en el derecho de vida y muerte. Pero acentuó igualmente la concomitancia del desarrollo del Estado higienista y del Estado terrorista. Y el concepto de biopoder tenía entonces otra función que suele olvidarse fácilmente hoy en día. Se vinculaba a una crítica de los temas de izquierdas, y freudo-marxistas en particular: la represión y la liberación. Proponía considerar el discurso sobre la liberación como un discurso inducido por las nuevas formas del poder y, asimismo, incitar a una reevaluación de la naturaleza productiva del poder estatal. Paradójicamente, esta noción –que remitía en sentido estricto al análisis del poder estatal y tenía cierta connotación suspensiva– fue positivizada luego totalmente en el concepto de «biopolítica». Y ello porque permitía asociar la problemática «tecnológica» de Foucault con otras de tipo ontológico-político: la definición de la política a partir de las nociones *bios* y *zoê*, o su definición a partir de un sujeto originario. La primera vía fue la de Agamben; la segunda, la de Toni Negri. Agamben comparte con Foucault una identificación de la cuestión política con la cuestión del poder. Negri, por su parte, ha querido articular el tema de la resistencia con una ontología vitalista del sujeto multitudinario de la política. La consecuencia de esta ontologización es que el «biopoder» y la «biopolítica» se vuelven una especie de significantes-maestros, a la manera de Heidegger, que recubren todo y nada, del derecho de familia o de las políticas de sanidad a los campos de exterminio, y se aplican tanto a las formas del «Estado social» que ha sido su referencia de origen como a las formas actuales de privatización de la protección social. La antropologización de la política permite conducir todos los fenómenos a un mismo esquema de explicación verosímil. Pero no creo que pueda dar cuenta de las formas actuales de dominación estatal, la cual se apoya en la despolitización de los problemas y en el juego del escondite entre Estados nacionales y poderes supranacionales.

En su libro El reparto de lo sensible, *usted intenta demostrar cómo los nuevos modos de la experiencia estética pueden inducir ciertas formas nuevas de subjetividad política. ¿No es esta articulación lo que faltaría en el pensamiento de Foucault? ¿No confunde Foucault en la última parte de su obra, muy perjudicialmente, la política y la estética?*

No creo que la última parte de su obra –limitándome a lo que conozco y omitiendo, pues, el contenido de sus cursos– defina una visión de la política. La estética de la existencia de la que

La política no es coextensiva ni a la vida ni al Estado

habla en los textos de 1980 está relacionada con las formas de subjetivación del individuo. Por tanto, la confusión –si es que hay tal confusión– se encontraría más bien en el doblete ética/estética. Pero está claro que esa «estética de la existencia» supone una definición de la estética en términos de cultura de la sensibilidad o de estilización de los comportamientos y que mi perspectiva es, en este sentido, muy diferente. Por una parte, he analizado la política en términos «estéticos», es decir, en términos de configuración del modo sensible común. Y, por otra parte, he analizado la «política» de la estética a partir de las formas de reparto de lo sensible que ella misma induce, pensando el teatro, el coro o la página como dispositivos que redistribuyen las relaciones de lo visible y de lo decible, los modos de circulación de la palabra, las relaciones de los cuerpos, etcétera, y que hacen política en este sentido. Esta ha sido mi problemática desde que analicé la relación de la experiencia perceptiva y lingüística de los proletarios del siglo XIX con los poderes del verso y de la página escrita y, a través de ello, con la nomología filosófica de Platón o con la nomología poética. Entiendo «nomología» como la relación de una legalidad y de una división simbólica que distribuye los lugares dando su parte e imponiendo su tono a cada uno. Si lo consideramos desde una conceptualidad marxista, lo que he intentado es una reevaluación de la «ideología». Lo que Foucault y sus lectores biopolíticos han intentado es una reevaluación de las «fuerzas productivas».

¿Qué análisis hace usted de las formas de dominación política y económica que operan en lo que se ha llamado el nuevo orden mundial? ¿Le parece conveniente el concepto de Imperio, utilizado por Toni Negri, para pensar las figuras inéditas adoptadas por el imperialismo? En el fondo, ¿seguiría dependiendo la posición de Negri de un pensamiento del «final de la política», el cual afirmaría que la acción política debería adaptarse al nuevo estado del capitalismo, aceptando anularse en tanto

que política para transformarse en una biopolítica difusa, fragmentada, abierta, diseminada, para corresponder plenamente a las formas mundiales de la dominación –capitalista–? A fuerza de ver poder por todas partes, ¿no se corre el riesgo de suprimir la especificidad de tal concepto (es decir, como pensable políticamente)?

La coyuntura actual se caracteriza ciertamente por el triunfo del imperialismo como sistema económico y por la redistribución de los poderes en este marco: una internacionalización finalmente realizada del poder capitalista que permite a los poderes económicos gobernar el mundo de una manera cada vez más directa, simplemente mediante el juego de mover capitales y a través de los organismos internacionales. Si se trata de un «imperio», es evidentemente una forma inédita de imperio, sin ningún poder central de tipo estatal y sin ninguna legitimación de tipo religioso o filosófico: un gobierno del mundo sin rostro y sin centro, ante el cual las escenas de subjetivación no logran constituirse. En estas condiciones, vemos por qué puede resucitar cierta metapolítica marxista, para la cual las escenas de subjetivación política que constituyen figuras del *dèmos* han sido siempre instancias subordinadas y más o menos ilusorias frente al proceso antropológico-económico de la producción de la vida material. Podemos entonces establecer una relación de equivalencia entre el trabajo-sujeto de cierto marxismo –trabajo que encontró su principio en los *Grundrisse*– y una *multitud* política espinozista, asimilada a un «caosmos» pensado a la manera de Deleuze y Guattari. Un sujeto así puede aparecer entonces como la interioridad verdadera de la realidad ubicuista y descentrada del imperialismo, y como la forma de unificación de una acción política diseminada en todas las formas de vida en las que se ejerce el poder del imperio capitalista, es decir, efectivamente por todas partes. En efecto, hay ahí una disolución de la política en la ubicuidad de las relaciones de poder. Pero también existe, siendo igual de peligrosa para la política, la actitud inversa que consiste, ante esta diseminación, en identificar la política con la defensa de las prerrogativas de los Estados. Vemos claramente que esta misma bipolarización responde a la doble estrategia de los Estados que, por una parte, se borran tras la necesidad económica mundial y que, por otra, refuerzan su poder interno escudándose frente a las consecuencias de esta necesidad. La política consiste en formas de subjetivación, en constituciones de escenas singulares de enunciación y de manifestación. La política no es coextensiva ni a la vida ni al Estado.

En tal contexto, ¿cómo analiza la importancia cada vez más evidente de las ONG? O, más generalmente, ¿qué lógica opera, en su opinión, tras la acción humanitaria? ¿Estaría usted de acuerdo en afirmar que el «éxito» actual de lo humanitario y la «moda» de la ética se arraigan en cierto declive de las significaciones imaginarias emancipadoras y se asocian a un proceso creciente de privatización del individuo, a saber, el repliegue en la esfera privada, todo ello en detrimento de la acción política? ¿Cómo contrarrestar esta voluntad que domina hoy en día en el discurso político y que consiste en recurrir al paradigma consensual de la moral y de los buenos sentimientos?

No creo que podamos circunscribir el problema en términos de «privatización». La acción humanitaria no puede asimilarse a la vieja caridad individual que alivia las miserias. Y su práctica en el lugar mismo no puede asimilarse al repliegue en la esfera privada. Y no solo a causa de las energías y las formas de conciencia colectivas que moviliza, sino también porque pone de manifiesto la artificialidad que existe en la oposición entre lo público y lo privado. Respecto a esas poblaciones, que reciben la acción humanitaria y que no tienen ni vida privada ni vida pública, resulta que «vida privada» y «vida pública» no son realmente antagónicas: por ejemplo, el trabajo se ha vuelto un asunto público, los trabajadores han empezado al mismo tiempo a tener una vida privada y su «privatización» actual se ha introducido en una serie de dispositivos públicos. Es una manera de decir que el primer problema que plantea la acción humanitaria es el problema mismo de lo «humanitario» como división del mundo. Durante una época, se decía que algunos países «todavía no estaban maduros para la democracia». Actualmente, la democracia se encuentra asimilada a la existencia factual de un grupo de países susceptibles de jugar el mismo juego económico. Se tiende a establecer una equivalencia entre «países democráticos» y «países en los que se puede invertir». Lo «humanitario» es, de entrada, ese reparto del mundo que engloba un espacio de «la democracia» –identificado al mundo gobernado por la ley económica– y que deja más allá un espacio indiferente de masas arcaicas, sometidas a las pasiones oscuras del nacimiento, la raza y el territorio. No son las ONG las que han constituido este cerco, sino la Internacional de los Estados consensuales. Y lo que llamamos acción humanitaria es de hecho una mezcla, más o menos conflictiva, de policía internacional de los grandes Estados y de militancia antiimperialista.

La cuestión de la «ética» es un poco diferente. Pero el fondo del «retorno a la ética» no es un retorno a los valores individuales. Consiste en forjar una figura de la alteridad que invalide en su principio todo pensamiento de emancipación colectiva. La ética, tal y como la decretamos hoy en día, no opone lo privado y los buenos sentimientos individuales a la acción colectiva. La ética opone al disenso político una alteridad más fundamental, protectora del sentido de la comunidad, que no puede sino verse destruida, a riesgo de catástrofe colectiva, por todo proyecto de emancipación. Va de suyo que la ética, entendida de esta manera, se reduce entonces a un discurso de duelo que vuelve contra sí misma la radicalidad revolucionaria y la pone al servicio del consenso. Ello significa que no es interpretable en términos de oposición entre lo privado y lo público, que es una configuración subjetiva de la comunidad que se opone a otra configuración.

¿No resulta en el fondo una ironía de la historia que el universitario israelí Martin van Grevel (investigador en la Universidad Hebraica de Jerusalén) haya propuesto construir, siguiendo el modelo del muro de Berlín y diez años después de su caída, un muro que separaría Israel y el futuro Estado palestino y que reseguiría las fronteras de antes de 1967 entre Israel y Jordania (véase el diario Libération *del 1 de noviembre de 2000)? Esta idea puede parecer moralmente insoportable. Pero ¿no sería el indicio de que el final de la guerra fría hizo surgir una situación que quizá resulta todavía peor, a saber, el renacimiento de todo lo que habíamos creído eliminado bajo la etiqueta de «progreso» militar y de disuasión recíproca, la resurrección de todas las formas de violencia singular (nacionalistas, étnicas, religiosas...) contra la cual parece que ninguna fuerza política militarmente organizada puede luchar y que, a fin de cuentas, la confrontación bipolar entre dos bloques antagonistas parece con mucho preferible a la violencia desregulada que enfrenta a singularidades irreductibles? ¿Es posible pensar hoy en día la violencia y el conflicto al margen de todos esos esquemas heredados (la guerra fría, el retorno de lo arcaico...)?*

No creo que haya que lamentar la ausencia del imperio soviético, tal y como algunos lamentan la del imperio austro-húngaro. Es cierto que, mientras se mantenía tal imperio, hizo reinar el orden entre las poblaciones sometidas, por una parte, y sirvió de apoyo, por otra, a una simbolización no étnica de la alteridad. Pero el estallido etnicista actual es una consecuencia de la manera en que suprimió toda forma de subjetivación política autónoma. Sin duda, la pérdida de las grandes formas de simbolización en términos de lucha de clases —nacional e internacional— y la asimilación cada vez más fuerte de la democracia al gobierno de la riqueza han hecho de la identificación étnica —e incluso religiosa—

de la comunidad la gran respuesta a la disolución del Imperio y a esa democracia reservada a los ricos (de igual manera que, en Francia, ha prosperado el extremismo racista presentándose como la única forma de oposición a la lógica consensual y, por tanto, ocupando el vacío de la política). Ahora bien, resulta una falacia querer resumir todo ello en una lógica oposicional entre lo universal y lo particular –sobre todo si se asimila lo universal a lo estatal–. Esto es lo que sucede en los razonamientos del tipo «cuando los Estados fuertes se disuelven, se desencadenan entonces los particularismos y los conflictos entre particularismos». Se dispone así de una alternativa provechosa: universalismo estatal o caos arcaico del retorno al estado natural. Ahora bien, los nuevos poderes étnicos han sido forjados por la lógica y los métodos modernos de los Estados fuertes. Su violencia «arcaica» no es diferente de la violencia «razonada» por la cual esos Estados han planificado y ejecutado la liquidación de todos sus enemigos. Es muy cómodo, evidentemente, tomar la situación yugoslava como una prueba de lo que sucede cuando se hunde el poder del Estado centralizador. Pero no es el hundimiento del Estado centralizador lo que desencadenó el choque entre particularismos étnicos. Al contrario, es el Estado mismo el que desencadenó la cruzada étnica para sus propios fines y la llevó hasta el final.

¿Qué piensa usted de los análisis desarrollados por ciertos sociólogos (Jean Baudrillard, Henri-Pierre Jeudy, Paul Virilio) que ponen el acento en una violencia virtual nacida de la destrucción de los lazos simbólicos –al contrario precisamente del retorno a una violencia arcaica–? ¿No habría que ver en la violencia asesina desarrollada por ciertos adolescentes la expresión misma de la ruptura de un orden simbólico obsoleto ante el tiempo de la inmediatez virtual?

No es contradictorio pensar la «virtualización» como destructora de lo simbólico y como productora, por ello mismo, de un nuevo arcaísmo. Pero, en el fondo, el problema es el carácter perfectamente vacío y tautológico de las nociones utilizadas: «virtual» y «pérdida de lo simbólico». Primero, lo que caracteriza nuestro presente no es la «pérdida de lo simbólico», sino la retirada de ciertas formas de simbolización del otro y de la violencia. Así, el racismo se desarrolla siguiendo nuevas formas contra un inmigrante, el cual ya no depende de la subjetivación política obrera o proletaria, sino que aparece en su mera diferencia étnica. Y se desarrolla inversamente en los jóvenes «inmigrados» que ya no consideran como su enemigo al burgués, sino simplemente a la sociedad que los excluye. La acción de una banda de adolescentes que ataca un autobús o que recibe a la policía a pedradas no es el resultado de una «pérdida de lo simbólico». Tal acción depende de una simbolización de la identidad y de la alteridad que es regresiva en relación con la simbolización política. Pero lo que es «pre-político» no está por ello «fuera de lo simbólico». Hablar de «pérdida simbólica» es proyectar en estos fenómenos o bien el fantasma del «estado natural», o bien la teoría psicoanalítica de la psicosis. En su forma banalizada, el argumento acaba reduciéndose a la proposición tautológica que afirma que hay desorden cuando ya no hay orden. Lo «virtual» también se ha convertido en una noche en la que todos los gatos son pardos. En la socio-mediología realizada a la manera de Baudrillard, hay una huida hacia adelante imposible de detener. Sus tesis, como las del «biopoder», fueron elaboradas a finales de los años setenta en la perspectiva de una sociedad pacificada, de una especie de anestesia general de las pasiones violentas. Como el desarrollo no ha coincidido con sus previsiones, ha sido necesario demostrar que las violencias no eran más que simulacros de violencia, que había una única violencia, a saber, la gran vida psicótica, la pérdida televisiva de la realidad. Así, las peleas mortales del estadio de Heysel tenían, según Baudrillard, una sola causa fundamental: el agujero abierto en nuestra cabeza por el vacío de la pantalla en la que se retransmitían. El paralogismo que considera la pantalla como la causa de todo lo que transmite respalda entonces, en una espiral interminable, la tautología de la pérdida de lo simbólico. Hay ciertamente una pérdida de formas colectivas de simbolización pacífica de la violencia y una pérdida de cierto número de reglas de civilidad aceptadas. Pero ello no crea una pérdida de lo simbólico. Los jóvenes actores de la violencia urbana no interpretan ningún papel televisivo, sino que están reaccionando materialmente a una situación material para la que solo disponen de instrumentos limitados de simbolización.

En El maestro ignorante, *usted reflexionó sobre las condiciones de emancipación intelectual, tomando cierta distancia con respecto a la sociología crítica desarrollada por Pierre Bourdieu y Jean-Claude Passeron (Los herederos y La reproducción)[2] que caracteriza la institución escolar como el lugar donde se realiza una violencia simbólica ocultada bajo los aparatos de una retórica de la igualdad formal. Por la crítica que elaboran de la ideología del don, ¿no inscriben Bourdieu y Passeron su discurso crítico bajo la presuposición misma de la igualdad —el nombre de lo que condiciona la posibilidad de existencia de un proceso político guiado por el proyecto de emancipación—? ¿No sería conveniente revalorizar «al alza» la pertinencia de esa sociología?*

La cuestión consiste en ver exactamente lo que debe revalorizarse. La sociología de *Los herederos* era ciertamente de inspiración igualitaria. El punto fundamental es saber entonces lo que significa «inspiración igualitaria» y qué acercamiento al problema se encuentra implicado por una u otra idea de igualdad. Bourdieu y Passeron querían la igualdad, los «republicanos» y los

---

2. Pierre Bourdieu y Jean-Claude Passeron, *Los herederos: los estudiantes y la cultura*, Buenos Aires, Siglo XXI, 2003, y *La reproducción: elementos para una teoría del sistema de enseñanza*, Madrid, Popular, 2001. *(N. del T.)*

pedagogos ministeriales también la querían. Pero se plantean dos cuestiones. La primera consiste en saber lo que se toma como punto de partida del aprendizaje: la igualdad intelectual que debe actualizarse o la desigualdad que debe suprimirse. Partir de la desigualdad e interpretarla en términos de desconocimiento manipulado equivale a implicarse en una lógica doble: por un lado, se proponen soluciones para suprimirla *(Los herederos)*, por otro, se eterniza el mecanismo de desconocimiento de las razones de la desigualdad y, así pues, la máquina misma de la desigualdad *(La reproducción)*. Desde este punto de vista, no hay nada que sustraer de la crítica llevada a cabo en nombre de la emancipación intelectual contra la lógica de la «reducción de las desigualdades». Pero aquí se plantea entonces un segundo problema que es el de saber si la lógica de la escuela puede reducirse a la lógica de la emancipación intelectual. De hecho, la escuela siempre hace dos cosas. Enseña y eventualmente emancipa bajo condiciones de igualdad intelectual —dejando de lado, por tanto, la diferencia y la discapacidad—. Pero, por una parte, solo se enseña a los que quieren aprender y, por otra, la escuela es una institución social —como tal, la emancipación no es su problema, hace otras cosas que no son enseñar—. Concentrar toda la cuestión en los medios para «reducir las desigualdades», como hacen los «sociólogos» —y también los «republicanos»—, es mezclar los dos problemas: el problema del dispositivo de la igualdad intelectual y el de la socialización escolar. Ahora bien, hay que disociarlos, pero planteándolos ambos en el seno mismo de la escuela. En lugar de anunciar con balbuceos la separación entre «instrucción» y «educación», o la oposición entre lo universal del saber republicano y el particularismo sociocultural, se trata de ver que la escuela siempre ha hecho ambas cosas, que siempre ha presupuesto y llevado a cabo un tipo de pacto social que no coincide con el pacto intelectual de la presuposición de igualdad. A este nivel, precisamente, se plantea el tema de lo «implícito» que Bourdieu y Passeron ponen en cuestión. Pueden llegarse a explicitar los «prerrequisitos» de un aprendizaje intelectual. Por cuanto se refiere a explicitar las finalidades de la escuela en una sociedad en la que aumenta la desigualdad, así como las formas que debe adoptar en función de esas finalidades, el asunto es más espinoso. La mayoría de las polémicas actuales utilizan la confusión de los problemas para evitar esta pregunta: ¿qué es lo que actualmente puede explicitarse de la escuela como institución social?

Sean cuales sean el mérito y la pertinencia de los análisis que desarrollan Bourdieu y Passeron, podemos constatar que la política educativa desarrollada estos últimos años por Claude Allègre y caracterizada por la nueva puesta en cuestión del estatus simbólico del profesor como autoridad que posee el saber se ha visto acompañada por una práctica que recurre a un modo de gestión policial de los conflictos en el seno de la institución escolar. De esta manera, resulta paradigmático ver cómo un discurso sociológico que retoma las críticas desarrolladas por Bourdieu y Passeron sobre la escuela en tanto que lugar de violencia simbólica puede acabar legitimando (en los casos en que ese mismo discurso no preconiza tales soluciones −véase al respecto el informe del Inserm Souffrances et violences à l'adolescence, *en* Le Monde *del 10 de noviembre de 2000) posiciones políticas totalmente reaccionarias (la colaboración escuela-policía, la introducción de un catecismo republicano bajo el término «educación jurídica y social», etcétera). ¿Cómo analiza usted esta alianza del «progresismo» pedagógico con las formas eufemísticas de conservadurismo político?*

Los médicos siempre han dicho y dirán que los niños se cansan demasiado y que los adolescentes sufren. Forma parte de su papel, así como el papel de la reflexión sobre la escuela consiste en atender a todas estas lógicas contradictorias que tienen por objeto los cuerpos y los espíritus escolarizados. Respecto a la colaboración escuela-policía y a la «educación jurídica y social», es algo que corresponde en gran medida a la confusión estatal ante la cuestión de la socialización escolar. La cuestión de la «autoridad» simbólica del profesor es, de hecho, una cuestión doble: la del dispositivo simbólico de la transmisión y la de las reglas de la sociedad escolar. Hay momentos en la historia de la institución escolar en los que ambas parecen coincidir; en otros momentos, en cambio, ambas cuestiones están separadas por la máxima distancia (en función de la evolución de los modelos exteriores de autoridad, de la mayor o menor armonía entre las reglas de la institución y las de las microsociedades en que los jóvenes se forman, de la mayor o menor credibilidad que la evolución social otorga a las promesas de la escuela, etcétera). El Estado, que no desea llegar al fondo de la cuestión, juega entonces en un tablero doble y hace que el discurso socio-pedagógico desempeñe una doble función. Por un lado, cortocircuita los problemas reduciéndolos a un único problema, el de «la desigualdad ante el saber», y concentrándolo en la redefinición de la autoridad simbólica del maestro. Pero esta redefinición hace que se manifieste al punto un resto, una relación con el afuera, que señala una doble insuficiencia del maestro. Por un lado, se le reprocha que no ejerza su función de educador y se le quiere obligar a enseñar un catecismo republicano para que él mismo lo aprenda. Por otro lado, le hacen confesar el límite de su competencia, que es el límite de la relación con el espacio social, el cual se asigna entonces naturalmente a la policía. La lógica reformadora toma en ese momento, efectivamente, el relevo de la posición tradicional de aquellos que acusan a los profesores de no querer o no poder ya garantizar el papel de educadores morales de la juventud. Pero la denuncia de la confusión del discurso pedagógico-progresista no puede servir de simple argumento para sostener otra forma de simplificación, o de supresión, del problema: la que reduce todo a la mera cuestión de la autoridad simbólica del profesor y la identifica con la autoridad del saber, de la cultura o de lo universal considerados supuestamente como emancipadores por ellos mismos y amenazados por la intrusión social. La escuela no podrá pretender ser durante mucho tiempo una institución no social, dedicada únicamente a la transmisión del saber.

¿Pueblo o multitudes?[1]

[con Éric Alliez]

Respondiendo a una pregunta de Éric Alliez sobre el uso que hace del concepto de pueblo y sobre el interés que podría haber en sustituirlo por el concepto de multitud, Jacques Rancière recuerda que el concepto «pueblo» es efectivamente constitutivo de lo político, ya que es el nombre genérico del conjunto de procesos de subjetivación que suscitan litigio en torno a las representaciones de la igualdad. La política es siempre un pueblo contra otro. El pensamiento de las multitudes, por la fobia que tal pensamiento manifiesta frente a una política que se definiría negativamente, rechaza lo negativo. El concepto de multitudes opone al de pueblo la necesidad de una política que no constituya una esfera separada. Los sujetos políticos deberían expresar lo múltiple que sería la Ley del ser. De hecho, el concepto de multitudes se inscribe en la ampliación del concepto de fuerzas productivas. Pero el pensamiento de las multitudes no escapa a las alternativas que, en general, debe afrontar el pensamiento de los sujetos políticos.

***

1. «Peuple ou multitudes?», entrevista realizada por Éric Alliez y publicada en *Multitudes* 9 (mayo de 2002), págs. 95-100.

En El desacuerdo, *usted propone el análisis del conflicto que existe entre la identificación policial de la comunidad (que determina los lugares y las partes en función de las identidades) y una subjetivación política que abre «mundos singulares de comunidad», produce nuevos campos de experiencia a partir de «sujetos flotantes que desregulan toda representación de los lugares y de las partes», trastornan «la homogeneidad de lo sensible», etcétera. Lejos de expresar este conflicto en términos de multitudes plurales contra el pueblo reunido (la soberanía popular reducida a su representación), usted asigna al «pueblo» lo que llama «el rasgo igualitario» constitutivo de la acción política en tanto que «construcción local y singular de los casos de universalidad». Más allá de una cuestión de escritura, ¿qué reflexiones le inspiran las tentativas presentes de vincular en torno a la noción de biopolítica de multitudes a) la descripción «fenomenológica» de los movimientos antiglobalización y b) la determinación «ontológica» de los procesos contemporáneos de ruptura con el orden capitalista del mundo?*

¿Pueblo o multitudes? Antes de saber qué palabra o qué concepto es preferible, hay que saber de qué son concepto. Pueblo es, para mí, el nombre de un sujeto político, es decir, de un suplemento respecto a toda lógica del recuento de la población, de sus partes y de su todo. Ello significa una distancia respecto a toda idea de pueblo como reunión de partes, de cuerpos colectivos en movimiento, cuerpo ideal encarnado en la soberanía, etcétera. Lo entiendo en el sentido del «nosotros somos el pueblo» de los manifestantes de Leipzig, los cuales no eran manifiestamente el pueblo pero llevaban a cabo su enunciación, disruptiva respecto a la incorporación estatal. Para mí, pueblo es, en este sentido, un nombre genérico para el conjunto de los procesos de subjetivación que buscan el efecto igualitario provocando un litigio en torno a las formas de visibilidad de lo común y a las identidades, las pertenencias, los repartos... que tales forman definen: procesos que pueden poner en escena todo tipo de nombres singulares, consistentes o inconsistentes, «serios» o paródicos. Ello también significa que esos procesos ponen en escena la política como artificio de la igualdad, la cual no es ningún fundamento «real», sino que solo existe como condición llevada al acto en todos esos dispositivos de litigio. El interés del nombre «pueblo» es, para mí, el de poner en escena la ambigüedad. En este sentido, la política es la discriminación en acto de lo que, en última instancia, se coloca bajo el nombre «pueblo»: o bien la operación de diferenciación que instituye colectivos políticos que llevan al acto la inconsistencia igualitaria, o bien la operación identitaria que remite la política a las propiedades de los cuerpos sociales o al fantasma del cuerpo glorioso de la comunidad. La política siempre es un pueblo además del otro, un pueblo contra otro.

Eso es quizá lo que rechaza el pensamiento de las multitudes. Pero queda ocultado por la oposición de lo molar y lo molecular, o de lo paranoico y lo esquizofrénico. El problema no es que el pueblo sea demasiado molar, que esté demasiado atrapado en los fantasmas del Uno. El problema es que solo consista en la singularidad de los casos de división y que la política sea una esfera particular, una distribución específica de acciones y de enunciaciones. En el pensamiento de las multitudes, existe la fobia de lo negativo, la fobia de una política que se defina «en contra», así como también la fobia de una política que solo sea política, es decir, fundada simplemente en la inconsistencia del rasgo igualitario y la construcción azarosa de sus casos de efectividad. Antes de ser el rechazo de la estructura paranoica de la oposición dual, la posición de las multitudes consiste en tomar partido por un sujeto de la acción política que no esté marcado por ninguna separación, un sujeto «comunista» en el sentido en que rechaza toda particularidad de los dispositivos y de las esferas de subjetivación. Comunista también en el sentido en que actúa en él el poder de lo que hace ser a los entes en común. El concepto de multitudes opone al concepto de pueblo la reivindicación comunista, es decir, que la política no sea una esfera separada, que todo sea política, o sea, que la política exprese de hecho la naturaleza del todo, la naturaleza de lo no-separado: que la comunidad esté fundada en la naturaleza misma del ser en común, del poder que pone a la comunidad entre los entes en general.

Si «multitudes» se separa de «pueblo», es por esta reivindicación ontológica que sustancia la presuposición de igualdad: para no constituirse oposicionalmente, reactivamente, la política debe mantener su principio y su *telos* en algo otro que no sea ella misma. Los sujetos políticos deben expresar lo múltiple, que es la ley misma del ser. Por ello, el pensamiento de las multitudes se inscribe en la tradición de la filosofía política, la tradición que quiere hacer corresponder la excepcionalidad política con el principio de lo que pone a los entes en comunidad. O, para decirlo más precisamente, se inscribe en la tradición metapolítica propia de la edad moderna de la filosofía política: lo propio de la metapolítica es contestar los artificios precarios de la escena política con la verdad del poder inmanente que pone a los seres en comunidad e identificar la verdadera comunidad con la efectividad comprendida y sensible de esta verdad. La paradoja metapolítica radica en eso: la afirmación del poder común se identifica con la verdad del ser no querido de la comunidad, del ser no querido del Ser. Según la metapolítica moderna, querer la comunidad es quererla conforme a lo no-querido que es el fondo mismo del Ser. Para mí, la cuestión consiste entonces en saber si lo que «funda» la política no es, a su vez, lo que la imposibilita. El verdadero nombre de lo que la ontología impone como modalidad del actuar es la ética: querer lo no-querido es, por excelencia, lo que proclama la ética nietzscheana o deleuziana del Eterno retorno, que afirma el azar y escoge lo que ha sido, la ética de los devenires que opone el y... y... de las disposiciones múltiples al o... o... de las voluntades actuantes que persiguen sus propios fines en contra de otros fines.

¿Pueblo o multitudes?

Para que los devenires múltiples se sustancien en multitudes, se necesita otra cosa: no basta con que el Ser sea una afirmación, sino que es necesario que esta afirmación sea el contenido inmanente a toda negación; es necesario que el despliegue del Ser sin voluntad no quede expuesto a las conexiones del azar y a sus contra-efectuaciones, sino que esté habitado por una teología inmanente. «Multitudes» es el nombre de un poder de ser sobreabundante que se identifica con la esencia de la comunidad y que, asimismo, se encarga, por su misma sobreabundancia, de romper las barreras de su efectuación bajo la forma de comunidad sensible. Si la negatividad de los sujetos políticos debe ser revocada, el poder de negación tiene que ser un poder disruptivo, situado en todo estado de dominación como siendo su contenido final y destinado a romper las barreras. Es necesario que «multitudes» sea el contenido cuyo continente es el Imperio.

Este poder de afirmación disruptiva, el poder afirmativo y final de lo que es «sin voluntad», ya recibió su nombre en la teoría marxista: se llama «fuerzas productivas». Un nombre que tiene mala reputación. «Productivo» y «producción» suscitan la desconfianza porque recuerdan a esa época pasada de la fábrica, del partido y, al mismo tiempo, a una ética del trabajo reductora en relación con el poder colectivo de pensamiento y de vida que «multitudes» quiere designar. Muchos debates de *Multitudes* atestan esta dificultad. Pero el contenido particular que se da a «producción» tiene poca importancia. El concepto de producción es suficientemente amplio como para integrar cualquier cosa en el ámbito de las fuerzas productivas, incluyendo la pereza y el rechazo al trabajo. El punto fundamental es la determinación del poder de ser de lo común como producción, es la idea de la producción como fuerza habitada por una teología inmanente a su esencia afirmativa. Los autores de *Imperio* pueden recurrir a la «multitud plural de las subjetividades productivas y creadoras de globalización», a su «movimiento perpetuo», a la «constelación de singularidades» que forman, a sus «procesos de mezcla e hibridación» que no pueden ser reducidos a ninguna mera lógica de correspondencia entre lo sistémico y lo asistémico.[2] Esta latitud dejada a las hibridaciones múltiples cuenta menos que la seguridad proporcionada por el concepto mismo: la seguridad de que estas disposiciones productivas son la realidad del Imperio mismo, que son los combates de la multitud los que han «producido el Imperio mismo como inversión de su propia imagen»,[3] tal y como, una vez más, el hombre de Feuerbach constituye a su dios y podrá retomar sus atributos para una vida plenamente humana. Lo esencial es la afirmación metapolítica de una verdad del sistema dotada de su propia efectividad. La reticencia respecto al ideal «productivo» atesta simplemente la distancia entre el concepto ontológico de producción y sus avatares empíricos.

Esta distancia es también la latitud abierta para reformular la afirmación «productivista» ante sus aporías. En este sentido, el concepto de «multitudes» se inscribe en el trabajo de ampliación de la noción de «fuerza productiva» que ha marcado la teoría y los movimientos marxistas en la segunda mitad del siglo XX. El marxismo clásico había tendido a hacer de las fuerzas productivas el poder de lo verdadero capaz de disipar las sombras políticas. El leninismo fue la confesión del fracaso de esta visión, la necesidad declarada y practicada del acto archipolítico para llevar a cabo el trabajo que hubieran tenido que realizar las fuerzas productivas. El fracaso de esta archipolítica engendró una tercera fase del marxismo que ya no quiso oponer la verdad económica a la apariencia política, o la decisión revolucionaria al fatalismo económico, sino integrar en el concepto de fuerzas productivas

---

2. Michael Hardt y Antonio Negri, *Empire,* Cambridge, Harvard University Press, 2000, pág. 60 [vers. cast.: *Imperio,* trad. de Nélida Bixio, Barcelona, Paidós, 2005].
3. *Ibid.*, pág. 394.

el conjunto de procedimientos que, de una u otra manera, crean lo común: de la actividad científica y técnica, o de la actividad intelectual creadora en general, a la práctica política y a todas las formas de resistencia o de huida en relación con el orden existente del mundo. La teoría revisionista de la «ciencia fuerza productiva directa» y la revolución cultural, la revolución estudiantil y el operaísmo fueron diversas formas de ese proyecto que el concepto de multitud pretende actualmente radicalizar: verter toda forma de actividad transformadora de un estado de cosas a cuenta de las fuerzas productivas, es decir, a cuenta de la lógica del contenido que no puede no hacer explotar el continente. En este sentido, el enunciado metapolítico «todo es político» es exactamente idéntico al enunciado «todo es económico», como también es idéntico finalmente al enunciado archipolítico «todo pensamiento es una tirada de dados», lo cual puede traducirse como «toda tirada de dados es una fuerza productiva».

La parte que las multitudes dejan al azar cuenta entonces menos que la identificación del azar mismo con la necesidad; el antiproductivismo, menos que su integración en la sola oposición interna del Imperio —es decir, en definitiva, del Capital— respecto a las fuerzas que «desencadena». El punto de fuerza esencial —como también el punto de fragilidad esencial— es la afirmación de esta escena «imperial» como escena única. El pensamiento de las multitudes quiere determinar las dimensiones de un mundo efectivamente globalizado, contra un pueblo que todavía está aferrado a los Estados-nación. La ambición es correcta si no olvida que —con o sin globalización— hay actualmente el doble de Estados-nación, el doble de aparatos militares, policiales, etcétera, que hace 50 años. Es correcta si no designa con el título de «nomadismo» la realidad de los desplazamientos masivos de poblaciones que son la consecuencia del poder represivo de esos Estados-nación. La exaltación de estos movimientos nómadas que «desbordan y rompen los límites de la medida» y «crean nuevos espacios» descritos «por topologías inhabituales, por rizomas subterráneos e imposibles de contener»[4] realiza, bajo un modo entusiasta, la misma operación que realizaba, bajo un modo compasivo, el fotógrafo que reunía, con el título *Exilios,* a los campesinos brasileños que habían ido a buscar trabajo en la ciudad y a los habitantes de los campos de refugiados que huyen del genocidio ruandés. Los movimientos nómadas invocados como pruebas del poder explosivo de las multitudes son, esencialmente, movimientos de poblaciones expulsadas por la violencia de los Estados-nación o por la miseria absoluta en la que se han visto sumidos por la quiebra de esos mismos Estados-nación. Así pues, «multitudes» está sujeto a tantas identificaciones problemáticas como «pueblo». En el número 7 de *Multitudes,* el 11-S suscitó las preguntas que habían surgido en el momento en que se afirmaba que «el pueblo» o «las masas» habían «deseado el fascismo»: ¿eran multitudes las masas árabes que aplaudían en nombre de Alá la masacre de las Torres Gemelas? ¿Son todas las multitudes «buenas» o «verdaderas» multitudes? A las multitudes empíricas se opone entonces de nuevo la esencia «afirmativa» de la multitud. No basta claramente con desplazarse en masa por entre los continentes y correr a la velocidad de la informática: siempre hay un punto en el que la afirmatividad es el asunto de gentes que organizan conjuntamente una manifestación, un rechazo. Este es quizá el lugar simbólico en el que, ante la reunión de los amos del mundo, se reúnen los manifestantes que sienten la necesidad de dar un rostro común a la multiplicidad de rechazos frente a su dominio. Es quizá la capilla parisina en la que hacen huelga de hambre los manifestantes que reclaman papeles que les permitan trabajar y tener una identidad en Francia. Los autores de *Imperio* son los primeros en afirmarlo: a la exaltación de topografías inauditas le sucede efectivamente la pregunta

---

4. *Ibid.*, pág. 397.

«¿cómo se convierten las acciones de la multitud en políticas?». Pregunta que se responde de la manera más clásica diciendo que esa acción se convierte en política «cuando empieza a afrontar directamente y con una conciencia adecuada las operaciones represivas centrales del Imperio». Y la primera consigna que se da como testimonio de esta conciencia es la de «ciudadanía global», extraída de la reivindicación del movimiento de los sin papeles en Francia: papeles para todos.[5] No puede expresarse mejor esta idea que consiste en afirmar que la política se pone en juego, de entrada, en las líneas de reparto de las inclusiones y las exclusiones, en una operación de desplazamiento de la pertenencia. Sin embargo, toda la ambigüedad reside en esto: esta reivindicación no es irrealista –según los autores–, puesto que pide conceder el estatuto jurídico y el estatuto económico que la misma internacionalización capitalista de la producción reclama. Ahora bien, podemos entender esta concesión discordante de dos maneras: o bien como la exhibición política de la diferencia entre el «internacionalismo» de la producción requerido por el beneficio capitalista y el «nacionalismo» del orden jurídico-estatal que garantiza las condiciones de explotación, es decir, como la contradicción manifiesta de lo que exige el orden mundial; o bien como la afirmación de una universalidad inmanente al despliegue del Imperio que «contiene» todas las multitudes. O bien pensamos las multitudes como procesos de subjetivación política y planteamos el problema de la relación entre los lugares y las formas de esos procesos, o bien pensamos las multitudes, bajo un modo metapolítico, como el nombre mismo del poder que anima al todo, a riesgo de identificarlo con alguna voluntad inconsciente del Ser que no quiere nada. El pensamiento de las multitudes no escapa a las alternativas que, en general, debe afrontar el pensamiento de los sujetos políticos.

5. *Ibid.*, págs. 399-400.

La comunidad como disentimiento[1]

[con François Noudelmann]

En su libro El desacuerdo, *usted apunta que la política moderna multiplica «las operaciones de subjetivación que inventan mundos de comunidad». ¿Cuáles son las modalidades de estas subjetivaciones? ¿Y cómo se manifiesta la abertura de mundos comunes que no están, empero, fundados en el consenso?*

Hay subjetivación, en general, cuando un nombre de sujeto y una forma de predicación instituyen una comunidad inédita entre unos términos y dibujan, de este modo, una esfera de experiencia inédita que no puede incluirse en los repartos existentes sin hacer explotar las reglas de inclusión y los modos de visibilidad que los ordenan. Puede tratarse, por ejemplo, de «Los hombres nacen libres e iguales en sus derechos» o de «Obreros, campesinos, somos / el gran partido de los trabajadores», *«Wir sind das Volk»* o «Todos somos judíos alemanes». Una subjetivación es una predicación impropia: una parte de la población no es «el pueblo», los arios franceses no son judíos alemanes, un burgués revolucionario no es un proletario, etcétera, a menos precisamente que esos predicados

---

1. «La communauté comme dissentiment», entrevista con François Noudelmann, París, PUF, *Rue Descartes* 42 (2003).

abran una forma de comunidad diferente entre sujeto y predicado, de igual modo que un obrero tampoco es un proletario y que el pueblo, en definitiva, no es el pueblo. Respecto a la igualdad entre todos los «hombres», hay que analizar constantemente quién está incluido en ese todo y qué tipo de relaciones están comprendidas en la esfera de validez de esa igualdad.

Una subjetivación crea lo común deshaciéndolo. A partir de este núcleo lógico primordial, podemos entender que la subjetivación crea lo común poniendo en común lo que no era común, declarando como actores de los común a aquellos y aquellas que eran simplemente personas privadas, dando a ver cómo asuntos que pertenecían a la esfera doméstica pertenecen a una esfera de discusión pública, etcétera. «Proletario» es una palabra desusada del vocabulario jurídico de la Roma antigua que significa «el que tiene hijos». Para que se convirtiera en una palabra política moderna, fue necesario un colaje anacrónico que la restringe únicamente al significado de «aquel que no cuenta como miembro del cuerpo político porque no es más que un cuerpo productivo y reproductor». Fue necesario que la reunión del término jurídico antiguo y de la figura del obrero moderno funcionara como redistribución completa de los repartos entre lo común y lo no común. Un proletario es un obrero que se separa de su estatuto de empleado doméstico para afirmar su capacidad frente a lo común, para afirmar que el espacio privado del trabajo es un espacio público y que el espacio público es asunto de todos. Como aquel a quien se dirige no *ve* los objetos comunes de los que el primero le habla y no lo *oye* como enunciante de lo común, la comunidad que se abre es una comunidad disensual que coloca un mundo común en otro. La política moderna se ha construido con esas aberturas de mundos comunes que colocan a una comunidad en otra. Lo que llamamos *consenso* es la tentativa de deshacer ese tejido disensual de lo común, la tentativa de reducir lo común a reglas de inclusión simple, mientras que lo común político está hecho de procedimientos de inclusión de lo excluido y de puesta en común de lo no-común.

¿Construye esta difracción de comunidades nuevos espacios? Usted evoca intervalos entre las identidades, los lugares y los puestos. ¿Cuál es el objetivo político de estos espaciamientos? Usted se niega a ver en la comunidad la actualización de lo común. Jean-Luc Nancy prefiere el ser-en-común que el ser-común. Pero usted mismo piensa la puesta en común de lo que no es común. Cuando propone pensar el ser-juntos de la comunidad como un ser-entre, ¿qué significación le da usted a ese «entre»? ¿Qué separa y qué une mediante esa distancia?

Lo que rechazo es fundar la comunidad política en una propiedad antropológica o en una disposición ontológica primera. Tanto si se funda la política en una sociabilidad natural o en la necesidad de luchar contra una insociabilidad natural como si se funda en el estallido de la acción de los *aristoï* o en la común exposición del *dasein;* tanto si se hincha el contenido de las propiedades compartidas como si se reduce al «en» del «en-común», el caso es que siempre estamos en ese dispositivo que piensa la política en términos de comunidad y que considera la comunidad a partir de una propiedad o disposición original para lo común. Para mí, la política viene siempre en segundo lugar. El problema que consiste en saber si hay que unirse en comunidad, y por qué, se encuentra resuelto por adelantado. Siempre hay comunidad entre los cuerpos: la que corresponde al cuerpo soberano, a la filiación humana y divina, al lugar en el sistema de distribuciones económicas y sociales... La política viene posteriormente como invención de una forma de comunidad que suspende la evidencia de los otros instituyendo relaciones inéditas entre las significaciones, entre las significaciones y los cuerpos, entre los cuerpos y sus modos de identificación, puestos y funciones. La política se practica poniendo de nuevo en cuestión las adherencias comunitarias existentes e instituyendo esas nuevas relaciones, esas «comunidades» entre términos que ponen en común lo que no era común, de la misma manera en que ciertas figuras de la poética transforman las relaciones de inherencia entre sujetos y propiedades. Aquí es donde adquiere sentido el «entre». No lo entiendo como Hannah Arendt, como ese «interser» que intenta reunir la gloria a la manera de Plutarco y el *mitsein* a la manera de Heidegger. Este «entre» no está, de entrada, entre los sujetos. Está entre las identidades y los roles que pueden desempeñar, entre los lugares que se les asignan y los que ocupan transgresivamente. Está entre el *nosotros* enunciador y el nombre del sujeto enunciado, entre un sujeto y un predicado, entre cuerpos y significaciones, etcétera. También puede estar entre nombres de sujetos. Burke, Marx y Arendt (y Agamben después de ella): todos ellos han denunciado la distancia que la declaración revolucionaria instituía entre los derechos del hombre y los del ciudadano. Ahora bien, esta distancia es precisamente lo que ha permitido las formas de subjetivación política radical. El intervalo político tiene que ver más con el salto de la metáfora que con toda forma de comunión.

Poner de manifiesto una trascuenta,[2] *que usted considera como el criterio mismo de lo político, ¿abre la vía para una comunidad política, incluso dividida? ¿De qué modo surge esta trascuenta como una trascuenta común que no depende estrictamente de la lucha de clases? ¿Y de qué*

---

2. Optamos por traducir el término francés «*mécompte*» –que designa un error de cálculo en una cuenta, un error de apreciación– por «trascuenta». El término «trascuenta» es poco corriente en castellano, pero designa precisamente «un error o equivocación de una cuenta» (DRAE); es una opción que, sobre todo, nos permite mantener el lexema relacionado con «contar» y «cuenta» que resulta fundamental en este punto para el pensamiento de Rancière. *(N. del. T.)*

naturaleza, de qué origen es la reivindicación de una parte para los sin parte? ¿En qué medida el agravio igualitario no corresponde estrictamente a las relaciones económicas?

Incluso en el marxismo, está claro que las relaciones sociales de producción no son simplemente relaciones económicas. Y si hay algo que nos haya enseñado la filosofía antigua es que la política *es* la lucha de clases, lo cual significa precisamente que la lucha de clases no es definible en términos estrictamente económicos. La lucha de clases es lo que interrumpe la simple ley económica, es decir, el simple gobierno de la riqueza. Los «pobres» y los «ricos» de la política antigua, pero también los «proletarios» y «los burgueses» de la época moderna, no pueden ser definidos simplemente como grupos de intereses económicos opuestos. Hay lucha de clases en la medida en que las clases no son clases, no son partes de la sociedad que reagrupan a todos los que tienen los mismos intereses, sino operadores de desidentificación, es decir, operadores de separación entre identidades y propiedades. El *dèmos* es «el partido de los pobres», pero el partido de los pobres es el partido de la gente de nada, de la gente que no tiene la «cualidad» para ocuparse de los asuntos comunes y que, no obstante, se ocupa de ellos. La lógica de la dominación consiste en que gobiernen los que tienen las propiedades que los califican para gobernar, propiedades verificadas por el hecho de que gobiernan (círculo de dominación que quedó de nuevo manifiesto en una reciente elección presidencial por la oposición entre «candidatos de gobierno» y «candidatos de protesta»). *Dèmos* significa, al contrario, gobierno de los que no tienen nada en común sino la ausencia de tales propiedades. Esto es lo que significa «parte de los sin parte». La lucha de clases no es una lucha entre partes de la comunidad, sino entre dos formas de comunidad: la comunidad policial que tiende a saturar la relación de los cuerpos y de las significaciones, de las partes, de los lugares, de las destinaciones, y la comunidad política que reabre los intervalos separando los nombres de sujetos y sus modos de manifestación de los cuerpos sociales y sus propiedades.

La palabra «pueblo» parece cada vez más sospechosa y su uso parece reservado actualmente a una identificación étnica. O, si no, remite de manera nostálgica a una versión revolucionaria de levantamiento popular. Sin embargo, usted declara que «el pueblo siempre toma figura en el momento mismo en que es declarado caduco». Si ya no es el pueblo soberano ni el proletariado en marcha, ¿a qué corresponde hoy, en Francia o en lo que se llama la globalización?

No sé si el pueblo es más sospechoso que la comunidad. En cualquier caso, no tomo pueblo como un concepto unitario. Una forma de subjetivación define una figura de pueblo que está hecha, a su vez, de la tensión entre varios pueblos. En un principio, hay dos pueblos opuestos. Está el pueblo como *ethnos*, como consistencia colectiva de los que tienen un mismo origen, una misma sangre, un mismo dios, etcétera. Y está también el pueblo como *dèmos*, es decir, como división del *ethnos*, como suplemento respecto a todo recuento de las partes de la colectividad. Cuando digo que el pueblo «siempre toma figura», lo que quiero decir es que, cuando el *dèmos* se borra, el *ethnos* vuelve a la superficie. Dicho esto, el *dèmos* mismo toma figuras diversas y contradictorias. Ha habido figuras de subjetivación fuertes como el pueblo revolucionario o el proletariado. Pero estas mismas figuras, habitadas por la homonimia, siempre se han visto atravesadas por la contradicción. Siempre ha habido varios pueblos en el pueblo y varios proletariados en el proletariado. Identificación y desidentificación no han dejado de entremezclar sus razones y las figuras de subjetivación se han visto amenazadas constantemente por una recaída en la sustanciación identitaria.

La globalización no tiene, desde este punto de vista, un efecto unívoco. Algunos querrían ver ahí la oportunidad de multitudes nómadas que hacen explotar el Imperio. Pero sabemos que la globalización misma ha provocado de igual manera retornos masivos al identitarismo. Es como poner este identitarismo a cuenta de las «víctimas» o de los «retrasados» de la modernidad. Pero, en esta misma cuenta de víctimas o retrasados de la modernidad, habría que incluir en primer lugar a Estados Unidos, cuya dominación mundial se apoya en un enconado refuerzo del identitarismo, a riesgo de pasar por el reconocimiento de la pluralidad de subidentidades. En los Estados de la «vieja Europa», en cambio, el pueblo tiende a desustanciarse de manera extrema, a distribuirse en figuras de subjetivación débiles (entiéndase: débiles en poder de reunión) como, por ejemplo, el *nosotros* de «Todos nosotros somos hijos de inmigrantes», lo cual cumple la función desidentificadora que responde a la figura exclusiva de la comunidad nacional, sin dar rostro ni historia a esta comunidad de rechazo. En oposición a las grandes figuras de incorporación del pasado que siempre estaban al borde de una reincorporación identitaria, los predicados que dibujan la figura del *dèmos* tienden a volverse demasiado poco consistentes. La parte de los sin parte suele simbolizarse ahí en la mera negatividad de los «sin». Por ello, asimismo, el rechazo pasa a identificarse fácilmente con cierto tipo de resurgimiento del *ethnos*.

Lenguaje y representaciones de la comunidad

Mediante el estudio de varios proyectos literarios, asociados a nombres de poetas y novelistas inventores, usted ha considerado la ambición de crear «una lengua nueva para el nuevo cuerpo de la comunidad» y ha mostrado la contrariedad inherente al trabajo de escritura que no puede modelarse a partir del «canto llano» comunitario. ¿Vienen estas diso-

nancias de una esencia de la literatura? ¿De una contradicción interna al lenguaje?

Esas disonancias vienen tanto de la una como de la otra. El lenguaje no vive sino de la separación entre las palabras y las cosas. Es decir, que vive de suscitar y decepcionar constantemente el fantasma de su adecuación. Este fantasma adquiere toda su fuerza cuando se deshacen las reglas admitidas de correspondencia entre estados de cosas o de cuerpos y significaciones. Y la literatura significa precisamente la defección de tal sistema de signos y reglas de interpretación, a saber, del sistema representativo que asignaba a cada matiz de sentimiento un matiz de expresión y a cada rasgo expresivo, una significación. El orden representativo mantiene las palabras y las cosas en su correspondencia a distancia por la mediación de un cuerpo de expresión privilegiado. Frente a esto, el lenguaje literario no es un lenguaje autonomizado o intransitivo. Es un lenguaje cuyo funcionamiento ya no está orientado por tal sistema de mediaciones. Se pone entonces a viajar entre un polo de subsignificaciones y un polo de sobresignificaciones. Por un lado, las palabras son huérfanas de toda relación con un cuerpo de expresión definido, afectadas por la pasividad de cosas sin significación. Por el otro, llevan su significación en su cuerpo y se inscriben en un universo en el que las cosas mismas hablan, llevan en su cuerpo los jeroglíficos de su significación. La literatura tiende entonces a convertirse en el desciframiento de los signos escritos por todas partes en el cuerpo de las cosas y de la lengua. La literatura sueña con el cuerpo glorioso de una comunidad que haya despertado la fuerza de historia y el poder de comunidad que permanecen aletargados en todos esos signos. Rimbaud es, evidentemente, un caso ejemplar de ese sueño como también de su decepción. El canto glorioso de la nueva comunidad reclama una alquimia que forje un verbo accesible a todos los sentidos. Pero, para forjar ese verbo, no hay sino trastos de anticuario: insignias idiotas, latín de iglesia, libros eróticos sin ortografía... Para dar consistencia al comunismo de la lengua, solo existe la democracia de las palabras. Pero esta misma democracia resucita constantemente la nostalgia del cuerpo comunitario en el que las palabras serían los jeroglíficos de la historia común, los tonos y los ritmos de la comunidad en marcha...

¿En qué medida lo que usted llama palabras-isla, las cuales contravienen su utilización reglada en una comunidad identificada, producen «espacios insulares de otra comunidad»? ¿Y por qué designa usted este espaciamiento mediante la palabra «democracia»? ¿En qué se basa para invocar la disponibilidad de palabras repentinamente descargadas de sus empleos comunitarios y de un dèmos que se apoderaría de ellas libremente?

Siempre hay demasiadas palabras y demasiadas significaciones disponibles en las palabras como para que los estados de cuerpos y los estados de significación coincidan sin resto alguno. El *dèmos* no es un ave rapaz al acecho de todas las palabras disponibles. *Dèmos* es, de entrada, una palabra de ese tipo. No hay nada en la palabra *«dèmos»* que la destine a convertirse en un nombre privilegiado de la comunidad. Un demo es, de entrada, el nombre de una circunscripción territorial. Se convirtió en un nombre político cuando, con la reforma de Clístenes, al reconstituir las tribus atenienses con los demos separados espacialmente, un demo pasó a ser algo diferente de un demo; esto es, cuando la topografía de la comunidad política se separó de la topografía de la dominación encarnada en la distribución territorial en torno a los propietarios ricos.

La democracia es, ante todo, un espaciamiento verbal y espacial al mismo tiempo. No es el tejido continuo de una adherencia común. Es un tejido lacunario y evolutivo que incorpora «espaciadores» nuevos que hacen que ciertas palabras pasen de un registro a otro. Esto es lo que sucede en los siglos XVI y XVII, cuando las palabras de la predicación religiosa o las de la retórica antigua se revistieron de significación política; cuando, ante la desesperación de Hobbes, el significante «tirano» pasó a estar disponible para calificar a los reyes; o cuando, más tarde, la palabra «proletario» se arrancó de la antigüedad de las Doce Tablas para calificar a los que están privados de derechos políticos; o cuando los manifestantes alemanes del Este retomaron la palabra «*Volk*» del léxico oficial convirtiéndola en el nombre de aquellos que desfilan detrás de una bandera, etcétera. El proceso se realiza continuamente, por supuesto, en ambos sentidos. Los espaciadores –pueblo, nación, proletario, ciudadano...– se convierten en nuevos identificadores. Pero este proceso nunca es irreversible. Y la política se pone en juego en la línea de reparto entre identificación y espaciamiento.

Usted discrepa de la oposición convencionalmente establecida entre arte representativo y arte puro, mostrando especialmente que el relato representativo contiene elementos antirrepresentativos o que, inversamente, la imagen cinematográfica nunca suspende completamente la narración. De modo que relativiza de esta manera el ideal flaubertiano del libro sobre nada, como también ha puesto en cuestión la distinción sartriana entre poesía reflexiva y poesía transitiva. No obstante, usted no evoca el inmenso trabajo de Sartre en El idiota de la familia, *que estudia la literalidad como una empresa de irrealización cuyas razones son subjetivas y, al mismo tiempo, históricas. ¿Le parece pertinente ese análisis de Sartre, o el análisis más sociológico de Bourdieu que insiste en* La educación sentimental *más que en* Madame Bovary, *para restituir tales proyectos literarios en su contexto sociohistórico?*

Sartre agotó sus fuerzas resolviendo un problema que él mismo había creado. Ante la poesía, de la cual afirma que utiliza las palabras como colores, considera el lenguaje literario como un lenguaje prosaico que concierne directamente a las significaciones. Por ello, debe preguntarse por qué razón los grandes prosistas de la época literaria renegaron de esta vocación comunicativa de la prosa, utilizando la indiferencia de los signos para oscurecer la lengua. Debe entonces construir la conjunción de una neurosis propia de la época y de una neurosis subjetiva para explicar, en el caso de Flaubert, esta perversión del medio literario como fin en sí mismo. Sartre pone en paralelo el proceso psicológico de un devenir-pasivo en el benjamín de los Flaubert con un nihilismo de los escritores que se separan de la escena política después de 1848 y contribuyen, mediante su tarea de petrificación del lenguaje, a la gran tarea nihilista de una burguesía que intenta oponerse al desarrollo de las fuerzas productivas porque en ese desarrollo veía su muerte anunciada. Sartre añade entonces su reconstrucción fantasmática de las sensaciones del pequeño Gustave Flaubert a la fantasmagoría de la explicación marxiana del golpe de Estado de Louis-Napoleon Bonaparte.

Detrás de todo esto, está el peso de las oposiciones tradicionales: romanticismo y realismo, el arte por el arte y el arte comprometido, etcétera. Ahora bien, la política de la literatura anula por adelantado este tipo de oposiciones. El pretendido «arte por el arte» es el arte que suspende las funciones comunicativas y las jerarquías analógicas del universo representativo. Así pues, es el mismo proceso de emancipación que hace que la literatura sea autónoma y que la convierte en la expresión de cierta política. Por su parte, los reaccionarios contemporáneos de Flaubert no se equivocaron: para ellos, el libro sobre nada era la democracia en literatura, la encarnación literaria del poder de la gente de nada. Renunciar a cualquier forma de mensaje, revocar la primacía de la narración con respecto a la descripción, abolir en la indiferencia del estilo las diferencias de estatuto de los personajes o las diferencias de importancia de los episodios, ahogar las significaciones en la igualdad de las percepciones en las que se pierde la diferencia misma de los hombres y de las cosas, todo esto era para ellos el triunfo de la democracia. No tenemos por qué ratificar su diagnóstico tal cual, aunque sí debe reconocerse, en el extremo opuesto respecto a la *doxa* de Tocqueville, que hay varias democracias, que la democracia literaria tiene sus propias vías, las cuales cruzan a su vez las vías de la democracia política en ciertos puntos de encuentro que no podremos de ninguna manera advertir si –como también hace Bourdieu– se construye un dispositivo explicativo entre referentes histórico-políticos y oposiciones de manuales literarios que no se ponen, ni los unos ni los otros, en cuestión. La «democracia literaria» conspira con el otro en su trabajo de desidentificación y desjerarquización. Pero conduce ese trabajo hasta al punto de la desubjetivación, en el que deslegitima el espacio mismo de construcción de las subjetivaciones democráticas. La igualdad literaria alcanza un nivel en el que arruina las jerarquías oligárquicas y, al mismo tiempo, el plan de igualdad de la democracia política. Por ello, la búsqueda de un principio simple de correspondencia o de oposición entre literatura y democracia está destinada al fracaso.

Políticas de la comunidad

Usted distingue la «policía», ejercicio del poder y gestión de los intereses y de los lugares, de la «política», ruptura de un orden sensible e introducción de algo inconmensurable en el seno de la comunidad. ¿Cómo se manifiesta hoy esta irrupción de una trascuenta, este descubrimiento efectivo de una contingencia del orden social?

Todo depende evidentemente de la determinación de la secuencia temporal específica definida por el «hoy». Quienes vivieron el 68 tuvieron efectivamente la experiencia de un derrumbamiento instantáneo de todas las necesidades —tanto de la necesidad de la dominación como de la necesidad de un proceso histórico de emancipación—. La contingencia desigualitaria no puede, en última instancia, descansar en ningún otro fundamento que no sea la contingencia igualitaria que la niegue. Tal es el secreto de la política que se reveló, súbitamente, en ese momento. Esta relación entre dos contingencias es difícil de soportar. La gran restauración de los años ochenta fue, de entrada, la restauración de la necesidad —por ello no es contradictorio que fuera llevada a la práctica por socialistas, los únicos capaces de realizar, en torno a la abertura política no cerrada todavía, el giro que condujo de la necesidad sociológica a la necesidad económica—. Se intentó así desplazar la experiencia de la contingencia hacia los márgenes, concebidos entonces como espacios de transición, de indecisión o de situación-límite que la necesidad misma determina. Es así como la tensa relación política entre reglas de inclusión conflictivas se vio recodificada en el *hecho* de la exclusión, un hecho remitido a problemas de adaptación a la «modernidad» propio de clases en declive o de poblaciones venidas de las lejanas tierras de la tradición. Es a menudo en este tipo de situaciones fronterizas (inmigración, paro) donde la contingencia vuelve a hacer valer sus derechos. Por ejemplo, las luchas sobre la cuestión de los sin papeles vuelven a poner sobre la mesa la contingencia igualitaria del haber-nacido-aquí que antaño se opuso, bajo los nombres de pueblo, nación o proletariado, a las lógicas monárquicas u oligárquicas. Actualmente se oponen a las necesidades «sociológicas» de los umbrales de tolerancia y a las reglas de protección de los Estados ricos contra la «miseria del mundo». La «miseria» es ante todo la contingencia. Pero, evidentemente, este derecho de la contingencia siempre debe extraerse de la «lucha contra la exclusión», que es su traducción consensual. De igual manera, las luchas ocasionadas por el paro, por las reestructuraciones industriales o los ataques contra los sistemas de protección social siempre se encuentran atrapados entre las lógicas de reajuste del consenso y la lógica de la contingencia igualitaria.

Si la democracia no es asimilable a su policía legislativa e institucional, ¿mediante qué proceso pone en cuestión la distribución de los cuerpos en comunidad —teniendo en cuenta, además, que los puntos de utopía parecen estar ausentes?

No estoy seguro de que la utopía sea necesaria para poner en marcha la acción democrática. La relación es más bien la inversa. Es la acción democrática la que crea su horizonte utópico, de la misma manera que la democracia de las palabras suscita el comunismo de la lengua. La utopía es la voluntad de transformar las formas de desincorporación democrática en formas de un nuevo cuerpo colectivo. La distribución de los cuerpos en comunidad se pone en cuestión cada vez que los cuerpos afirman una capacidad y ocupan un lugar diferente del que les han asignado normalmente, cuando los conductores de transportes subterráneos se transforman en caminantes en las calles, cuando los agentes de una institución estatal o de una empresa industrial se consideran capaces de pensar no solo en su trabajo y en su salario, sino en el rol y en el funcionamiento de la una o de la otra, cuando los sin papeles no solo afirman su deseo de venir a trabajar donde no les esperan, sino también su capacidad de argumentar sobre su derecho a estar ahí y a exponer su cuerpo a una huelga de hambre, etcétera. Incluso al margen de toda perspectiva utópica, lo que está en juego en los conflictos que afectan a los sistemas de protección social es el conflicto reabierto constantemente a partir de la siguiente pregunta: ¿quién está considerado como capaz o incapaz de pensar en el porvenir común? ¿Y bajo qué formas, en qué lugares esa capacidad está o no está admitida?

La comunidad como disentimiento

Usted realiza un diagnóstico de una posdemocracia que habría absorbido los intervalos, los espaciamientos entre los cuales se introducen las palabras-isla y los litigios políticos: reducida a juegos de intereses en los dispositivos estatales regulados, la política habría perdido su base restante. ¿Sigue usted manteniendo esta constatación ante los trastornos internacionales y las manifestaciones de resistencia frente a las lógicas que son distintas del imperialismo político y del liberalismo económico?

«Posdemocracia» era para mí un concepto polémico que denuncia la asimilación entre democracia y consenso. No era de ninguna manera la descripción de un momento histórico que sucede al momento histórico democrático. Intento precisamente separar los momentos de la política de toda teleología histórica y, así pues, de todo «fin de la política». Existe efectivamente esta lógica consensual que tiende a suprimir las condiciones mismas de la disensualidad política, a reducir los sujetos de la política a las partes de la sociedad y sus conflictos, a problemas relacionados con la especialización y la negociación. Esta lógica no es una fuerza histórica irresistible y encuentra, de hecho, disensos. La llevan a cabo los Estados que pretenden fundarla en las necesidades de la globalización. Esta pretensión se ve desmontada por dos lados: por los movimientos «sociales» que atacan a sus Estados, rechazando que se utilice la necesidad económica mundial para arruinar las conquistas igualitarias conocidas bajo el nombre de «conquistas sociales» *[acquis sociaux]*; y por el movimiento altermundialista que pretende atacar directamente al gobierno mundial en los diferentes casos en que toma cuerpo. Sin embargo, quizá estas dos oposiciones no dan lugar a *una* política –y con ello me refiero a una reconfiguración coherente de los datos sensibles propuesta por ese juego del escondite que se produce entre el gobierno mundial y los Estados nacionales. Esas oposiciones suelen definirse separadamente y, en última instancia, conflictivamente en la oposición de lo mundial y lo local, en la cual lo mundial aparece como la coartada de los asaltos estatales locales contra las conquistas igualitarias o, inversamente, las reacciones de defensa de esas conquistas aparecen como negación del carácter (en lo sucesivo) mundial de la dominación y de la lucha contra la dominación. La política tiende así a navegar con dificultades entre una suerte de infrapolítica nacional, centrada en el terreno que se llama social, y una especie de ultrapolítica que acaba reconstituyendo la oposición marxista entre la realidad de un mundo económico global de desarrollo de las fuerzas productivas y la pertenencia a escenas políticas nacionales.

Política y estética[1]

[con Peter Hallward]

Una de sus preocupaciones constantes es el análisis y la denuncia de toda posición de dominio y, especialmente, el dominio teórico del maestro, pedagógico, «académico». ¿Por qué se dedicó entonces a la enseñanza? ¿Cómo entró en la educación?

Entré en la educación de manera un poco automática porque estudié en la École Normale Supérieure (ENS), cuyo destino es efectivamente la enseñanza. Soy de entrada estudiante, pertenezco a esas personas que son estudiantes perpetuos y cuyo destino profesional es, en consecuencia, enseñar a los otros. Y quien dice enseñanza quiere decir evidentemente cierta posición de dominio, quien dice investigador quiere decir también de alguna manera cierta posición de conocedor, quien dice profesor-investigador quiere decir la idea de profesor que adecua una posición de dominio institucional a una posición de dominación arraigada en el saber.

---

1. «Politique et esthétique: un entretien avec Jacques Rancière», entrevista realizada por Peter Hallward. Texto francés establecido para la presente edición por Jacques Rancière. Publicada una versión en lengua inglesa en *Angelaki* 2/8 (agosto de 2003), págs. 191-211.

Empecé inmerso en el ambiente althusseriano y, por tanto, en la idea de una forma de autoridad específicamente ligada al saber. Pero también estuve vinculado al periodo de 1968 y, por tanto, a la puesta en cuestión de esta unión entre la posición de maestro y la del que sabe. Pasé por todo ello con una mentalidad, fundamentalmente, de *investigador:* me considero ante todo como alguien que investiga y que informa a los otros de sus investigaciones. Esto significa, por ejemplo, que, como profesor, siempre he resistido a la división en niveles. En la Universidad de París VIII, no había niveles en el Departamento de Filosofía y siempre me he esforzado en mantener esta ausencia de separación entre niveles. Así pues, he tenido a menudo en mis clases a personas de niveles muy diferentes, siempre con la idea de que, con mi palabra, cada uno hacía lo que podía o quería.

Supongo que esta primera decisión, que le llevó a seguir la vía de la enseñanza y de la investigación, la tomó a los 15-16 años: ¿era algo que venía impuesto por su ambiente?

Cuando era niño, quería estudiar en la ENS porque quería ser arqueólogo. Sin embargo, cuando entré después en la ENS, esa vocación de arqueólogo ya me había abandonado. Hay que decir también que era una época en la que, para la gente como yo, tampoco había muchas opciones: o eras bueno en letras o eras bueno en ciencias. Si eras bueno en letras, entonces te ponías como objetivo entrar en el súmmum de este ámbito, es decir, la ENS. Así fue como me encontré ahí, pero nunca lo hice por tener vocación de profesor.

Y su adhesión inicial a Louis Althusser, ¿era una verdadera conversión o bien el resultado de un interés teórico? ¿Qué sucedió en ese momento?

Sucedieron muchas cosas. Por una parte, estaba mi interés por el marxismo, que no pertenecía para nada al mundo en que yo había sido educado. Antes de Althusser, el interés por el marxismo en personas como yo pasaba por ciertas vías un poco heterodoxas. La gente que había escrito libros sobre Marx, las referencias sobre Marx en aquella época, eran curas, como el padre Calvez, que había escrito un gran libro sobre el pensamiento de Marx, o bien gente como Sartre. Así pues, llegué al marxismo con una especie de corpus marxiano que no era para nada el corpus de alguien que hubiera pertenecido a la tradición comunista, pero era una vía de acceso a Marx en una época en la que Marx no estaba presente en la Universidad, una época en la que la teoría no estaba muy desarrollada en el seno del PCF.

Althusser supuso una ruptura frente a todo esto. Algunas personas me hablaron de Althusser cuando entré en la Escuela, diciéndome: «Es genial». Althusser proponía efectivamente una forma de ruptura con ese marxismo humanista que era el medio en el que se aprendía a conocer a Marx en esa época. Por tanto, era, por supuesto, algo entusiasmante porque Althusser era ante todo un seductor; pero era también una especie de trabajo contra sí porque adherirse al pensamiento althusseriano significaba romper con el tipo de marxismo que yo había conocido, que empezaba a conocer, y romper también con todas las formas de pensamiento que están en el fondo bastante alejadas de ese tipo de compromiso teórico.

Supongo que sería demasiado fácil decir que Althusser era el profesor, mientras que Sartre era otra cosa, ni investigador, ni profesor, sino escritor o intelectual...

No sé si puede llamarse a Althusser «profesor». De hecho, enseñó bastante poco y, a pesar de ello, seducía mediante la palabra, ya fuera oral o la de ciertos textos escritos. Era como el cura de cierta religión del rigor marxista o de retorno al texto. Pero, en el fondo, no se trataba en ningún caso del rigor del profesor, sino que era más bien algo así como el entusiasmo por un habla que decía que existía todo un terreno virgen por descifrar. Esta era un poco la tarea de leer *El Capital,* a saber, la idea completamente ingenua de que éramos una especie de pioneros, de que nadie había leído a Marx verdaderamente y de que nosotros estábamos empezando a leerlo.

Así pues, cabe destacar dos aspectos cuando se habla de Althusser. Por un lado, había un aspecto que consistía en partir un poco a la aventura; para el seminario sobre *El Capital,* yo tenía que hablar, tenía que explicar a la gente lo que era la racionalidad de *El Capital* que todavía no había leído. Así pues, corría y corría para leer los libros de *El Capital* y poder hablar a los otros de ellos. Hubo entonces este aspecto de aventura y, por otro lado, había algo más: esa especie de posición de pionero nos colocaba en la posición de autoridad de los que saben e instituía una especie de autoridad de la teoría, autoridad de los conocedores, en medio del eclecticismo político. En definitiva, había al mismo tiempo un lado de aventura y otro dogmático que se conjugaban: aventura de la teoría y dogmatismo de la teoría.

Y usted ha conservado más bien el aspecto pionero. ¿Se produjo la ruptura con Althusser en los acontecimientos de Mayo del 68? ¿Qué pasó exactamente?

Para mí, el momento esencial no fueron los acontecimientos de Mayo del 68, que vi bastante de lejos, sino más bien la creación de París VIII, ya que, en el momento de la creación de ese departamento de filosofía en el que había muchos althusserianos, la cuestión era saber lo que íbamos a hacer. En ese momento, me di cuenta de que Althusser representaba cierto poder del profesor, del profesor de marxismo que estaba tan alejado de lo que habíamos visto aparecer en los movimientos de estudiantes y en los movimientos sociales que la situación pasaba a tener un aspecto ridículo. En ese momento, lo que me hizo reaccionar fue sobre todo un programa para el departamento que había redactado Étienne Balibar, un programa para enseñar la práctica teórica tal y como tenía que ser. Me enfrenté bastante duramente a ese programa y, a partir de ese momento, desarrollé toda una reflexión retrospectiva sobre ese dogmatismo de la teoría, sobre esa posición de conocedores que se había adoptado.

Así es, en definitiva, como todo empezó para mí: no tanto en el choque que supuso 1968, sino en los efectos posteriores. Es decir, en el momento en que se creaba la institución y, en cierto sentido, todos éramos los maestros. Se trataba entonces de saber lo que íbamos a hacer, cómo íbamos a gestionar ese dominio institucional, si íbamos o no a identificarlo con la transmisión de la ciencia.

¿Cómo funcionaba París VIII? ¿Cómo se conjugó el aspecto bastante anárquico de la enseñanza igualitaria y la necesidad institucional de verificar las calificaciones, los certificados, etcétera?

En esa época, yo mantenía una posición que no se apoyaba en una reflexión precisa sobre una práctica pedagógica diferente. Había tachado de mi lista la filosofía, la enseñanza de la filosofía y la práctica universitaria. Lo que me parecía importante era la práctica política directa y, en consecuencia, durante cierto tiempo, desdeñé reflexionar y considerar que estaba creando una nueva pedagogía o un nuevo tipo de saber. Todo ello estaba relacionado con el hecho de que el diploma de filosofía de París VIII quedó rápidamente invalidado. Ya no se otorgaba el diploma nacional, de modo que no teníamos que preocuparnos de los criterios de concesión. En consecuencia, durante bastante tiempo, no me ocupé de repensar la pedagogía: pensaba de entrada en la práctica militante y, luego, cuando puse esta misma práctica en cuestión, en mi práctica como investigador. Durante bastantes años mi actividad esencial consistía en ir a consultar los archivos e ir a la Biblioteca Nacional. La práctica docente me ocupaba poco tiempo.

¿Procedían los cursos de manera normal, es decir, como cursos magistrales?

No siempre. Podía variar: había cursos magistrales, pero también había cursos que tomaban la forma de conversación, de intervención.

La lección de Althusser (1974) insiste en la urgencia del momento; era un momento en el que parecía que muchas cosas eran posibles, un momento en el que el marxismo todavía podía presentarse como un pensamiento de victoria inminente. Cuando usted empezó a trabajar sobre el siglo XIX y sobre el pensamiento proletario de los años 1830-1840, ¿se trataba en parte de una especie de compensación por la derrota en el momento presente?

No lo creo. Al principio se trataba más bien de un trabajo un tanto ingenuo que consistía en comprender lo que había sido aquello, comprender lo que designaban las palabras «movimiento obrero», «conciencia de clase», «pensamiento obrero», y otras. Estaba claro, en el fondo, que el marxismo que habíamos aprendido en la Escuela o el que habíamos visto que practicaban las organizaciones marxistas distaba mucho de la realidad de las formas de lucha o de las formas de conciencia. Quise entonces establecer la genealogía de esa distancia.

¿A partir del momento justo antes de Marx?

Política y estética

Partiendo del momento presente, de 1968, de lo que habían revelado como inapropiado el PCF o el althusserismo y, más generalmente, los movimientos de izquierda, mi propósito consistía en rehacer algo así como la genealogía de un siglo y medio y, en particular, remontar hasta el momento del nacimiento del marxismo para intentar identificar las distancias entre el marxismo y lo que habría podido ser una tradición obrera diferente. Con bastante rapidez, este proyecto quedó aplazado. Al principio, se trataba de una especie de investigación de un verdadero pensamiento obrero o de un verdadero movimiento obrero. De modo que, en el fondo, era una perspectiva relativamente identitaria en relación con el marxismo. A ello se añadió que, cuanto más trabajaba, más me daba cuenta de que lo que estaba en juego en todo ello era justamente una forma de movimiento que rompía con la idea misma de movimiento identitario. Es decir, «obrero» no era de entrada una condición fruto de una reflexión y manifestada en ciertas formas de conciencia y de acción, sino que era de entrada una forma de simbolización, un dispositivo de enunciación. Así pues, lo que me interesó fue reconstituir el universo que posibilitaba esas enunciaciones.

Muchos de sus contemporáneos abandonaron rápidamente el marxismo cuando llegaron a la conclusión de que pensar el proletariado —el proletariado en tanto que singular universal— parece conducir más o menos directamente al Gulag. Usted, en cambio, ha seguido pensando el proletariado, pero remontando hasta una especie de comienzo que parece excluir la posibilidad misma del Gulag. Sigue tratándose de un singular universal, pero de un singular que está de alguna manera ausente de sí mismo, un singular diferido, diferenciado.

Lo que me interesaba era, en el fondo, esa especie de doble movimiento. Primero, un movimiento de singularización, un movimiento que consiste en arrancarse de las propiedades características del ser obrero, de las formas enunciativas que se suponen propias de esa condición. Y, segundo, el hecho de que ese arrancarse crea formas de universalización, creaba formas de simbolización que constituyen también la positividad de una figura. Lo que me interesaba era ese juego entre negativización y positivización. Lo que me interesaba era pensarlo precisamente como una identificación imposible, puesto que la revolución intelectual que ahí se ponía en juego era, de entrada, un trabajo de desidentificación. Los proletarios en cuestión eran personas que intentaban constituirse a ellos mismos como seres hablantes, como seres pensantes plenamente. Pero esta tentativa de romper las barreras entre los que pensaban y los que no pensaban era necesariamente, al mismo tiempo, la constitución de una especie de simbólico común, amenazado constantemente por una nueva positivización. Así pues, no podía decirse que había existido en algún lugar un auténtico movimiento obrero que habría podido escapar de toda forma de positivización, de degradaciones diversas.

Quise mostrar que esas formas de subjetivación, de desidentificación, siempre estaban acechadas por el riesgo de recaer en una positivización identitaria: bajo la forma de concepción corporativa de clase o de constitución de un cuerpo glorioso de la comunidad de productores. No se trataba, por tanto, de oponer algo que habría sido un verdadero proletario al proletario de los marxistas o al de la degeneración corporativista, sino de mostrar cómo esa figura de subjetivación es una figura constantemente inestable, atrapada permanentemente de alguna manera entre el trabajo de desincorporación simbólica y la constitución de nuevos cuerpos.

Usted presenta a veces la práctica política como una especie de innovación ex nihilo, *como la constitución de un nuevo mundo, incluso si se trata de un mundo extremadamente frágil, incierto o efímero. ¿No habría que pensar la innovación política con sus condiciones de posibilidad, es decir, por el lado de la política, el papel que desempeñan las instituciones cívicas, las organizaciones del Estado, el espacio público abierto, en Atenas, en Francia, por la instauración de la República, etcétera; y, por el lado lingüístico, la condición preliminar de una igualdad de las competencias, de un verdadero reparto simbólico, justamente? Supongo que estas serían las objeciones de un pensador en la línea de Habermas. En resumen, ¿qué viene antes, el pueblo o el ciudadano?*

No sé si podemos afirmar que una cosa viene antes que la otra, puesto que las cosas actúan mucho por retroacción. Hay una inscripción ciudadana porque hay un movimiento que fuerza esta inscripción, pero el movimiento que fuerza esta inscripción es un movimiento que precisamente siempre se refiere, más o menos, a una especie de *preinscripción*. Los hombres libres e iguales en derechos ya siempre deben existir para poder ser proclamados y para que pueda forzarse su inscripción legal, pero yo diría que esta igualdad o esta libertad de derecho no produce nada por ella misma. Esta inscripción es algo en la medida en que define una posibilidad, en la medida en que hay un movimiento efectivo que puede arraigarse y que puede, por tanto, dar actualidad a esa forma de retroacción.

Así pues, para mí, la pregunta «¿Podemos remontar a los orígenes?» no da pie a esperanza alguna. Si consideramos la democracia moderna, está claro que funciona recurriendo a una inscripción antecedente. Siempre hay una inscripción detrás, ya sea la inscripción de 1789, la revolución estadounidense o la inglesa, el cristianismo, las ciudades antiguas u otras similares. En consecuencia, el problema no tiene solución. Respecto al origen de los orígenes, podemos concebirlo de diversas maneras. Puede ser una antropología originaria de lo político, pero debo confesar que no me siento ni con la fuerza ni con las armas necesarias para llevarla a cabo. Una condición trascendental. Pero esta condición trascendental solo funciona, para mí, en un proceso de demostración retroactiva. No tengo una respuesta en términos de origen efectivo real y no creo que podamos enunciar algo como una condición trascendental para que haya pueblo en general.

No obstante, usted insiste en el postulado de la igualdad que existe cuando la gente habla, cuando la gente se considera igual en tanto que gente que habla. Pero ¿no establece esta igualdad, al mismo tiempo, las condiciones de una desigualdad entre los que hablan mejor o peor? Siempre se da una igualdad abstracta entre los jugadores que participan en un mismo juego y que obedecen a las mismas reglas; sin embargo, ello no impide que haya vencedores y vencidos. ¿Se trata de una verdadera igualdad o, más bien, de una especie de inclusión presupuesta en toda participación en un juego y, por tanto, de una simple similitud formal?

No se trata simplemente de una similitud formal. Es la necesidad de un mínimo de igualdad de competencia para que el juego sea jugable. Es un poco lo que dije en El desacuerdo retomando a Jacotot, es decir, que es necesario un nivel de igualdad lingüística mínimo para que la orden sea transmitida y ejecutada. Este es el problema que atormenta a Aristóteles: es necesario que el esclavo entienda lo que se le dice. Aristóteles lo soluciona diciendo que el esclavo participa del lenguaje bajo el modo de la comprensión, pero no bajo el modo de la posesión. Distingue una especie de sentido fuerte de *posesión* del lenguaje, opuesto a su simple uso. Pero ¿qué es esa posesión, esa *hexis* que se opone en Aristóteles al simple hecho de comprender? Es una pregunta que Aristóteles no responde.

No comparto el irenismo del lenguaje como una especie de patrimonio común que nos permitiría a todos ser iguales. Lo que afirmo simplemente es que los juegos de lenguaje, y especialmente los juegos de lenguaje que instituyen una dependencia, suponen un mínimo de igualdad de competencia para que la desigualdad misma funcione. Esto es todo lo que estoy diciendo. Pero no justamente para fundar la igualdad, sino para mostrar precisamente que esa igualdad solo funciona de manera polémica. Si esa igualdad es trascendental, este trascendental no tiene ninguna consistencia que no sea en los actos que manifiestan su eficacia.

¿No hay acaso un aspecto casi trascendental –o en cualquier caso transhistórico– en la idea de que el agente político, el agente universal, esté siempre del lado de los que no están contados en la organización social, del lado de los que no se incluyen en la totalidad y, por tanto, de los que constituyen una parte de los que no tienen parte y se afirman como encarnación del interés universal?¿Son los ejemplos que usted trata (la democracia en Atenas, 1789, la singularidad proletaria, etcétera) las instancias de una regla general? ¿Por qué la política solo puede proceder cuando hay afirmación de la universalidad de los excluidos? ¿Y qué es lo que le permite tener la esperanza de que esa será la regla de los conflictos políticos de hoy o de mañana? En Estados Unidos, por ejemplo, están tan encerrados entre el poder abstracto del mercado y las diferentes protestas comunitarias o identitarias que es muy difícil concebir un verdadero pensamiento de lo universal.

No se trata de una cuestión de esperanza, es una cuestión de definición de lo que puede llamarse política. Lo que afirmo es simplemente que hay muchos tipos de formas de gobierno, que hay muchos tipos de formas de dominación, de modos de gestión y que, si la política tiene algún sentido –y un sentido que podamos descifrar a través de todo lo que se ha intentado elaborar como lo específico de lo político–, creo que es precisamente este: que hay un todo que se constituye de una manera que no es la colección de las partes existentes. Para mí, esta es la condición para poder hablar de política. Ello no impide que haya Estados, comunidades, colectividades que funcionen según lógicas diferentes. Hay que distinguir de la generalidad de las formas de reunión, de gobierno y de dominación, esa forma muy específica en la que la capacidad del poder viene atribuida a los que no tienen ninguna capacidad *particular* para ejercerlo, en la que la cuenta total se disocia de toda concepción orgánica.

Creo, en efecto, que Estados Unidos es una comunidad muy poco política. Lo cual no significa que no haya conflictos. Pero existe todo un sistema de estructuración del estar juntos que no solo está pensada, sino también practicada de manera masiva en términos de pertenencia, fundada eventualmente en subpertenencias, en términos de propiedades y de derechos vinculados a esas pertenencias, etcétera. Todo ello define, para mí, una concepción ética, no política, de la comunidad. Esta concepción no tiene necesariamente consecuencias catastróficas, aunque sí las tenga, para mí, en Estados Unidos actualmente. Para mí, es una cuestión de definición. Una comunidad es política cuando autoriza formas de subjetivación de los no-contados. Ello no implica que haya una categoría visible que se identifique como «los excluidos» y que quiera identificarla con la comunidad –en tal caso, recaeríamos en la «ética»–. Lo que digo simplemente es que, cuando hay una simbolización propiamente política de la comunidad, tal simbolización se basa en última instancia en eso. La desigualdad surte efecto, primero, bajo la forma de una trascuenta, de una desigualdad de la comunidad consigo misma. Ahora bien, ¿puede haber aún política? Yo diría que, a mi entender, siempre puede haber política, no hay razón para que no haya. Otra cosa es saber si habrá o no efectivamente. A este respecto, no comparto evidentemente el pesimismo, sino la tristeza que usted mismo manifiesta respecto al estado actual de los asuntos públicos.

Ha habido a menudo, en las luchas anticoloniales, en la lucha por los derechos civiles en Estados Unidos, un momento universalista tal y como usted lo concibe. Con frecuencia ese momento no ha durado y muchos estadounidenses dirían que había buenas razones para, por decirlo así, desplazarse de Martin Luther King a Malcolm X; es decir, que en las circunstancias reales de la lucha la verdadera decisión era adoptar una especie de particularismo militante o aceptar el cese efectivo de la lucha.

No soy asesor de los movimientos políticos estadounidenses, y menos de los pasados. Creo fundamentalmente que siempre hay una ambigüedad, que siempre existe el riesgo de una captación. O bien uno se ve captado por lo universal que es lo universal de los otros —es decir, que se confía en una idea de la ciudadanía, de la igualdad tal y como funciona en la sociedad que, de hecho, te la rechaza–, o bien se piensa que hay que denunciar radicalmente esta separación, lo cual significa también constituir lógicas que son lógicas identitarias. En ese momento, lo que se pueda obtener se obtendrá en tanto que manifiesta las cualidades de esa pertenencia. Creo que es muy difícil, pero que la política es la posibilidad de rechazar el dilema, de poner en tensión lo universal: de llevar lo universal de los otros, así como la propia particularidad, al punto en que cada uno de ellos se contradice. Es la posibilidad de articular la violencia simbólica de una separación con una reivindicación de universalidad. Siempre existe el doble riesgo de lo que se llama el liberalismo, es decir, de hecho, el riesgo de la sumisión a lo universal tal y como lo formula la dominación, o bien el riesgo de la constitución identitaria producida por la ruptura del funcionamiento de ese universal. Lo único que puede decirse es que no ha habido ningún movimiento que haya podido conjugar completamente los dos.

Su idea de la democracia, ¿presupone la democracia tal y como ha existido supuestamente desde hace siglos, es decir, con el lugar del poder vacío, en principio, y por ello disponible de vez en cuando para figuras excepcionales del interés universal?

No creo que el lugar del poder esté vacío. No vinculo la democracia a ese tema, al lugar del poder vacío, como hace Claude Lefort. La democracia no es, de entrada, una forma de poder o una forma de vacío del poder —es decir, una forma de *simbolización* del poder político–. Para mí, la democracia no es una forma de poder, sino que es la existencia misma de la política en la medida en que la política se separa de la cuestión de saber quién tiene derecho a ocupar el poder o cómo ocupar el poder, puesto que ello define precisamente un poder paradójico, una forma de poder que no funciona según las legitimidades existentes para ocupar un lugar en función de las propias competencias. De entrada, la democracia es una práctica, lo cual implica que las mismas instituciones de poder pueden venir o no acompañadas de una vida democrática. Las formas mismas de poderes parlamentarios, de marcos institucionales, pueden dar lugar a una vida democrática —es decir, a una subjetivación de la distancia entre dos recuentos de la comunidad—, o pueden funcionar simplemente como instrumentos de reproducción de un poder oligárquico.

¿No se trata, ante todo, de una cuestión de poder? Es un poco la objeción que le lanza Slavoj Žižek en El espinoso sujeto,[2] *que usted pone condiciones imposibles, ideales, a la práctica política y que, por tanto, finalmente no se «mancha las manos». ¿Cómo organizar una verdadera movilización popular sin pasar por el poder, por el partido, por la autoridad, etcétera?*

Yo no digo que no haga falta ningún poder. No predico en favor de la espontaneidad y contra la organización. Siempre hay formas

---

2. S. Žižek, *The Ticklist Subject: the Absent Center of Political Ontology*, Londres/Nueva York, Verso, 1999 [vers. cast.: *El espinoso sujeto: el centro ausente de la ontología política*, trad. de Jorge Piatigorsky, Buenos Aires, Paidós, 2001].

de organización y relaciones de autoridad que se instituyen. Que no me gusten las prácticas de poder y las formas de pensamiento que esas prácticas engendran es una cuestión personal secundaria. El problema esencial es teórico. Que la política tenga que habérselas con los poderes y los lleve a cabo no implica que política y poder se identifiquen. El punto esencial es que la política no puede definirse simplemente como la organización de la comunidad. No puede definirse como la ocupación del lugar de gobierno, lo cual no significa ni que la cuestión sobre ese lugar no exista ni que no tengamos que ocuparnos de ella. Lo propio de lo que llamo la policía es confundir las cosas. La política siempre es alternativa respecto a cualquier orden policial, sean cuales sean la organización, la forma y el valor de ese orden, sean cuales sean también las formas de poder que ella misma debe fabricar.

Pero, sin hablar del gobierno, ¿cómo pensar entonces la organización de la instancia política propiamente dicha —la insurrección de los excluidos, la movilización militante del interés universal, etcétera—? Es evidente que usted no es un pensador de partido. Así pues, ¿cómo hacer, cómo continuar una política sin partido que siga siendo una política militante? ¿Se trata de algo que deba reinventarse desde el interior de cada secuencia política?

No creo que haya reglas para la buena organización militante. Si las hubiera, creo que las habríamos aplicado y estaríamos ciertamente más lejos de lo que estamos hoy en día. Lo que yo puedo definir son formas de percepción, de enunciación. Y, respecto a las maneras en que las organizaciones se hacen cargo de ello, confieso que nunca he podido resistir ninguna de ellas durante mucho tiempo y que sé, no obstante, que tampoco tengo una propuesta mejor.

Al final de El desacuerdo, *creo que usted afirma que había un movimiento político en Francia, durante la guerra de Argelia, un movimiento de subversión que se distingue netamente de los movimientos de «simpatía» generalizada ante los recientes conflictos en Bosnia, Ruanda y Timor. ¿Podríamos decir que ahí empieza a aparecer un nuevo movimiento de ese tipo, un movimiento contra el agresor, en ciertas corrientes de opinión antiestadounidense, antiglobalización?*

Es difícil de definir actualmente. Vemos que, en efecto, existe el sueño de constituir un movimiento político que podría definirse directamente contra la dominación del capitalismo *internacional*. En realidad, hasta hoy no se ha definido ningún movimiento político contra el capital internacional. Siempre se ha definido en marcos nacionales, como la relación de pueblos concretos con sus Estados o, eventualmente, como relación a tres –tal era el caso de Argelia y, más generalmente, de las luchas antiimperialistas–. La escena nacional se desdoblaba en escena internacional y permitía figuras de recuento de los no-contados. Este juego a tres, esta causa *política* del otro, es precisamente lo que queda excluido hoy en día. Los movimientos antiglobalización quieren atacar directamente al capital como gobierno mundial. Pero es un gobierno que no es precisamente un gobierno, que no es un Estado y que no tiene, ni en su interior ni en su exterior, un «pueblo» que le sirva de referente y se ofrezca a una subjetivación. La noción de multitudes quiere responder a esa falta de referente para la subjetivación política. Pero, a fin de cuentas, tal noción se basa en una transposición del esquema económico marxiano: las fuerzas productivas que hacen explotar el envoltorio de las relaciones de producción. El capital es una instancia que escapa a la captación política. Y las grandes manifestaciones intentan, de hecho, llevarlo a la escena política a través de los instrumentos que podríamos llamar propiamente institucionales, policiales, de su funcionamiento.

Así pues, la idea de una relación directa de las multitudes con el Imperio me parece más bien esquivar el problema de constitución de una escena política mundial. No estoy del todo seguro de que se llegue algún día a una lucha directamente política anticapitalista. No creo que haya una política antiimperialista que no sea una política mediada por relaciones con Estados, poniendo en juego un interior y un exterior. Puede sentirse, además, que los movimientos antiglobalización y sus teóricos tienen ciertas dificultades para reaccionar ante las formas actuales del imperialismo como, por ejemplo, ante la política estadounidense surgida después del 11-S. Es evidente que, hoy en día, se ha producido cierta confusión en el juego. En la época de los grandes movimientos antiimperialistas contra la guerra de Vietnam, se tenía una percepción clara de quién era el agresor y quién el agredido; y se podía jugar con la contradicción evidente entre el discurso democrático interno y la agresión imperialista externa. O bien, cuando Estados Unidos apoyaba a una u otra dictadura en nombre de la lucha anticomunista, podía ponerse de manifiesto claramente la relación entre la lucha democrática proclamada y la realidad del apoyo a las dictaduras. Ahora bien, lo que ha caracterizado a la época surgida tras el 11-S es la eliminación de esas marcas propias de contradicción. La guerra de Afganistán aparecía directamente como una guerra del bien contra el mal. La contradicción entre interior y exterior, como entre las palabras y las cosas, se había desvanecido en esa especie de moralización general de la vida política. Lo que corresponde al reino planetario de la economía es una especie de reino planetario de la moral, en el cual la acción política tiene, finalmente, más dificultades para encontrar sus referentes.

Así pues, por el momento, ¿la mediación nacional es para usted esencial y operativa?

Creo, en efecto, que la mediación nacional sigue resultando operativa porque es ahí donde se pone en juego la relación entre una estructura de inclusión y lo que esta excluye. Si muchas cosas se ponen en juego en torno a los «sin», y especialmente en torno a los inmigrantes «sin papeles», es porque el caso de los sin papeles hace explotar la contradicción entre la afirmación de la libre circulación en un mundo sin fronteras y la práctica de una vigilancia en las fronteras, de una definición de categoría de personas que no pueden pasarlas. Así pues, creo que en todas partes se dan escenas específicas de contradicción entre la libre circulación y el encierro de poblaciones, y no se trata de ninguna manera de un gran movimiento nómada de multitudes contra el Imperio o de un juego central entre el sistema y sus periferias.

Una última pregunta sobre política. Usted afirma en una de sus obras que «el trabajo esencial de la política es la configuración de su propio espacio. Consiste en hacer ver el mundo de sus sujetos y sus operaciones. La esencia política es la manifestación del disenso, como presencia de dos mundos en uno solo».[3] *Usted quiere por encima de todo separar la acción política —toda instancia de disenso— de lo que llama el ámbito de la policía: el ámbito de la coordinación social, del gobierno... Pero ¿no hay que pensar la política en relación con la estructuración de la desigualdad social, que pasa a través de la enseñanza, la organización de la vida urbana, el mercado laboral...?*

Me está atribuyendo un pensamiento que es el de Badiou, y no el mío. Lo que yo afirmo es que hay efectivamente una definición propia de la política que separa la práctica política y la idea de comunidad política de todas las formas de negociación entre

---

3. Jacques Rancière, «Onze thèses sur la politique», curso impartido en Ljubljana el 4 de diciembre de 1996, publicado en *Filozofski Vestnik,* Ljubljana, 1997, retomado posteriormente bajo el título «Dix thèse sur la politique» en *Aux bords du politique,* París, La Fabrique, 1998 [vers. cast.: *En los bordes de lo político,* trad. de Alejandro Madrid, Buenos Aires, La Cebra, 2007].

los intereses de grupos sociales. En este sentido, afirmo que la política no es lo social. Pero lo que también afirmo es que lo «social», como configuración histórica, no es una especie de magma empírico, situacional, estatal, vergonzoso, un poco a la manera de Badiou, del que se sustraería el acto político. Lo que pienso, al contrario, es que lo social mismo es un ámbito complejo, que lo que llamamos «lo social» es una especie de mixto en el que vienen a cruzarse, por un lado, lógicas policiales de reparto de las partes entre grupos sociales pero también, por otro lado, formas de configuración de lo común que ponen en cuestión esas distribuciones de los espacios. Lo que se llama «conquistas sociales» nunca son solamente formas de redistribución de los ingresos nacionales, sino también maneras de reconfigurar lo común. En el fondo, en el ámbito de la política todo se decide a partir de cuestiones relacionadas con la distribución del espacio: ¿qué son esos lugares?, ¿cómo funcionan?, ¿por qué están ahí?, ¿quién puede ocuparlos?, ¿quién hace qué?... Por tanto, en este sentido, la acción política siempre se articula, para mí, en lo social, en el sentido de una distribución litigiosa de los lugares y de los papeles que se desempeñan. Siempre se trata de saber quién está cualificado para hablar de lo que es ese lugar, de lo que ahí se hace.

Así pues, pienso que constantemente se crea política en relación con cuestiones llamadas sociales en el sentido tradicional, que hay una política que atraviesa los movimientos de huelga, los movimientos sobre el trabajo, una política que se activa también a partir de cuestiones relacionadas con la educación. Y puede afirmarse que los grandes movimientos políticos que ha habido en Francia en los últimos 20 años se han articulado sobre cuestiones sociales que o bien son cuestiones de la escuela y de la Universidad, o bien cuestiones del estatuto de los asalariados, o bien cuestiones en torno a los sin papeles, a los parados; así pues, cuestiones en el fondo que se llaman sociales. Pero ¿qué significa social? Significa que, precisamente a partir de problemas institucionales (la escuela o la nacionalidad) o problemas de repartición del trabajo y de las riquezas (el empleo, las conquistas sociales), se definen ciertos asuntos que se refieren a la configuración de lo común. Pienso en los movimientos que ha podido haber en Francia, por ejemplo, en 1986 sobre la selección universitaria, o bien sobre las pensiones y, más ampliamente, sobre lo que se llaman las «conquistas sociales» durante el otoño de 1995. La lucha sobre la selección ponía de manifiesto que el sistema escolar y universitario no es solo un instrumento de «formación» o de «reproducción», sino la institución mediante la cual una sociedad se asigna para ella misma el sentido de la comunidad que la instituye. De igual manera, las cuestiones sobre las pensiones de sanidad, sobre la seguridad social, no atañen solamente a lo que llamamos los privilegios conquistados por los asalariados, sino propiamente a la idea de configuración de lo común. Saber si la protección contra la enfermedad y si la pensión funcionan por un sistema de repartición y de solidaridad o mediante seguros individuales es una cuestión vinculada a la configuración de lo común, y no simplemente a lo que podría considerarse como los privilegios conquistados por los asalariados en un momento histórico. En las negociaciones llamadas «sociales», siempre se produce una negociación sobre lo que configura lo común de la comunidad.

En algunos pasajes, usted cita a Hannah Arendt. ¿Comparte su concepción de la política, la política como lugar de negociación y de apariencia, lugar de la vita activa *valorada contra las pretensiones de la teoría o de la filosofía, de la* vita contemplativa?

Podría decir que hay una pequeña base en la que estamos de acuerdo y un desacuerdo muy grande. Un desacuerdo muy grande que es también una reacción frente a las interpretaciones y las utilizaciones dominantes de su pensamiento hoy en día. La base que compartimos radica en que la política es un asunto de apariencia, un asunto de constitución de escenas comunes, y no un asunto consistente en gobernar los intereses comunes. Ahora bien, esta afirmación fundamental se asocia en Hannah Arendt con la idea de que la escena política estaría como confundida, obstruida por las reivindicaciones de lo social. Pienso en todo lo que ella afirma a propósito de la Revolución Francesa y del papel de la piedad, en el que la compasión por los «desgraciados» confunde la pureza de la escena política. Considero esto como una reconducción de los prejuicios más tradicionales hacia la oposición entre dos tipos de vida: una vida capaz de participar en el juego político de la apariencia y una vida consagrada a la única realidad de la reproducción de la vida. Su concepción de la apariencia repite la oposición tradicional –platónica– que reserva para una categoría el buen uso de la apariencia, mientras que, en mi caso, la apariencia del *dèmos* rompe al contrario el reparto entre los capaces y los incapaces. La manera en que Arendt hace funcionar la oposición de lo político y de lo social remite a las viejas oposiciones de la filosofía griega entre los hombres de la necesidad –que están fuera de la apariencia y, por tanto, fuera de la política– y los hombres de ocio.

Toda una parte de lo que, a pesar de todo, he podido escribir sobre política es una respuesta al uso que ella hace, en su ensayo *On Revolution,* de una breve frase de John Adams que habla de la desgracia de los pobres: no ser vistos. Arendt dice que una idea así solo puede tenerla alguien que ya esté participando en la distinción de la vida política, que es una idea que no puede ser compartida por los pobres en cuestión porque ellos no se dan cuenta de que no son vistos, que la reivindicación de ser visibles no tiene sentido para ellos. Todo mi trabajo sobre la emancipación obrera me ha demostrado, al contrario, que la primera de las reivindicaciones obreras y populares era justamente una reivindicación de visibilidad, una voluntad de entrar en la esfera de la apariencia, la afirmación de una capacidad de apariencia. Arendt sigue quedando atrapada en la tautología según la cual los que «no pueden» pensar una cosa no la piensan. Ahora bien, la política, tal y como yo la entiendo, empieza precisamente cuando los que «no pueden» hacer una cosa muestran mediante los hechos mismos que sí pueden. Esta es la diferencia teórica. En la práctica, la distinción arendtiana entre lo social y lo político ha sido utilizada masivamente –por ejemplo, en los movimientos de 1995– para justificar la política gubernamental. «Liberales» y «republicanos» no dejan de retomar sin conocimiento el pensamiento de Hannah Arendt para mostrar que la política –es decir, de hecho, el Estado y el gobierno– está por encima de la mezquindad social, que la política es la esfera de los intereses comunes colectivos que se eleva por encima de los egoísmos corporativos.

Pensemos ahora en Michelet –que tiene un lugar importante en Las palabras de la historia– *y, más precisamente, en su concepción de la historia como historia de la libertad colectiva, historia del pueblo que toma conciencia de sí mismo, historia de la apropiación de la palabra por parte de un pueblo que se había mantenido en silencio hasta ese momento. ¿Se inspiró usted de alguna manera en esta concepción? ¿Qué relación existe entre Michelet y el pensamiento igualitario de Jacotot (tal y como usted lo describe en* El maestro ignorante)*?*

Lo que intenté es, más bien, presentar a Michelet como el inventor de una nueva forma de dominio que se apoya en la palabra colectiva anónima. Es la tesis romántica que opone, a la palabra ruidosa, una palabra que viene supuestamente de abajo. Pero Michelet nunca deja que esta palabra de abajo hable por sí misma. Cuando trata con la palabra de los asamblearios revolucionarios, la convierte en una especie de discurso sobre la tierra: discurso de los campos o de la ciudad, de las cosechas o del barro de las calles, la palabra muda de verdad opuesta a la palabra de los que hablan. Lo que intenté mostrar es la constitución de este paradigma de las masas silenciosas, opuestas al pueblo ruidoso, paradigma poético-político de una especie de gran pensamiento anónimo, inconsciente, que no se expresa a través de las palabras de la gente, sino a través del mutismo, que se ha convertido en un paradigma científico en la historia o en la sociología. Esta palabra del mudo es algo completamente diferente en Jacotot, a saber, la afirmación de la capacidad de hablar que tienen los que «no saben» hablar, la presuposición y la verificación de la igualdad de las inteligencias.

Así pues, hay ahí dos cosas, dos maneras de pensar la igualdad: está la manera de la emancipación intelectual, fundada en un pensamiento del hombre como «animal literario», y está esa otra idea que no remite esta igualdad a la capacidad de verificar que tendría *cualquiera,* sino a la indiferenciación de una palabra colectiva, de una gran voz anónima: la idea de que esta habla por todas partes, que hay una palabra escrita en las cosas, una voz de la realidad misma que habla mejor que toda palabra enunciada. Ello empieza en la literatura, por ejemplo, en Victor Hugo, con la palabra de la cloaca que lo dice todo o, en Michelet, con la voz del barro o de las cosechas. Este paradigma poético se convierte luego en un paradigma científico.

Evidentemente, el problema es que estos dos paradigmas, estas dos ideas de igualdad de los anónimos, teóricamente opuestas, no han dejado de mezclarse en la práctica; los discursos de la emancipación han trenzado sin cesar y conjuntamente la capacidad de palabra de cualquiera con el poder mudo de lo colectivo.

Es quizá el momento de pasar a cuestiones de estética. Su libro titulado Mallarmé *se publicó en 1996, seguido de* La palabra muda *en 1998; desde entonces, parece que usted trabaja esencialmente sobre el arte, la literatura y la estética. ¿Por qué se produce este desplazamiento de interés? ¿Era algo previsto desde hacía tiempo?*

No tenía programado el futuro de ninguna manera, ni tampoco he considerado nunca ese momento como el paso de la política a la estética porque, en el fondo, todo mi trabajo intenta confundir las líneas fronterizas. Lo que intenté mostrar cuando escribí *La noche de los proletarios* es que un movimiento llamado político y social es también un movimiento intelectual y estético, una manera de reconfigurar los marcos de lo visible y de lo pensable. Asimismo, en *El desacuerdo,* lo que intento decir es que la política es un asunto estético, una reconfiguración del reparto de los lugares y de los tiempos, de la palabra y del silencio, de lo visible y de lo invisible. Personalmente, casi siempre me he interesado más por la literatura o el cine, por ejemplo, que por cuestiones que se consideran de ciencia política y que, en cuanto tales, nunca me han interesado mucho. Y si he trabajado justamente sobre la historia obrera es porque siempre tenía presente todo un juego de referencias literarias, porque he visto los textos obreros a través de ciertos ejes que me había ofrecido la literatura y porque he inventado un modo de composición y de escritura apta para materializar la ruptura con la política implicada en la manera tradicional de tratar la «palabra obrera» como *expresión* de una condición. Para mí, un discurso filosófico o la constitución de una escena teórica siempre es, al mismo tiempo, el despliegue de cierta poética.

Así pues, para mí, nunca se ha producido un paso de lo político a lo estético. Pensemos, por ejemplo, en mi libro *Mallarmé*: ¿cuál es el centro de mi interés por Mallarmé? Es algo así como una comunidad de escena. Lo que me interesó de entrada fueron dos poemas en prosa en los que pone en escena la relación entre el poeta y el proletario, porque ponían en juego de manera diferente escenas que se habían vivido en las relaciones entre proletarios y utopistas. E incluso la relación en Mallarmé del día con la noche –que suele remitirse generalmente a los temas de la angustia y de la pureza nocturnas– remitía a algo muy potente que me había hecho hablar de la *noche* de los proletarios —la noche entendida no como la desgracia de los proletarios, sino a partir del hecho de que se la apropian, ese tiempo de reposo, y rompen así el orden del tiempo que es también el orden que los coloca en un lugar preciso—. Por tanto, en mi pensamiento siempre ha existido una vinculación entre todo esto, tanto si se toma desde el ángulo de la estética inherente a la política como de la política inherente a la escritura. Antes de *Mallarmé,* antes de *La palabra muda,* y también antes de *El desacuerdo,* había estado impartiendo un seminario durante varios años sobre la cuestión de las políticas de la escritura; no en el sentido de «¿cómo escribir política?», sino en el sentido de «¿qué es lo propiamente político en la escritura?». El trabajo sobre Michelet aborda la cuestión del nacimiento de cierta escritura histórica. Son cuestiones que nunca han dejado de interesarme. ¿Puede afirmarse que una escritura traduce propiedades y transmite saberes, o bien constituye ella misma un acto, una manera de constituir la configuración de lo sensible común?

Esta política de la escritura es, para mí, algo completamente diferente de las cuestiones de representación que son, generalmente, la perspectiva desde la cual se vincula la política y la estética: saber cómo los escritores representan a las mujeres, a los obreros o a los extranjeros es algo que nunca me ha interesado; lo que siempre me ha interesado es la escritura en tanto que manera de captar el singular universal. Me refiero, por ejemplo, a las declaraciones de Flaubert en las que dice que le «interesa menos el andrajoso que los piojos que lo devoran» —declaraciones que implican una idea de la relación entre la población novelesca y la población social, o el pueblo político, etcétera, y que asientan una «igualdad» literaria en una escala que ya no es la misma escala que en la que se debate la igualdad política—. La literatura, a su manera, también introduce un disenso o una trascuenta que no son los de la acción política. Lo que me interesa es la relación entre los dos y no los «sesgos» que encontramos en la representación de las categorías sociales en Flaubert. Empecé reflexionando sobre esto a través de la cuestión de la escritura de la historia y la reflexión se ha ido ampliando a un trabajo sobre la política de la literatura.

Trabajando en esto, y a partir justamente de mi trabajo sobre la historia y sobre la escritura de la historia, recibí invitaciones de ciertas personas que estaban en el mundo del arte y que querían que confrontara mis análisis con sus objetos y problemas: sobre el cine, puesto que siempre he tenido una relación personal con el cine –de hecho, mi primer gran texto sobre el cine trataba la relación entre la «estética» y lo «social» en *Europa 51* de Rossellini–; como también en ámbitos que yo no había tratado –me pidieron, por ejemplo, que hablara «a mi manera» de la historia para la exposición *Face a l'histoire,* organizada en 1997 en el Centro Pompidou–. Ese texto me ofreció la ocasión de trabajar sobre la cuestión del arte contemporáneo, que hasta ese momento no me había interesado.

En definitiva, hay constantemente un núcleo estético en todo lo que he hecho, aunque en un momento dado abordé directamente la literatura después de haber hablado de ella a través de la cuestión de la historia, o a través de lo que en el fondo podría llamarse, por ejemplo, las formas de apropiación literaria de los obreros. También me invitaron a pronunciarme sobre cuestiones para las que yo no era realmente competente. Algunas personas creían que, a partir de lo que había hecho, yo tenía cosas que decir sobre el arte contemporáneo, por ejemplo. No sabía mucho sobre el arte contemporáneo, pero decidí aceptar el reto porque me ofrecía una ocasión de aprender algo nuevo y aprender a hablar de ello.

¿Existe una especie de paralelismo conceptual entre el estatuto de la literatura tal y como usted la describe en la línea de la revolución

romántica —por una parte, la escritura del Todo, una literatura enciclopédica y sistemática, incluso geológica, a la manera de Cuvier y Balzac y, por otra parte, una literatura sobre nada, una escritura que no remite eventualmente más que a sí misma (La palabra muda)*— y el estatuto de la figura política, como si se tratara de dos esfuerzos por articular conjuntamente el todo y la nada, lo universal y la exclusión?*

No hay una relación directa entre las dos, pero ambas remiten a un mismo núcleo de sentido. Es la antigua «intriga», dramática o novelesca, la misma idea orgánica, aristotélica, de la obra que explota, ya sea del lado de la profusión de las cosas y de los signos, ya sea del lado de la rarefacción de los acontecimientos y el sentido. La literatura es un régimen de escritura que se define *grosso modo* en la época posterior a la Revolución Francesa, no simplemente como otra manera de escribir y de concebir el arte de escribir, sino también como todo un modo de interpretación de la sociedad y del lugar de la palabra en la sociedad. La literatura se define en torno a una idea de la palabra, como escapando de alguna manera a la simple figura del locutor. Se define a partir de la idea de que hay palabra por todas partes, que lo que habla en un poema no es necesariamente lo que en él ha puesto una intención de hablar. Esto es herencia de Vico. Así pues, o bien hay lenguaje por todas partes, tal es el punto de vista de Balzac —por todas partes hay como un vasto poema que es el poema de la sociedad que se escribe a sí misma, diciéndose y escondiéndose a la vez en una multitud de signos—; o bien, si seguimos a Flaubert, la problemática de Flaubert, el «libro sobre nada» viene a ocupar el lugar de la totalidad perdida. De hecho, se trata en cualquier caso de la idea schilleriana del poema ingenuo como poema de un mundo —idea que tuvo un poder absolutamente colosal y que todavía no hemos abandonado—, poema «involuntario» del que hay que producir el equivalente bajo la forma inversa de la obra que no se relaciona más que consigo misma. La totalidad perdida reaparece del lado de la nada, pero hay que entender lo que significa esa nada: Flaubert inventa una especie de micrología atómica que pulveriza supuestamente la población democrática. Por ello mismo, Flaubert contribuye también a lo que podría llamarse una estética de intensidades iguales, opuesta a las jerarquías de la tradición representativa. Ello significa, asimismo, una estética que se dirige de alguna manera a esa misma Madame Bovary que denuncia. Hay una complicidad conflictiva que se establece entre la población novelesca y el mundo social al que se dirige esa literatura. Flaubert escribe «contra» Madame Bovary, contra la confusión «democrática» del arte y de la vida. Y, al mismo tiempo, escribe desde el punto de vista «democrático» de la igualdad de los sujetos y de las intensidades. Esta tensión es precisamente lo que me interesó. La literatura se inventa a sí misma como una manera de hablar diferente de la manera en que hablan los políticos.

Desde hace años, la mayoría de los pensadores de estética han estado masivamente del lado del modernismo y de las vanguardias; entre sus contemporáneos, usted es de los pocos que concede igual importancia al romanticismo e, incluso más generalmente, al siglo XIX. La estética le plantea ciertas preguntas cuyas respuestas se encuentran de entrada en Schiller, Kant, Balzac. ¿Cuál es el núcleo de lo que usted llama la revolución estética? ¿Y cómo entiende usted la modernidad?

¿Qué es el núcleo de la revolución estética? De entrada, negativamente: significa la ruina de un arte definido como un conjunto de maneras de hacer sistematizables, con reglas; significa la ruina de un arte en el que la dignidad del arte viene definida por la dignidad de sus temas –a fin de cuentas, toda esa concepción jerárquica del arte que colocaba la tragedia por encima de la comedia, la pintura histórica por encima de la pintura de género, etcétera. En primer lugar, pues, la revolución estética es la idea de que todo es materia artística y que, en consecuencia, el arte ya no está reglado por aquello de lo que habla, sino que puede ser una manera de hablar o de mostrar cualquier tema. La revolución estética es entonces una extensión al infinito del ámbito del lenguaje, del ámbito de lo poético.

Es la afirmación de que por todas partes hay poema, o de que por todas partes hay cuadro. Es también, por tanto, el desarrollo de toda una serie de formas de percepción que posibilitan que por todas partes se pueda ver lo bello. Esto implica una gran anonimización de lo bello (ese «cualquier» esplendor del que habla Mallarmé). Creo que este es el núcleo importante: esa idea de igualdad y de anonimidad. En ese momento, el ideal del arte se vuelve la conjunción entre la voluntad artística y esa poeticidad o belleza que de alguna manera es inmanente a todo, que puede descubrirse por todas partes.

Es lo que encontramos especialmente a través de toda la novela, pero también de toda la poesía del siglo XIX. Es, por ejemplo, lo que Benjamin aisló en Baudelaire, aunque es mucho más vasto que eso. Significa, asimismo, como una especie de explosión de los géneros y, en particular, esa especie de gran mezcla de la literatura y de la pintura que domina, por ejemplo, tanto la literatura como la pintura del siglo XIX, lo cual creará, en contra justamente de toda la *doxa* moderna sobre la autonomización de las artes, como una especie de gran mezcla entre literatura y pintura, una gran mezcla también entre el arte puro y el arte aplicado, entre el arte por el arte y el arte en la vida.

Toda la ideología moderna se construyó sobre una imagen completamente simplista, a saber: se produce la gran ruptura antirrepresentativa, en cierto momento ya no se representa, ya no se copia ningún modelo, pero el arte prosigue su propio esfuerzo sobre su propia materia y, por ello mismo, cada arte se autonomiza. Entonces, cuando todo esto se derrumba en los años sesenta y setenta, evidentemente se clama traición, la traición de la modernidad; pero creo que la modernidad misma es enteramente una ideología artística construida de manera completamente retrospectiva. Siempre intentamos pensar en Mallarmé y el poema puro, en la pintura abstracta, en la pintura pura, o en Schoenberg y la música que ya no sería expresiva, etcétera. Pero, si miramos cómo se ha hecho todo ello, nos damos cuenta de que todos estos movimientos considerados supuestamente como la definición de un arte puro estuvieron totalmente mezclados con todo tipo de preocupaciones de tipo arquitectural, de tipo social, eventualmente de tipo religioso, político y otros. En realidad, las revoluciones artísticas no nacieron de decisiones de ruptura, autonomizando el arte en general y cada arte en particular. Las revoluciones artísticas nacieron en un contexto en el que se intentaba definir al mismo tiempo el marco, los elementos, el entorno de una vida nueva. La paradoja del régimen estético del arte es que el arte se define por su identidad misma con el no-arte. No podemos comprender a gente como Malévich, como Mondrian o Schoenberg si no tenemos bien presente que su arte «puro» se inscribe en medio de problemas de sinestesia, de construcción del entorno individual o colectivo de la vida, utopías de la comunidad, formas nuevas de espiritualidad, etcétera. La *doxa* moderna se construyó justamente cuando esa mezcla un poco confusa entre las razones políticas y las razones artísticas se desanudó.

Cabe subrayar que la modernidad –es decir, la visión del arte moderno como arte de la autonomía– fue inventada en su mayor parte por marxistas. ¿Y por qué? Porque se trata de demostrar que, si la revolución social había sido confiscada, en el arte se había mantenido en cualquier caso la pureza de la ruptura con lo que ella comportaba de promesa de emancipación. Digo esto muy rápidamente, pero creo que es lo que está detrás de Adorno o de Greenberg: una manera de definir la radicalidad del arte por la radicalidad de su separación, de separar radicalmente el arte de la política para mantener su potencial político. Más tarde, esta complicada dialéctica se borró en un dogma simple sobre el arte moderno como arte de la autonomía. Evidentemente, este dogma no sobrevivió mucho tiempo ante la realidad de las prácticas artísticas y, cuando cayó, se afirmó que «la modernidad se derrumbaba». Pues no: lo que se derrumba es solamente una interpretación muy parcial y tardía de lo que llamo el modo estético del arte.

Para usted, ¿se trata de mantener las contradicciones del régimen estético, de seguir en la dialéctica difícil entre el todo y la nada, entre la inscripción dominada de una palabra generalizada, de una belleza anónima —como usted mismo dice—, y la vacilación de un discurso mudo precisamente que no afirma más que su propia falta de identidad y su propia inconsciencia? ¿Se trata entonces de seguir en esta tradición en vez de desplazarse, por ejemplo, a lo posmoderno o a lo pos-lo-que-sea?

No creo demasiado en la gran división histórica moderno/posmoderno. No hay muchas señales sólidas que puedan identificar un arte que sería posmoderno. ¿Cómo definiremos exactamente lo posmoderno? Por un retorno a la figuración, pero ello no es más que una parte. ¿Lo definiremos entonces por una mezcla de géneros? Sabemos, empero, que la mezcla de géneros es mucho más antigua. Fundamentalmente, si se quieren pensar las rupturas, lo que resulta importante para mí es comprender las continuidades. Comprender, por ejemplo, que el arte abstracto no nació —como se cree siempre— de una ruptura simple y radical respecto a una tradición realista. Las categorías que hacen pensable el arte abstracto se elaboraron masivamente a través de modos de focalización perceptiva que fueron impuestos de entrada por la novela realista: indiferencia del sujeto, focalización cercana, primacía del detalle y del tono.

El tiempo de la igualdad

Son a menudo los novelistas –los Goncourt, por ejemplo– quienes, como críticos de arte, reconfiguran la visibilidad de una pintura todavía figurativa valorando la materia pictórica en detrimento del tema. Se da así una nueva visibilidad de la pintura, que abstrae su tema, antes mismo de que los pintores abandonen la figuración.

Otro ejemplo: la instalación es una de las grandes formas del arte contemporáneo. Ahora bien, encontramos en *El vientre de París,* de Zola, un pasaje completamente extraordinario. *El vientre de París* es un libro completamente loco de 1847, es un gran himno a la poesía, a la gran poesía moderna. Pero ¿qué es la poesía moderna?, ¿cuál es el gran monumento del siglo XIX? Les Halles de París. En ese monumento de la modernidad, Zola coloca a su pintor Claude Lantier, el pintor impresionista tal y como él lo ve, un pintor que busca la belleza moderna. Ahora bien, en cierto momento, Claude explica cómo su obra más bella no es un cuadro. Su obra maestra la realizó el día en que rehízo a su manera el escaparate de su prima charcutera. Describe ese escaparate, cómo distribuyó las morcillas, los salchichones, el pavo o los jamones. De igual manera, encontramos en *La dicha de las damas,* también de Zola, las grandes tiendas como obra de arte moderna, con el capitalista, Octave Mouret, que es verdaderamente el gran poeta de la modernidad, el poeta de la instalación de las mercancías. En esa época, pues, no se hacen instalaciones pero se piensa una indecisión entre el arte de la tela y el arte de desplegar mercancías. Un arte [la instalación] que se desarrolló hace veinte o treinta años ya tenía, de alguna manera, su pensamiento y su visibilidad. La soledad «moderna» del arte siempre ha sido, al mismo tiempo, su no-soledad.

Pero ¿y si tomamos a un moderno duro como Rothko, por ejemplo, cuyos últimos cuadros evocan siempre la oscuridad, el vacío de cualquier tipo de figuración, de toda «aplicación»?

Sí, pero eso fue una idea de la modernidad y, además, sabemos que no se trataba de la idea de una pintura pura, puesto que cada vez se volvía más mística. Evidentemente, usted cita pintores que entran en la configuración que podríamos considerar ejemplar de la modernidad, tal y como ha podido construirse, especialmente en Greenberg. Pero, finalmente, eso no es más que una pequeña secuencia del arte abstracto –hecho en un momento preciso por pintores que venían de otras partes, especialmente del surrealismo– y no se puede reducir de ninguna manera el arte moderno a esa pequeña secuencia de la pintura abstracta. El arte moderno es también el constructivismo y el surrealismo o el dadaísmo, y muchas otras cosas; diferentes tipos de arte que ya tienen raíces en un pensamiento romántico de la relación del arte con la vida. Lo importante radica en no crear, a nivel teórico, ciertos cortes temporales que no tendrían marcha atrás. La modernidad es un concepto que no me gusta porque intenta identificar todo un régimen artístico con ciertas manifestaciones particulares que presenta como ejemplares, que interpreta de manera extraordinariamente restrictiva y que vincula a una idea absolutamente no crítica del tiempo histórico.

Llego a mis últimas preguntas. Me sorprendió su lectura de Freud o, más bien, la recontextualización literaria que usted opera de la obra de Freud en El inconsciente estético. *¿Podría generalizar un poco su posición para llegar a incorporar, por ejemplo, a Lacan –Lacan en tanto que pensador que insiste absolutamente en el primado de la palabra, en la igualdad o la importancia igual y efectivamente anónima de todos los fenómenos del acto de hablar y, por tanto, en la importancia de escuchar al que habla, cómo habla, en su propia voz, etcétera?*

No diré mucha cosa de Lacan, puesto que sigo sin saber muy bien qué pensar de él o, más bien, qué hacer con su pensamiento. Para mí, el problema de Lacan es que siempre se ha mantenido en equilibrio entre varias racionalidades. Cuando mi generación lo conoció, era la gran época estructuralista, era la época del primado del significante, la cual no conlleva, en mi opinión, consecuencias importantes en el plano estético. ¿Qué es lo que se manifestó en el Lacan del periodo siguiente? Es una herencia completamente diferente, la herencia propiamente surrealista, la herencia de Bataille, la herencia de todos esos movimientos de los años treinta que quisieron volver a pensar a su manera la relación entre estética y política. Toda esta manera de pensar la racionalidad oscura del pensamiento, pero ya no tanto a través de una especie de lógica del síntoma a la manera de Freud, que todavía está ligada a una poética aristotélica de la historia como disposición causal. Lacan, de alguna manera, está más cerca de la poética romántica que de Freud. Donde Freud descifra, Lacan se vuelve más hacia esas palabras mudas, que permanecen mudas, todas esas especies de bloques de no-sentido último que pueden o bien resultar emblemas de una libertad absoluta a la manera de Breton, o bien encarnar la parte maldita a la manera de Bataille, el residuo opaco, impenetrable al sentido. Para mí, en el fondo, esta es la diferencia que aportó Lacan.

La diferencia se manifiesta claramente a propósito del uso que Freud y Lacan hacen de Sófocles. Está claro que Freud construyó todo sobre la figura edípica, sobre el vínculo entre el deseo incestuoso como objeto y un esquema de racionalidad del tipo *Aufklärung* (el camino de la interpretación que reconstituye la cadena causal), mientras que el discurso de Lacan se concentró cada vez más en Antígona: la que posee un deseo que no se presta a interpretación, la que solo quiere la fidelidad obstinada con el poder de los de abajo, la que no quiere sino la muerte, para decirlo en pocas palabras. Retomando su explicación de Antígona en el momento de la banda de Baader, me refiero a Lacan para mostrar que Antígona no tenía nada que ver con el icono de los «derechos del hombre frente al poder» en que siempre la convertimos, que ella estaba mucho más cerca de Ulrike Meinhof, más cerca de la radicalidad de los terroristas alemanes. El régimen de significación sobre el que, en el fondo, Lacan construye la representación de Antígona está mucho más cerca de lo que podemos llamar la razón estética que el régimen que utiliza Freud. Este reconstituye causalidades clásicas, mientras que la figura de Antígona, tal y como Lacan la reconstruye, está mucho más cerca de esas figuras medio oscuras que pudo acarrear la época romántica y realista.

¿Puede su idea de palabra muda conducir, al fin y al cabo, simplemente hacia el silencio? ¿Se veía usted tentado por esa tendencia hacia cierto anihilamiento místico cuyas raíces se manifiestan, de vez en cuando, en los escritos de Blanchot, Bataille, Foucault, Deleuze, por ejemplo?

Nunca he sido muy receptivo con Blanchot, Bataille, o con lo que ha podido hacer con ellos la generación posterior —Foucault, Derrida, Deleuze—; es algo que me resulta muy opaco. Fui sensible a esa problemática a través de toda la cuestión de la voluntad en el siglo XIX. En la literatura del siglo XIX, digamos de Balzac a Zola —aunque también habría que pensar en Strindberg, en Ibsen, en todo lo que está en juego en Dostoievski, en Tolstói—, hay una gran línea que es una línea o bien de contestación de la voluntad, o bien de demostración de su catástrofe final. Hay un pensamiento de la pulsión de muerte que no solo nace de historias de voluntades exacerbadas a la manera de Vautrin o de voluntades anihiladas a lo Oblómov, sino también de la lógica misma del régimen de escritura propio de la literatura, de su manera de deshacer el nudo representativo entre acción, voluntad y significación. En el corazón mismo del régimen estético del arte, está la idea de que el súmmum de la voluntad consiste en identificarse con el súmmum de su dimisión. En consecuencia, se da como una especie de carrera hacia la nada, que o bien se representa como la experiencia misma del héroe, o bien se identifica con el poder que corre a través de la escritura misma. El tema de la voluntad que se autodestruye –que generalmente fijamos en Schopenhauer y el nihilismo en sentido estricto– lo he encontrado *por todas partes* en la literatura de ese siglo. Por ello, creo que, en cierto sentido, he podido releer ciertos textos de Freud a partir de eso, diciéndome que eso es verdaderamente con lo que él se está midiendo. No tengo ninguna inclinación particular por el misticismo del silencio, pero he sentido profundamente el vínculo de todo régimen de escritura con la defección de cierta idea del sentido, el lazo privilegiado de la «palabra muda» con una dramaturgia del autoanihilamiento de la voluntad.

Su propia escritura suele ser bastante irónica, a menudo motivada por una especie de indignación dinámica, como si el peso de la historia y del silencio le obligara a un desplazamiento constante. ¿Parte ello de su resistencia frente a ese nihilismo?

Digamos que no forma parte especialmente de la resistencia a la pulsión de muerte, sino más globalmente de una estrategia de escritura que siempre intenta reintroducir incerteza en los enunciados. Por un lado, está claro que se trata de introducir un poco de juego en los enunciados dogmáticos. Pero solo se lucha contra la seguridad del que sabe deshaciendo la manera en la que construye a su otro: al que no sabe, al ignorante o al ingenuo. Por ello, he querido otorgar al discurso de la emancipación obrera su parte de juego y de duda sobre lo que dice. He querido romper con la imagen del ingenuo que cree en el país de jauja, intentar mostrar que el discurso utópico obrero siempre es, al mismo tiempo, un discurso que se sabe hasta cierto punto ilusorio e irónico, que no cree completamente en lo que dice. El problema radica en mover la repartición de los roles. Y ello vale también para el estatuto de mis propias aserciones. He intentado darlas como aserciones *probables,* evitar cierto estilo afirmativo, categórico, que es el estilo recomendado en filosofía pero que yo nunca he podido asimilar.

Cuando intento situarle a usted en relación con sus compañeros, evidentemente de manera aproximativa, pienso casi tanto en Derrida, por una parte, como en Badiou respecto a la política, por otra parte. Es curioso, puesto que me cuesta imaginar a dos pensadores tan diferentes el uno del otro.

No son necesariamente las referencias que pueden definirme. A Derrida, por ejemplo, lo he leído con cierta distancia, con interés, pero al mismo tiempo desde una perspectiva diferente. Si, en mi modesta medida, también necesité partir de una relectura del *Fedro,* no fue para encontrar el *pharmakon* o la *diseminación,* sino un reparto de modos de la palabra homólogo a un reparto de destinos de las almas y de los cuerpos; en resumen, una política de la escritura.

Si entre los pensadores de esa época ha habido uno del que, en cierto momento, me sentí cerca es más bien Foucault. Hay algo del esfuerzo arqueológico de Foucault que caló en mí, la voluntad de pensar las condiciones de posibilidad de una u otra forma enunciativa y de constitución del objeto. Respecto a Badiou, hay sin duda algunas cosas que me acercan a él: una misma actitud de fidelidad en relación con una historia común; una misma manera de pensar la política separándola de la práctica estatal, de la cuestión del poder y de la tradición de la filosofía política. Sin embargo, al mismo tiempo, hay una postura afirmativa eterna en Badiou con la que no puedo identificarme de ninguna manera. La idea de la desvinculación absoluta, la idea del acontecimiento que zanja la situación, la idea del poder casi milagroso del enunciado acontecial, todo ello son cosas que no puedo compartir de ningún modo.

Y, para acabar: ¿cuáles son sus proyectos actuales? ¿En qué está trabajando ahora?

No tengo un gran proyecto. Sigo trabajando en cuestiones relativas al régimen estético del arte, en la relación entre estética y política, en lo que puede llamarse la política de la literatura. En este ámbito, he estado removiendo muchos materiales con los que todavía no sé muy bien lo que haré. Tengo material para hacer una suma en cinco volúmenes sobre el régimen estético del arte, pero no tengo ganas de hacerla. Así pues, busco formas de escrituras que me permitan proponer y sostener ciertos pensamientos sobre el régimen estético del arte, que me permitan decir el máximo de cosas en el mínimo espacio posible, encontrando los objetos significativos y los ángulos. La idea que tengo de la investigación no puede disociarse, en efecto, de la invención de una escritura.

Preguntas a Jacques Rancière[1]

[con Adrien Arrous y Alexandre Costanzo]

A partir del libro El desacuerdo, *hemos querido plantear a Jacques Rancière ciertas preguntas que nos parecen definir ciertas operaciones propias de su pensamiento. Examinando el reparto entre* logos *y* phoné, *el pensamiento de Rancière puede inscribirse perfectamente en la problemática del grito y de la relación de este con la política. Pero, más fundamentalmente, esta entrevista se basa en un presupuesto: la sistematización de Rancière ilumina ciertas prácticas políticas en las que nos hemos comprometido y, por ello mismo, nuestras prácticas suscitan preguntas que queríamos plantearle.*

***

En el primer capítulo de El desacuerdo, *usted define la racionalidad política como la racionalidad de la exposición del agravio inmanente a todo orden social. Hay política si y solo si hay exposición y argumentación del agravio en una escena de palabra creada a tal efecto. Ahora bien, en el segundo capítulo, usted afirma que la política no es solo la*

[1]. «Questions à Jacques Rancière», entrevista realizada por Adrien Arrous y Alexandre Costanzo, publicada en *Drôle d'Époque* 14 (primavera de 2004), «*Des cris et des forces*».

configuración de ese agravio, sino el encuentro de dos procesos heterogéneos: la policía y la igualdad. ¿Cómo se pasa de un concepto de la política como exposición/argumentación del agravio al pensamiento de la política como confrontación con el proceso policial? Identificando la política con el agravio, parece que excluya de la política la relación entre el orden desigualitario que define las partes de lo común y el orden igualitario que lo contesta en nombre de una parte de los sin parte fuera de la política, o que usted determina como no propiamente política. ¿Es el concepto de «desacuerdo» una operación que desconecta la política de la confrontación con el orden desigualitario de la «dominación»?

No veo ninguna contradicción, ni siquiera una diferencia, entre ambas formulaciones. La trascuenta que analizo de manera formal en el primer capítulo es precisamente la diferencia entre dos cuentas: la cuenta política y la cuenta policial. La exposición del agravio es lo mismo que la afirmación de esa parte de los sin parte inencontrable en la cuenta policial que contabiliza las partes de la comunidad. A mi entender, lo que crea toda la dificultad es la noción de «orden desigualitario» que, en su pregunta, parece abarcar todas las situaciones de desigualdad, lo cual implicaría como consecuencia que la política estaría en todos los lugares en los que se da una lucha contra una desigualdad. Ahora bien, la oposición policía/política no comprende todo el campo de las relaciones humanas, sino que enfrenta dos formas de simbolización de lo común de la comunidad como tal. Entra en juego cuando el ejercicio de la dominación empieza a hacerse a través de una simbolización de lo que crea la comunidad entre partidarios y adversarios, dominantes y dominados, cuando la dominación necesita institucionalizarse y legitimarse como la realización de lo que es común a la comunidad. La policía no es la dominación en general, sino que es la dominación que se ejerce como cuenta de la comunidad, como despliegue de la ley interna que hace su «comunalidad». Y la política es la reconfiguración de esa forma de dominación. Ello significa que la política no está por todas partes, aunque también puede estar por todas partes, lo cual se verifica constantemente en el caso de los sin papeles, de una huelga de trabajadores, de un movimiento en la educación, etcétera.

La racionalidad del agravio viene definida por la no-relación que usted propone, a partir de Aristóteles, entre dos figuras de la comunidad. La figura del agravio es política; la otra corresponde a la repartición equilibrada de los perjuicios y las ventajas que permite no tener que recurrir a la política. Usted establece esta dicotomía afirmando que esta última figura, que en griego se designa mediante la palabra sumpheron, *es apolítica porque «el* sumpheron *no implica la relación con el otro». Ahora bien, la etimología de la palabra, por su prefijo* sum-, *señala precisamente la comunidad. Dejar de lado el* sumpheron, *¿no sería acaso excluir de la política el pensamiento del acuerdo mismo que funda lo común de la comunidad política que ahí se declara, así como también el pensamiento de la relación que los sin parte establecen con el orden desigualitario? Porque, en situaciones precisas, es ese trabajo el que garantiza la persistencia de la política: puede pensarse, por ejemplo, que la lucha de los sin papeles ha dejado de ser política desde el momento en que se ha aceptado la negociación con el orden desigualitario para la integración, caso por caso, de los «clandestinos»; cuando toda la fuerza política de esa lucha había consistido, al contrario, en poner en cuestión el orden que regulaba la atribución de la nacionalidad francesa, suscitando de esta manera el debate público. Así pues, actualmente ya no vemos a sin papeles —es decir, personas sin estatuto legal como resultado de la organización de esa legalidad—, sino que vemos a sin papeles bereberes, cabileños, obreros, que reclaman su parte en nombre de otra parte ya reconocida como criterio de territorialidad. O, para decirlo desde otra perspectiva, tal es la sensación que se desprende de la exposición del concepto de desacuerdo: parece, en efecto, que usted extraiga un momento privilegiado de un procedimiento político, ese* *momento en el que se manifiesta la racionalidad política al desnudo. Más allá del hecho de que usted se concentre en la escena de la palabra, lo que se plantea es la cuestión del estatuto de esa operación. Usted efectúa un corte transversal dañando la inteligibilidad de una situación o de una secuencia singular, en el lugar donde se anudan, por ejemplo, relación de fuerza y racionalidad política, extrayendo el momento de declaración. Ello le permite aislar la lógica del desacuerdo relegando a la trastienda las condiciones de posibilidad de su enunciación y, sobre todo, la complejidad que sustentan esas «condiciones», es decir, nada menos que el proceso de subjetivación en el que los cuerpos políticos se presentan, se enfrentan y se constituyen entre complejas tensiones —en su interior tanto como en el enfrentamiento con la «policía» y sus guardianes... Lo que nos interesa, en primer lugar, es esa escena que queda detrás y lo que resulta, en efecto, de ese gesto «suspensivo». ¿Cómo captar la declaración eclipsando tendencialmente las prácticas que permiten imponerla, los caminos subjetivos o la interioridad en la que se constituye y experimenta? Y, si toda secuencia política señala y abre efectivamente la escena virtual igualitaria, ¿qué sucede entonces, más allá del exceso del acontecimiento y de la declaración, en el orden de las prescripciones y de la organización? También podríamos ampliar todo esto a cuestiones que se relacionan con el que es su libro de filosofía,* El desacuerdo, *preguntándole lo que significa la «y» del subtítulo con la sistematización que propone: «entre filosofía y política». Y en esta misma dirección, ¿qué desplazamiento presenta el libro?*

Primero, una observación: no soy heideggeriano. Lo cual significa que no razono a partir de la etimología de las palabras —método que tiene por efecto remitir las palabras a algunas raíces primitivas indoeuropeas, instituyendo finalmente una gran sinonimia resumida en la identidad del *legeïn* como hablar/reunir—. Yo razono a partir del uso de las lenguas. En la Grecia clásica, *«to sumpheron»* es una palabra corriente que significa lo útil, el interés. Aristóteles lo utiliza en este sentido, que es el que yo comento. El tema de mi comentario no radica en decir que no hay asociación en política, sino que la especificidad de la comunidad política no puede estar arraigada en la capacidad común de debatir sobre lo útil y lo dañino, que en la bella simetría que propone Aristóteles hay algo que no cuadra, un resto, una disimetría irreductible –algo que daña constitutivamente lo común que no es simétrico respecto de ninguna utilidad común– y que es esta disimetría la que define la politicidad como tal.

Y ello porque mi objetivo es, de entrada, definir la politicidad como modalidad específica de «agrupación». Hay muchos tipos de agrupación, como también de dominación y de conflictos. Mi pregunta es: ¿qué es lo que permite designar, entre todas las agregaciones humanas, lo que llamaremos comunidad política? Lo que me interesa, de entrada, no es extraer una política pura, sino saber lo que permite la circulación misma de significantes comunitarios que implican una escena específica de la política, sujetos específicamente definidos como políticos... Existe lo «propiamente político» que debe discernirse justamente en sus manifestaciones que siempre están mezcladas –tanto si esa mezcla se debe a la empiricidad de las situaciones como a la construcción teórica intencional–. No busco la política en la simple acción puntual del grupo que se declara. Para mí, no existe la política por un lado y la policía por otro lado, sino puestas en escena de su relación: esta puesta en escena puede ser una filosofía política que deje una brecha entre lo justo y lo injusto, o entre el gobernar y el ser gobernado, que la escena misma despliega simétricamente. Puede ser una constitución o una práctica gubernamental que presupongan la igualdad en el ejercicio mismo de la desigualdad; puede ser una lucha llamada social que mezcle la afirmación de lo igualitario irreductible con la petición de un privilegio determinado en el orden social existente, etcétera.

Si he aislado ciertas situaciones y secuencias discursivas, no es para decir que la política consiste en algunos enunciados ejemplares pronunciados en situaciones ejemplares, sino para plantear esta pregunta: ¿qué es lo que, en esas secuencias ejemplares, define propiamente una especificidad de lo político? La respuesta que he intentado poner de relieve es que hay política cuando hay una colisión entre dos cuentas de los que hay en esa situación, dos cuentas de los que son y de los que hacen los cuerpos implicados en esa situación, dos formas de visibilidad, etcétera; en resumen, dos repartos de lo sensible que se enfrentan. Si he privilegiado una pureza, no es de ninguna manera la del acto puro opuesto a los tejemanejes organizacionales, sino la pureza de una manifestación de lo que hace que haya política. Es precisamente la pureza de una heterogeneidad, de la presencia de un mundo sensible en otro mundo que lo rechaza.

La organización es, sin duda, necesaria. Como también lo es para una banda, una secta, un equipo de fútbol o una administración. Lo que define a una organización como organización política no es una forma de interioridad, sino una forma de intervención. Respecto a las escenas que quedan detrás, pueden significar dos cosas diferentes. Podemos hablar de procesos de transformación de las percepciones, de los lenguajes y de los comportamientos por los cuales los individuos se alejan de la vía consensual y colectivizan esas distancias, constituyendo así una forma de subjetividad nueva. Este aspecto es esencial en mis investigaciones. Pero suele mezclarse otra cuestión, referida a los conflictos inherentes a toda forma de organización colectiva. Ahora bien, no todas las «tensiones» de una organización política son políticas. Son políticas solo las que se relacionan con el tipo de visibilidad que la agrupación quiere realizar y con el tipo de comunidad que quiere poner de manifiesto. Que un militante cumpla más o menos que otro con las tareas que le han sido confiadas es un asunto moral, común a todas las organizaciones. En cambio, saber si los sin papeles se manifestarán como sujeto colectivo, si lo harán con esa sola identidad común o dentro de comunidades étnicas particulares, o distinguiendo de entre los sin papeles a los *obreros sin papeles,* es un asunto interno propiamente político. De modo que la cuestión no es, como antaño, espontaneidad u organización. La cuestión consiste en saber cuál es el criterio diferencial que define una subjetivación política, si esta se define como reconfiguración de formas de visibilidad de lo común o como manifestación de cierto tipo de interioridad. Hace falta tiempo y trabajo para que los cuerpos individuales o las configuraciones de cuerpos se recalifiquen y recalifiquen las situaciones en las que se encuentran. La cuestión radica en saber si se piensa ese trabajo de subjetivación como político a partir de la esfera de manifestación que ahí se forma o a partir de la interioridad del grupo que la elabora. Mi respuesta es que la segunda solución convierte al grupo esencialmente en un grupo moral en el que la preservación de una identidad colectiva pasa a ser la finalidad primordial, autorizando, a la manera bolchevique, todo tipo de movimientos y giros.

Filosóficamente, ello significa: ¿cómo se determina a un sujeto: a partir de ciertas operaciones que reorganizan un campo de experiencia o a partir de una forma de interioridad que reenvía a cierta consistencia ontológica, por ejemplo, el paso de lo infinito en lo finito o la identificación con el movimiento de ser-múltiple? Mi respuesta personal es que una subjetivación es, de entrada, la reconfiguración de un reparto de lo sensible, de una relación entre experiencias sensibles y significaciones, que esa reconfiguración produce –entre otras cosas– ontologías, pero que estas ontologías solo son fundadoras por retroacción. Una ontología fundadora es siempre una operación particular en una reconfiguración de lo que hay. O, por decirlo así, toda ontología depende de una poética.

Parece que esta operación que separa a la política de su organización se encuentra en ciertos ejemplos históricos que usted identifica, abriendo así la vía a otras preguntas. Ballanche considera la retirada al Aventino como un ejemplo de declaración de existencia de una comunidad de seres hablantes en una situación en la que el orden patricio negaba incluso su misma posibilidad. Pero ¿cuál fue propiamente la finalidad de esa secesión? Según los historiadores, tal secesión en el Aventino fue una «huelga cívica», una forma de protesta que permitía evitar todo recurso a un conflicto violento, a la guerra civil con vistas a obtener una mejor integración en la urbe. Respecto a Blanqui, usted toma el ejemplo del proceso de 1832: la escena de palabra que ejemplifica para usted el desacuerdo es entonces una forma judicial. Aunque su legitimidad esté contestada por Blanqui mismo, la modalidad política escogida sigue siendo en este caso una forma que evacua de la inteligibilidad política las razones mismas de esas escenas de palabra —la formación por parte de Blanqui de una sociedad secreta opuesta al régimen de Louis-Philippe— y las formas de violencia que le están vinculadas: la acusación de la justicia hecha por Blanqui, que conlleva su inculpación por «atentar contra la tranquilidad pública», la formación de un «grupo» político activo y la teoría de la guerra de clases que sostiene esas acciones.

Por un lado, pues, tenemos una escena en la que los sin parte (los plebeyos) piden la integración en la comunidad sin poner en cuestión el principio mismo que preside la distribución de esas partes. Por el otro lado, tenemos una escena que solo existe en razón de una reivindicación de la necesidad de pensar una política guerrera (guerra de clases, Revolución de Julio y sus consecuencias, etcétera) y de una forma de organización (secreta) que se piense bajo el poder monárquico. ¿No desempeña el concepto de desacuerdo la función de pensar la política, en el caso de esos ejemplos históricos, al margen de sus condiciones de manifestación —actividades clandestinas de propagandas y de organización, teoría de lucha de clases y justificación moral del derecho de los proletarios a armarse, etcétera— y al margen de su devenir apolítico (la integración)? Según su punto de vista, ¿se exceptúa la racionalidad política de la presencia intempestiva de esos cuerpos que instituyen por ellos mismos la escena de palabra?

La pregunta anterior deja entrever la sombra de la oposición clásica entre espontaneísmo y organización. Y esta evoca la oposición paralela entre reformismo y revolución. Hay que preguntarse de nuevo aquí si lo que se pone de manifiesto con mis ejemplos se adecua al marco establecido por esa oposición. ¿De qué se trata en el relato del Aventino? Del tipo de deducción que puede hacerse del animal hablante al animal político, lo cual implica, a pesar de todo, que debemos concentrar el análisis en una escena de palabra. Convoco el apólogo del Aventino en *El desacuerdo* para mostrar que la simple cualidad de ser hablante está atravesada por la oposición entre dos repartos de lo sensible y que la palabra política es propiamente la palabra que pone en escena esta oposición. Ello significa también que no es lo político lo que quieren los plebeyos. Lo que piden es ser incluidos en la República. Uno no se enfrenta generalmente a un orden exclusivo pidiendo quedar excluido. Lo que es político es la inclusión efectiva que llevan a cabo en esa manifestación, es la manera en la que se incluyen como excluidos, la manera en la que constituyen una escena específica de palabra de los que no hablan. Hacer oír como seres hablantes a los seres sin nombre que supuestamente no deberían hablar –no sé entonces si podemos afirmar realmente que esto es, como usted dice, «no poner en cuestión el principio mismo que preside la distribución de las partes»–. Por cuanto se refiere a los resultados, ahí ganan tribunos o, si se prefiere, un órgano suplementario del aparato estatal, pero también un orden introducido en su mecánica, la inscripción de lo heterogéneo de la lucha de clases en el orden de la ciudad aristocrática.

Respecto a Blanqui, la cuestión que se plantea no consiste en saber si se hace política en el tribunal o en la sombra de las sociedades secretas, sino en saber lo que es un sujeto político. Se trataba del sentido de la palabra proletario como nombre de sujeto político, de la distancia entre una condición social y una forma de subjetivación. Me parece que lo que le molesta a usted es, precisamente, esa definición del término «proletario». Hablando de la guerra de los ricos contra los pobres, Blanqui retoma de hecho un *topos* del discurso burgués de la época, pero lo hace justamente politizando el concepto de esa guerra que, para los burgueses de su época, es una guerra social o incluso una guerra servil (los propietarios amenazadas por la multitud brutal de los esclavos que trabajan para ellos). Según Blanqui, los proletarios no son los obreros miserables cuya brutal explosión amenaza la paz de los propietarios. Son la multitud de todos los excluidos del orden censitario que restringe el debate sobre lo común a 200 000 propietarios. La guerra de clases no es la realidad económica que sustenta las formas de la política, sino que es el corazón de la política misma. No existe, por un lado, la retórica del tribunal y, por el otro, las armadas secretamente organizadas de la lucha de clases. El juicio de 1832 es un juicio por delito de opinión contra las declaraciones públicas, y debemos acordarnos del sorprendente veredicto: el jurado absuelve a todos los acusados, pero la Corte condena a Blanqui por las palabras que había pronunciado desde el estrado...

La retórica, por tanto, no está aislada de ninguna manera de la guerra de clases y de la cuestión de las armas. Lo que se opone explícitamente en el recinto del tribunal es la idea policial y la idea política de la guerra de clases. Son las mismas que se oponen entonces respecto a la cuestión de las armas: se activa el fantasma de la guerra servil para poner en cuestión la integración de los proletarios en la Guardia Nacional y, así pues, el hecho de armarlos como ciudadanos. Y, respecto a la sociedad secreta, es una técnica de organización cuyo objetivo es de entrada insurreccional y que necesita, para ser política, que la política exista en otros lugares bajo otras formas. La contradicción experimentada en las sociedades secretas de esa época es que esas sociedades se desarrollan por falta de un espacio público, poco a poco suprimido completamente, y que esa supresión tiende, al mismo tiempo, a transformarlas en puros instrumentos de una toma de poder.

El concepto de desacuerdo es operatorio en la medida en que permite pensar la política al margen de la inteligibilidad de tipo marxista que la identificaba fundamentalmente con un antagonismo. Sin embargo, aunque está claro hoy en día que el régimen de dominación ha cambiado y que ya no se presenta bajo el aspecto «masivo», por decirlo así, que podía tener en los años sesenta, nadie sostendrá que su diseminación haya provocado su desaparición. Esta diseminación ha tenido como consecuencia la diseminación de las «luchas» y la necesidad, en cada caso, de identificar, en el proceso político, los puntos de dominación contra los cuales se elaboran los procesos de emancipación (condición de obtención de los papeles y del permiso de diez años para los sin papeles; inversión de la relación entre estudios o formación y trabajo asalariado para los vigilantes y los intermitentes; inversión de la relación entre el trabajo y el ocio para las jubilaciones de los funcionarios; uso de la incomprensión recíproca por parte del patrón de los cocineros de Sri Lanka de Frog; sistema de franquicia para los empleados de McDonald's, etcétera). Actualmente, ¿ya no tiene la política nada que ver con la «dominación», incluso si este léxico deja que desear? Así pues, tenemos la impresión de que la política —en el sentido que usted le da— no tiene que pensarse en relación con la dominación y que tampoco podría constituir una dominación. La dominación está solo del lado del reparto desigualitario de lo sensible. Ahora bien, todo reparto de lo sensible es también una exclusión y el ejemplo griego, que usted mismo retoma, es indisociable de una dominación (sobre los ricos, los extranjeros, las mujeres, los esclavos). ¿Puede el pensamiento político, históricamente, exceptuar de su racionalidad las formas de dominación que adoptaron los procesos de igualdad? ¿Cree usted que hoy en día resulta inactual, inútil, incluso nefasto, pensar la dominación como algo que está presente en la política? ¿Por qué razones?

La política siempre tiene que habérselas con una dominación. En mi caso, siempre me he esforzado en minimizar la diferencia entre un pasado en el que la dominación habría sido clara, límpida, y un presente en el que se habría disipado en una multiplicidad de situaciones. Actualmente, como también antes, la dominación se define en torno a un punto singular de encuentro entre igualdad y desigualdad. La cuestión consiste en saber si debemos o no deducir de ello una ciencia de puntos igualitarios que pertenecería a cierto tipo de grupo definido interiormente. Es sabido, además, que la democracia griega se basaba en una acepción singularmente restrictiva del *dèmos,* que los revolucionarios franceses excluyeron a las mujeres de la política, que la afirmación proletaria definió otras formas de exclusivismo que estuve estudiando durante algunos años de mi vida. Un sujeto político siempre es una reconfiguración particular del reparto de lo sensible que vincula la cualidad política a cierta contingencia o a cierto «nacimiento». Y la acción política siempre implica que se ejerza una u otra forma de opresión específica. Pero tenemos el mismo problema: hay que definir lo que es político para saber en qué puntos se articula la dominación y de qué manera. Si no, se obtienen simplemente consideraciones generales sobre la irreductibilidad de las relaciones de poder, la necesidad de mancharse las manos, etcétera. Sabemos que, como las rudas condiciones de la organización, la necesidad de mancharse las manos ha servido para justificarlo casi todo, y no —como se dice— por sumisión de la moral a la política, sino, al contrario, por sumisión de la diferencia política a la integridad moral de una voluntad.

Preguntas a Jacques Rancière

Parece que el concepto de «reparto de lo sensible» que usted propone se despliega de manera diferente en política y en «estética». En política, el reparto de lo sensible atravesado por el efecto de igualdad se presenta bajo la forma de confrontación entre dos procesos heterogéneos que, si se vinculan, deben permanecer diferenciados. La ficción desigualitaria que ordena los cuerpos según sus ocupaciones y sus atribuciones no puede confundirse con la ficción que vincula los cuerpos y las significaciones en régimen democrático (sea cual sea su modalidad: acogida de cuerpos supernumerarios, indistinción de las identidades, desreglamentación de las convenciones, atribuciones, ocupaciones, reparto del tiempo...). Sin embargo, de manera recurrente, el principio del «régimen estético del arte» se presenta como consistiendo en «la identidad de los contrarios». ¿Cómo comprender el calificativo de «heterogeneidad» en relación con las ficciones políticas y el de «identidad» en las ficciones artísticas? ¿Consiste la «acción restringida», por la cual el arte de la edad estética encuentra su especificidad, en formas de reglamentación del litigio, mientras que la política consistiría más bien en tratar el litigio? ¿Es el arte estético una «filosofía política» inmanente que se une con la metapolítica o con el consenso?

Insisto de nuevo: la política no es el dominio de la oposición clara que se opondría a la identidad estética de los opuestos. La política es siempre una distancia ínfima en el seno de un régimen de indistinción. Mi trabajo en torno a la política se dirige explícitamente contra el purismo arendtiano de la separación entre lo público y lo doméstico, lo político y lo social. La política solo existe como la contestación permanente de la frontera que separa a los que se dedican a lo común de aquellos y aquellas que se dedican a la vida privada, doméstica, apolítica, etcétera. Es decir, que la política siempre existe no solo en su oposición a un orden de dominación, sino también en la indecisión del trazado de su propia diferencia, el cual se efectúa a partir de uno y otro problema considerado como social, doméstico, económico...

Esto mismo lo podemos encontrar en los regímenes de identificación de las artes. El orden representativo funciona a partir de un modelo de distribución clara de los papeles y de repartición jerárquica de las partes (privilegiando la acción y lo narrativo sobre la vida y lo descriptivo, separación y jerarquización de los regímenes de expresión, etcétera). El régimen estético del arte funciona, por su parte, sobre la base de un principio igualitario. Pero es una igualdad que se multiplica constantemente: por un lado, es la abolición simple de las jerarquías representativas; por el otro, es un estatuto de excepción de la experiencia estética que suspende las condiciones mismas de la dominación sensible. Y, a su vez, esta última igualdad se desdobla: es un estado suspensivo, un régimen de sensorialidad propio del arte, o la expresión de una nueva forma histórica de sensorialidad y el embrión de una nueva forma de vida común. Así se definen las combinaciones múltiples entre esas igualdades que definen las políticas estéticas. La expresión de identidad de los contrarios no bastaría para expresar adecuadamente el juego de esas oposiciones. Tal y como yo la utilizo, esta identidad señala dos cosas. Por una parte, señala algo así como la fórmula general por la cual el arte se define: la unidad de lo consciente y de lo inconsciente, de lo intencional y de lo inintencional que ocupa el lugar de la vieja adecuación de la forma y de la materia. Por otra parte, sirve para señalar el núcleo racional común de lo que oponen las ideologías modernistas de la ruptura simple: por ejemplo, el arte por el arte y el arte político, la literatura como expresión del genio individual y la literatura como expresión de la vida de los pueblos... La obra de Flaubert es arte puro y es la democracia en literatura. Pero esta misma democracia literaria está bastante alejada de la democracia política, etcétera. Evidentemente, solo es interesante el análisis de la fórmula de intrincación de los modos narrativos, descriptivos, declarativos... en los que se pone en juego la explosión de la jerarquía representativa en una democracia de la explosión de la palabra misma.

Existen las combinaciones múltiples de las igualdades y existe también, ligada a la valorización de la especificidad de la «libertad» estética, la constitución de una metapolítica estética: la idea de que las formas de la experiencia estética son las formas de una comunidad sensible por venir. Esto es lo que emerge en la época de la Revolución Francesa en Schiller y luego en la tríada Schelling/Hölderlin/Hegel, que atraviesa la época romántica y encuentra su acmé entre la época de William Morris y la de Tatlin y Ródchenko: la idea de una verdadera revolución que ya no es la transformación de las constituciones y de las formas gubernamentales, sino la reconfiguración del mundo sensible, y que pasa por la transformación de las formas del arte en formas de vida. En este sentido, podemos decir que hay una metapolítica del arte estético que es una metapolítica del consenso, en el sentido estricto del término, en el sentido en que el consenso es el acuerdo del sentido con lo sensible que pasa por el acuerdo del sentido consigo mismo y de lo sensible consigo mismo: las ideas que se han vuelto sensibles y populares, y el pueblo, convertido en racional del *Programa sistemático más antiguo* del idealismo alemán. En este sentido, la estética no ha elaborado solamente una metapolítica del arte, sino una fórmula general de la metapolítica moderna: la realidad de la comunidad sensible en el lugar de las instituciones del Estado y de los disensos de la política, algo que empieza con la «revolución humana» del joven Marx, atraviesa la época futurista y constructivista para prolongarse todavía actualmente en el comunismo de las multitudes ligadas por el enlace material/inmaterial del *wifi*.

Esta relación problemática entre el reparto de los sensible tratado por la política/reglado por la estética se concentra en la genealogía que usted hace del régimen artístico. Afirma que «el estado estético schilleriano [...] es el primer —y, en cierto sentido, insuperable— manifiesto de ese régimen [que] señala claramente esta identidad fundamental de los contrarios». Ahora bien, dos objeciones pueden lanzarse a este respecto. Primero: aunque las Cartas sobre la educación estética del hombre *tienen por finalidad la resolución de las contradicciones de las «facultades humanas» y una armonía política asintótica, la construcción sigue siendo contradictoria (la facultad estética es ora trascendental, Carta 26; ora el producto de la contradicción actividad/pasividad, Carta 23). Segundo: la reflexión de Schiller sobre el arte, especialmente en su diálogo con Goethe, abandona toda idea de armonía y busca, al contrario, pensar las múltiples formas que puede adoptar la contradicción entre las dos categorías de poemas (causalidad y sustancialidad) y, por extensión, los géneros que así se definen (Goethe/Schiller,* Correspondencia I). *O, para decirlo de otra manera: desde su perspectiva, la idea del régimen estético del arte no parece schilleriana, sino más bien schellingiana. Es Schelling quien afirma, en efecto, que el arte es la identidad de los contrarios («el arte se basa, pues, en la identidad de la actividad consciente y de la actividad inconsciente»,* Filosofía del arte, § 19). *Esta idea está asociada a una ontología: el ser es uno. La indivisibilidad del ser se manifiesta entonces en la historia en tanto que en esta se exponen sus diversas determinaciones. ¿Es el régimen estético del arte una construcción propiamente schellingiana, o rechaza usted la distinción entre las tesis ontológicas, históricas y poéticas de Schiller y de Schelling (por ejemplo)? ¿Implica el régimen estético una ontología del uno o de lo múltiple? Si este régimen debe pensarse bajo la prescripción ontológica del Uno, ¿cuál es entonces su relación con la historia? ¿Y cómo pueden entonces pensarse diferentes regímenes de identificación del arte? Identificar las dos ideas, la schellingiana y la schilleriana, ¿no es entonces determinar una historicidad: hacer del régimen estético la culminación («el absoluto») del arte y consagrarlo a una eterna puesta en cuestión de su contradicción/ identidad matricial? Y, efectivamente, bajo este mismo régimen usted piensa tanto la literatura como el cine y las otras «manifestaciones» actuales del arte. ¿No es esta historicidad la que le lleva a afirmar finalmente que, a partir del mismo plano de igualdad, a partir del mismo régimen, se ha podido elaborar y pensar indefinidamente el poema de Mallarmé y el diseño de Behrens* (El destino de las imágenes)? *O, para decirlo con otras palabras, ¿no conduce el pensamiento de la igualdad a pensar en el arte la indiferenciación de las prácticas —corriendo así el riesgo de identificar los procedimientos de un poema con los de un utensilio producido en cadena— y a radicalizar en política la distinción entre procesos —corriendo así el riesgo de excluir del pensamiento político las condiciones del aparecer de sus cuerpos y de su organización? ¿Cuáles son los puntos fundamentales en la «guerra de los discursos» que usted lleva a cabo en contra de la noción de modernidad, tanto en política como en arte, para que se afirme tal diferencia respecto al pensamiento de un mismo reparto de lo sensible?*

Digamos, de entrada, que un régimen histórico de identificación de las artes no es una construcción filosófica, ni siquiera si da lugar a elaboraciones filosóficas específicas o si estas llegan a convertirse en máquinas de pensamiento anónimos (por ejemplo, el pensamiento de Schelling a través de Schopenhauer, el schopenhauerismo de la época y todos los epígonos finiseculares). Ni Schiller ni Schelling inventaron el régimen estético de las artes. Este se transformó a través de una multiplicidad de procesos a corto o largo plazo. La definición schellingiana de la identidad de lo consciente y de lo inconsciente no puede pensarse al margen de la tradición filológica que, a lo largo del siglo XVIII, se esforzó en transformar los poemas antiguos —de la Ilíada a la Biblia— en poemas colectivos que expresaban la vida de los pueblos y ya no las intenciones de creadores individuales, ni tampoco al margen de la nueva Antigüedad que los arqueólogos, a finales del siglo XVIII, sacan a la luz frente a la Antigüedad refinada de la época clásica. La idea schilleriana de la suspensión estética viene formulada en la época en que la Revolución Francesa plantea la cuestión de saber cuál es la identidad de los monumentos antiguos y los ornamentos de la grandeza monárquica, es decir, concretamente, si hay que destruirlo con aquellos cuya gloria celebraban o si hay que preservarlos en los museos donde expresarán el genio creador de la nación y del arte. Fueron las conquistas y el pillaje napoleónicos los que, antes que los filósofos, hicieron circular las obras arrancándolas de su contexto y alterando por ello mismo las jerarquías de los géneros. Asimismo, hay que afirmar que las elaboraciones filosóficas que han creado la estética como régimen de pensamiento del arte e inventado una idea estética de la revolución forman parte integrante del despliegue del régimen estético del arte, pero también que este no es la consecuencia de sus conceptos. Ello significa que la unidad del régimen estético del arte no es la unidad del Uno schellingiano y que este régimen no es la culminación hegeliana de la historia, sino que es ante todo el que abole el modo mismo de temporalidad que definía el progreso histórico del arte, confinaba el arte antiguo a su tiempo y, a la vez, a su ejemplaridad intemporal, obligaba a escoger su tiempo, etcétera. El régimen estético del arte no es ni schellingiano ni schilleriano, incluso si la forma de entidad que constituye una obra de arte se deja resumir en el mejor de los casos en la ontología schellingiana y si su forma de publicidad se deja explicitar en la idea de suspensión schilleriana. Su racionalidad, precisamente, puede enunciarse en una ontología monista como también en una ontología dualista.

Por tanto, si hay una unidad de este régimen, no es la del Uno que hace que todo sea similar. Los poemas de Mallarmé no son los hervidores o las bombillas eléctricas de Behrens. Pero unos y otros pertenecen a una configuración en la que los objetos utilitarios y los poemas puros dependen de un pensamiento de la materialización del arte y de la espiritualización de la vida material que comparten rasgos comunes definibles. Si me interesa la definición de esos rasgos comunes, no es para ordenarlos todos en una caja que me he creado para contenerlos, sino para rechazar los repartos que intentan definir una esencia del arte, una esencia de la modernidad o una esencia del arte moderno. Es para hacer aflorar una inteligibilidad propia del pensamiento del poema mallarmeano o de la visión social de los ingenieros que, sin ello, tiene todos los números para verse encerrada, por un lado, en el silencio sublime y, por el otro, en la esencia heideggeriana de la técnica, es decir, en pensamientos destinales. Ahora bien, lo que une mi trabajo sobre la política con el trabajo que realizo sobre estética es precisamente esto: extraer los pensamientos destinales que identifican un tiempo de la modernidad con un tiempo destinado al cumplimiento irreversible de un principio inmanente. En el pasado, se trataba del cumplimiento de la ley del progreso o de la historia. Actualmente, es la secularización de lo divino, la ruptura de la tradición humana, la esencia devastadora de la técnica, el narcisismo del individuo democrático de la masa y otras figuras de la gran catástrofe, ante lo cual se erige la resistencia de las vanguardias bajo el signo de lo sublime, la espera del dios que es el único que puede salvarnos o la gran revolución ontológica por venir. En ambos casos, lo que he intentado hacer es rechazar los repartos establecidos que separan la política de lo social o el arte del comercio, los cuales desembocan en última instancia en una inversión: el estado de excepción en el lugar del disenso político y el testimonio sublime en lugar de las operaciones del arte. Asimismo, he intentado deshacer el nudo entre el purismo de la separación y una concepción unilineal y destinal del tiempo. Mostrar el núcleo común de formas de arte que se oponen porque pertenecen a dos épocas diferentes o señalar la oposición de dos lógicas en el corazón mismo de lo que se confunde bajo el nombre de política, todo ello no son cosas que dependan de dos lógicas opuestas, sino de una misma manera de poner en cuestión las formas de descripción dominantes que son, en última instancia, las formas de consentimiento a la dominación. La manera como se anudan el pensamiento del tiempo y la cuestión de la igualdad y de la desigualdad es un hilo conductor que atraviesa todo mi trabajo, desde *La noche de los proletarios* hasta *El destino de las imágenes.*

Universalizar las capacidades de cualquiera[1]

[con Marina Garcés, Raúl Sánchez Cedillo
y Amador Fernández-Savater]

Se impone una pregunta a propósito de la «política de los sin parte». ¿Qué significa actualmente ser «sin parte», puesto que parece, teniendo en cuenta la precarización generalizada de la vida impuesta por las reglas del capitalismo posfordista, que podríamos atribuir esta condición a «cualquier» figura social?

Primero de todo, creo que debe clarificarse la noción de «sin parte». Para mí, es la figura de un sujeto político, y un sujeto político nunca puede identificarse de golpe con un grupo social. Por esta razón, digo que el pueblo político es el sujeto que encarna la parte de los sin parte —lo cual no significa «la parte de los excluidos», ni que la política sea la irrupción de los excluidos, sino que la

---

1. «Universalizar las capacidades de cualquiera», entrevista realizada por Marina Garcés, Raúl Sánchez Cedillo y Amador Fernández-Savater. Traducida del español por Antonia García Castro para la presente edición y revisada por Jacques Rancière. Esta entrevista fue realizada en Sevilla, donde Jacques Rancière había sido invitado por la revista *Archipiélago* y por *UNIA arteypensamiento* a un encuentro sobre «Nueva derecha: ideas y medios para la contrarrevolución». La versión española de este texto, traducida del francés por Raúl Sánchez, se publicó, con el título «Universalizar las capacidades de cualquiera: entrevista a Jacques Rancière», en *Archipiélago. Cuadernos de Crítica de la Cultura* 73-74 (2006), págs. 70-79.

política es, de entrada, la acción de sujetos que sobrevienen independientemente de la distribución de los repartos y las partes sociales–.[2] En el fondo, esta concepción se distingue de otra tradicional, marxista, que identifica un sujeto de la emancipación con cierta figura social producida por el desarrollo económico, por la producción capitalista. Ello remite a la cuestión de lo «precario», puesto que «precario» –en particular en la teorización de Hardt y Negri– designa una nueva dimensión económica, una nueva modalidad de trabajo y, al mismo, tiempo, se supone que define nuevas formas de subjetividad política. Según las tesis de estos autores, lo precario –en tanto que nueva figura– ocuparía el lugar del proletariado, en tanto que obrero de otro tipo, producido a fin de cuentas por otro tipo de economía; o, en otras palabras, ocuparía el lugar del obrero definido por la gran industria, por el fordismo, etcétera. Para pensar esta cuestión, hay que salir de la cuestión de la «precarización» y quizá también retroceder en el tiempo para encontrar lo que ha significado «proletario» precisamente en tanto que sujeto político. Toda la doctrina marxista tradicional define al proletario como el obrero formado por la gran industria y, particularmente, el obrero fordista. Ahora bien, cabe recordar que el movimiento obrero fue el resultado de obreros tan precarios como los trabajadores precarios actuales y que «proletario» define, ante todo, la relación entre una exclusión y una inclusión. «Proletarios» designa, ante todo, a aquellos que no tienen parte, a aquellos que viven, sin más, y al mismo tiempo designa, políticamente, a aquellos que no solo son seres vivos que producen, sino también sujetos capaces de discutir y decidir los asuntos de la comunidad. Así pues, representar la «parte de los sin parte» significa precisamente

---

2. Véase Jacques Rancière, «Dix thèses sur le politique», en *Aux bords du politique,* ed. aumentada, París, La Fabrique, 1998 [vers. cast.: *En los bordes de lo político, op. cit.*].

establecer un vínculo entre la cuestión del estatuto de una u otra categoría y la cuestión más general del poder de cualquiera. El corazón de la subjetivación histórica proletaria ha sido la capacidad, no de representar el poder colectivo, productivo, obrero, sino de representar la capacidad de cualquiera. Así, una forma de integración/exclusión económica es una cosa y una forma de integración/exclusión política es otra cosa. Uno puede encontrarse en una situación precaria y, no obstante, estar instituido en tanto que identidad por un sistema; pero también puede tenerse un estatuto de trabajador bien definido y, al mismo tiempo, identificarse completamente con esta esfera particular, estando excluido de la esfera de los asuntos comunes.

Centrémonos ahora en lo que usted llama «policía», es decir, el poder en tanto que capacidad de disponer los lugares, las partes, los atributos de cada uno, según una lógica que consiste en «contar las partes». A este respecto, ¿cómo funcionaría esta figura del poder policial —opuesta a la política en tanto que procedimiento de desidentificación— en la lógica de la sociedad-red, en la lógica conexionista, es decir, cuando ya no estamos definidos por la pertenencia a una estructura, sino por el acceso a y la conexión con la «red», que debe conquistarse a cada momento, bajo pena de desconexión y de caída en el vacío?

Creo que debe ponerse en cuestión el presupuesto de esta pregunta, a saber, la idea de que ya no vivimos en sociedades de pertenencias, que todo se ha vuelto precario, móvil, fluido, etcétera. Yo sigo pensando que todavía vivimos en un mundo «sólido», marcado por pertenencias, a pesar de todo lo que sostienen las teorías de una sociedad posfordista o posmoderna. No obstante, incluso partiendo de estos presupuestos, me parece que lo que se define es una forma de policía perfectamente concreta, que con más razón debe marcar ciertas pertenencias y ciertos límites. El hecho de que las posiciones sean móviles en el dominio individual no elimina la función policial en cuanto tal, es decir, la función de definición de categorías de estabilidad y de permanencia. Creo que pueden determinarse tres ámbitos en los que esta especie de redefinición de la policía es capaz precisamente de redefinir categorías estables:

a) Un primer ámbito es el de la reestructuración de los sistemas de la seguridad social, de los sistemas de organización del trabajo y de los sistemas de asistencia a los que no trabajan. Y ello porque, cuando hay mucha gente en estado precario, constatamos que el Estado se ampara de las funciones que antes venían compartidas y negociadas, principalmente entre el Estado y las organizaciones sindicales o las organizaciones surgidas de la sociedad misma. En una situación como la nuestra, asistimos a una tendencia por parte del Estado a monopolizar esas funciones: por ejemplo, a transformar los sistemas de solidaridad social en sistemas de protección fundados en retenciones fiscales. Si tomamos el ejemplo de los «intermitentes del espectáculo»[3] en Francia —que me parece un conflicto ejemplar desde este punto de vista—, vemos que esta categoría de trabajadores plantea un problema a los sistemas contables de la seguridad social, a saber: ¿qué es lo que constituye actualmente el estatuto social de un individuo? ¿Qué relación encontraremos de ahora en adelante entre los individuos, la estructura del trabajo y la pertenencia al Estado? Se determina otro ámbito desde el momento en que el Estado debe administrar el no-trabajo o el trabajo a tiempo parcial, etcétera; desde el momento en que debe administrar las relaciones entre el trabajo y la vida. La cuestión que se plantea entonces es: ¿quién es capaz o incapaz de llevar a cabo la reflexión sobre esta relación? Todos los debates sobre la reforma del sistema de pensiones, sobre las identidades ambiguas, como

---

3. *Intermittent du spectacle:* en Francia, trabajador autónomo de las artes escénicas con un régimen laboral específico. *(N. del T.)*

la de los intermitentes del espectáculo, plantean una cuestión referida a las formas de relación entre un pequeño segmento del mundo laboral y el resto de la sociedad, entre el presente y el porvenir, es decir, la cuestión de quién es capaz de pensar esta relación entre el presente y el porvenir. ¿Son capaces los intermitentes del espectáculo de pensar esta relación o se trata de un monopolio que poseería el Estado? En este último caso, el Estado sería el único capacitado para pensar la relación entre lo particular y lo general, y entre el presente y el porvenir.

b) El segundo punto nodal es la cuestión de los límites. El trabajo debe supuestamente volverse más precario, o más fluido, en un mundo en el que ya no hay en principio fronteras, en el que las riquezas y los seres humanos deben poder circular libremente. Pero sabemos perfectamente que lo que es válido en el caso de las riquezas no lo es en el caso de los seres humanos. Ello nos remite en particular a la cuestión de las fronteras, es decir, a la cuestión de quién puede o no entrar en un país. En este sentido, asistimos actualmente a un fortalecimiento de la pertenencia, que puede adoptar formas violentas –de rechazo al extranjero–, o bien ciertas formas policiales/pulidas, con la fijación de cuotas de extranjeros que pueden ser admitidos por año, etcétera. La cuestión de la inmigración –tal y como se la llama– ha sido siempre una cuestión práctica, vinculada a las diferentes olas migratorias. Hoy en día se vuelve una cuestión pública, es decir, en un momento en el que numerosas fronteras deben supuestamente desaparecer, resulta que se acaban reforzando las que afectan a los seres humanos –lo cual crea una contradicción en el sistema que intenta controlar ese flujo por la idea de límites, de cuotas, de competencias, de criterios–. Algunos intentan, inversamente, politizar la cuestión diciendo que todos los que quieren vivir en alguna parte tienen el derecho a hacerlo, que todos los que trabajan en alguna parte pueden ser ciudadanos del país en el que trabajan, etcétera.

c) Un tercer aspecto significativo de lo que, desde mi punto de vista, constituye una continuidad y, al mismo tiempo, una redefinición de la lógica de la policía es, en términos generales, la cuestión de los agentes, de los interlocutores válidos. Tomemos un país como Francia, por ejemplo, en el que reinan tradicionalmente los valores universales, los valores de la República, en el que no se reconocen las comunidades. Un país que se considera universalista se enfrenta con estas cuestiones de la siguiente manera: por un lado, el Estado define todo lo que es conflictivo como un problema que debe ser resuelto por medio de expertos. Ahora bien, cuando ya han intervenido, la lógica de la policía debe afrontar el problema: ¿cómo transformar los resultados de esos expertos en medidas aceptables?

Surge entonces la necesidad de encontrar interlocutores válidos. Hay que constituir a los interlocutores, hay que tener precisamente representantes de todos aquellos que se ven afectados por un problema determinado. La sociedad oficial se esfuerza de esta manera en decir que los interlocutores deben constituirse y que, ante los diferentes derechos —lo cual se manifiesta en Francia, una vez más, como el problema de la separación entre la sociedad oficial y la sociedad real—, hay que establecer un sistema de cuotas o que los partidos políticos deben incluir candidatos de las minorías en sus listas electorales, con cuotas de mujeres, con cuotas de personas de origen inmigrante, etcétera. Así se configura un nuevo punto de tensión, de conflicto entre política y policía, que puede formularse de la siguiente manera: ¿es lo que se establece una lógica policial de designación de representantes de las partes o de interlocutores oficiales de una negociación? O bien, ¿es lo que prevalece una lógica política que no concibe representantes de un grupo, sino enunciadores de un conflicto, no simplemente entre grupos, sino entre lógicas de constitución de la comunidad?

La irrupción política de los sin parte, intempestiva, que desplaza los límites, redefine los problemas, abre los espacios políticos, plantea el problema de la continuidad. En América Latina, por ejemplo, se está replanteando actualmente la cuestión de los contrapoderes, de una persistencia espacio-temporal de las irrupciones políticas, de una inscripción en la vida cotidiana del acontecimiento y de su relativa institucionalización en ruptura. ¿Podemos concebir una prolongación del acontecimiento político, más allá de su irrupción? ¿Cómo podemos persistir en él, organizar la política en función de una temporalidad que no sea solamente irruptora?

Primero de todo, hay que decir que no me considero un fanático del acontecimiento en tanto que irrupción. Creo que los acontecimientos, es decir, las secuencias de movimientos identificables, no son irrupciones, sino transformaciones del paisaje común. En este sentido, me parece que hay que salir de la oposición entre, por un lado, la irrupción de los acontecimientos y, por el otro, la organización, la cual sería algo sólido e instalado. Un acontecimiento es una transformación del tejido común, mientras que la cuestión de la organización consiste en saber cómo prolongar esa transformación de lo que es visible, sensible, de lo que se revela como posible para aquellos que venían considerados como incapaces, encerrados en su impotencia. Una organización no tiene interés en sí misma. La cuestión radica más bien en el problema relativo al porqué y para qué hay que organizarse; o, dicho de otra manera, se trata de saber en qué medida tal cosa es política, saber cuáles son los nudos políticos. Desde mi punto de vista, los nudos políticos siempre remiten a la parte de los sin parte, es decir, a la manifestación de una capacidad de cualquiera. La política se vincula a esa universalización de la capacidad de cualquiera. Y, en este sentido, lo que hay que prolongar, lo que está en el centro de la organización, es en el fondo esa capacidad de multiplicar la demostración que se ha producido en un momento y en un lugar determinados: cualquiera es capaz de acción política. Esto nos lleva, por otra parte, a la cuestión del tipo de temporalidad. Cuando pensamos en cómo prolongar el acontecimiento, nos encontramos trabados por dos tipos de temporalidad tradicional, a la cual nos vemos remitidos constantemente. El primer tipo es la temporalidad de la sociedad «política», la de los «hombres políticos», con sus vencimientos (elecciones, el tratado constitucional europeo, por ejemplo, etcétera). Se trata de un aplazamiento constante de todo combate, de su traducción en vencimientos institucionales. El segundo tipo es la temporalidad tradicional de las etapas. En este caso, se considera que nos vemos transportados por una especie de corriente de la historia, por el desarrollo del capital, por la transformación de los modos de producción. Y se trata, por tanto, de traducir todas las secuencias de movimiento de acuerdo con esa temporalidad por etapas: ¿cómo constituir nudos que sean cada vez más importantes de nuestro grupo?, ¿cómo constituir fuerzas cada vez más importantes del partido del mañana?, etcétera. Creo que hay que salir de esta doble temporalidad, es decir, que hay que aceptar el hecho de que no nos transporta la historia, por una especie de porvenir que ya estaría incluido, presente, en una especie de dinámica propia de la sociedad. Remito aquí a *El maestro ignorante,* en el que analicé la teoría de la emancipación intelectual según Jacotot. En esta se postula que la igualdad nunca es un objetivo, sino siempre un presupuesto. Así pues, lo importante es lo que permite en cada momento la presentación, la declaración, la encarnación de un poder de la igualdad, de un poder de la capacidad de cualquiera. Desde mi punto de vista, hay que salir de esa temporalidad de los objetivos, del futuro opuesto al presente, para pensar una temporalidad del crecimiento del presente, o del crecimiento de las potencialidades del presente, las cuales no se definen por cálculos estratégicos, sino por nuevas capacidades que pueden surgir, desarrollarse, confirmarse en cualquier momento. En este sentido, si es posible concebir una organización política, se trataría entonces de una organización que no solo permitiera una progresión por etapas, sino también una especie de crecimiento de las capacidades en todos los lugares en que este crecimiento puede afirmarse.

¿Qué experiencias concretas de movimientos políticos actuales podrían servir de ejemplo de esta modalidad de universalización en tanto que crecimiento y multiplicación de las capacidades de cualquiera?

Desgraciadamente, no existen muchos ejemplos de este tipo de crecimientos. En gran medida, y desde mi punto de vista, ello se debe a que las organizaciones políticas son prisioneras de dos modalidades de temporalización: unas veces, la temporalidad de los vencimientos de la política sistémica; otras veces, la temporalidad de las etapas de la revolución. En consecuencia, muchos movimientos que encarnan acontecimientos son, al mismo tiempo, movimientos que se cierran en su propio acontecimiento, a menudo en su propio medio, en su propio lugar, en sus propios nudos de problemas (por ejemplo, la revuelta de los barrios periféricos en noviembre de 2005). Hoy, a partir de un ejemplo francés, encontramos dos escenarios: por un lado, el escenario oficial (con sus elecciones, etcétera) y, por otro, como si se tratara de dos extremos, el escenario del margen, es decir, de las expresiones tales como la del movimiento de los sin papeles, la de los intermitentes del espectáculo... De ello se sigue una especie de división, en la que encontramos gente que dice: «Rechazamos la política oficial; nosotros hacemos una política real, que es la de las personas, una política en el lugar mismo», etcétera. Esto crea a veces formas de eficacidad bastante fuertes, pero que declaran que su fuerza reside en el hecho de que solo se ocupan de ellas mismas. Encontramos un ejemplo en el movimiento contra las expulsiones de las familias sin papeles que el gobierno francés está llevando a cabo desde hace algunos meses. Es un movimiento muy fuerte que se ha constituido en torno a escuelas frecuentadas por niños de familias sin papeles que han recibido una orden de expulsión y, por tanto, en torno a casos precisos: en tal escuela, hay tal niño de una familia que va a ser expulsada. Esto genera una implicación muy fuerte en torno a esta batalla concreta, que obtiene resultados aunque, en el fondo, se hace afirmando: «Nosotros solo nos ocupamos de esto; no nos ocupamos del resto, de la sociedad oficial, de las elecciones...». Tal es la situación. Pero, a mi entender, se trata de lograr constituir movimientos que sean capaces de decir algo, de expresarse en tanto que fuerza política sobre cualquier cosa. Tanto sobre los sin papeles como sobre la revuelta de los barrios periféricos o las elecciones presidenciales. Rompiendo, pues, esa especie de división entre lo que sería el escenario oficial y lo que sería el escenario de la acción concreta. Sin embargo, han surgido algunos movimientos interesantes. Por ejemplo, en la primavera pasada, en Francia, el movimiento contra el Contrato de Primer Empleo (CPE),[4] constituido principalmente por jóvenes. Lo interesante en este movimiento es que fue impulsado por gente que no pertenece al «mundo del trabajo» asalariado, de modo que no se trata de una lucha por la defensa de los intereses de un grupo, de una institución..., sino de un combate sobre la articulación entre dos bloques de la sociedad: el de la formación y el del mercado laboral. A este respecto, pienso que ha habido avances importantes en el seno del movimiento. No obstante, el problema radica más bien en constituir una organización que sea capaz de erigirse en agente general de la política: no solo de prolongar los acontecimientos, sino que sea capaz de declararse no únicamente como agente parcial (que sea capaz de romper esa lógica de los agentes parciales específicos de uno u otro combate); es decir, una organización,

---

4. En francés, «*Contrat première embauche*». (*N. del T.*)

como ya hemos dicho, capaz de manifestarse sobre cualquier cosa (ya sea la cuestión de los sin papeles, las elecciones presidenciales o el conflicto israelí-palestino) para expresar, en todos los lugares, la capacidad de cualquiera.

Ahora bien, dicho esto, no tengo soluciones para este problema. Para mí, el problema consiste de entrada en redefinir lo que es político, es decir, quién es capaz de política. Desde mi punto de vista, esta es una condición previa para toda teoría de la organización. En la situación en la que nos encontramos, y respecto a la organización, habría que pensar en algo así como un fórum. Pero un fórum convoca a menudo a decenas de organizaciones, teniendo cada una su punto de vista, sus intereses..., e intentando convencerse las unas a las otras. Se trata, en verdad, de una estructura muy alterada por la lógica de la organización. Para responder a esa tendencia, cada acontecimiento, cada conflicto, tendría que poder constituir su propia memoria, su propia acumulación, apropiándose de otras cuestiones. Los que trabajan en el ámbito altermundialista, en los derechos de las mujeres o de los homosexuales, de los extranjeros..., tendrían que constituir el espacio en el que esta apropiación mutua pueda tener lugar, en el que se pueda hablar de todo. O dicho de otra manera, lo que se discute es esta ampliación de las capacidades, pero no solo la prolongación de los acontecimientos, sino la declaración de que, en el fondo, no hay agentes parciales, vinculados exclusivamente a uno u otro combate. En caso contrario, tan solo hay una capacidad de universalización de los acontecimientos preformada por la lógica sistémica o por la lógica de la historia.

¿Podemos luchar sin un horizonte utópico de transformación generalizada de la sociedad o bien, sin ese horizonte, estamos condenados a los movimientos políticos que se limitan a decir «No» (no a la guerra, no a la gestión engañosa del Partido Popular tras los atentados del 11 de marzo de 2004, no al CPE...)?

Son dos aspectos fundamentales de un mismo problema: la articulación de lo afirmativo y de lo negativo en la acción política. En primer lugar, creo que todo conflicto social significativo se plantea de entrada como una defensa ante un ataque, fundamentalmente como una defensa frente a un ataque del Estado. Pero, al mismo tiempo, en todo conflicto hay justamente una afirmación de capacidades. En todo conflicto social, ya sea la reforma del mercado laboral o la de los sistemas de seguridad social, no se trata solamente de saber quién pagará la protección social, sino de quién es capaz de pensar la comunidad y el porvenir.

Encontramos esta afirmación de las capacidades en, por ejemplo, los conflictos que plantean los sin papeles, y se manifiesta en la refutación de la parte que les está asignada al ser considerados como gente miserable, incompetentes políticamente. Y, evidentemente, no lo son. Ellos desarrollan una capacidad para hablar de la comunidad y, por ello, dejan de ocupar la parte de víctimas.

Un segundo aspecto remite a la cuestión de saber si podemos actuar políticamente sin tener una visión clara de una sociedad por venir. Mi posición consiste en afirmar que sí: no es necesario tener una visión clara de lo que sería, por ejemplo, la sociedad socialista. Hoy, un movimiento político puede desarrollar el poder de sus afirmaciones sin una referencia clara a esta sociedad por venir, lo cual no significa que ello no constituya ciertamente un límite, un límite difícil de sobrepasar. En toda lucha, hay un porvenir en juego, pero nunca sabemos cuál es el sentido de ese porvenir. De ahí que resulte difícil evitar una especie de perplejidad y la caída en porvenires ya constituidos como, por ejemplo, en el caso de la teoría de la autonomía.

El nuevo discurso antidemocrático[1]

[con Amador Fernández-Savater]

En El odio a la democracia, *usted describe una vasta operación intelectual, mediática y (anti)política que redefine la democracia como «el reino de los deseos ilimitados del individualismo consumista» y el origen de todos los problemas de nuestra época (decadencia de la escuela, anomia social, guerra de todos contra todos, incivismo...). Según los artífices de esta operación, el capitalismo no tiene nada que ver con la producción masiva de subjetividad consumista y clientelar (ni siquiera aparece en los análisis que ellos proponen): la responsable es la democracia. ¿Cómo se ha producido esta impresionante inversión de sentido?*

La denuncia de la democracia como reino del individualismo es un *topos* del pensamiento contrarrevolucionario desde la época de la Revolución Francesa. Este individualismo era considerado

---

1. «Le nouveau discours anti-démocratique», entrevista realizada por Amador Fernández-Savater. Texto francés establecido para la presente edición por Jacques Rancière. Esta entrevista fue realizada por la revista *Archipiélago* y *UNIA arteypensamiento*, como preparación para el encuentro sobre «Nueva derecha: ideas y medios para la contrarrevolución». La versión española de este texto, traducido del francés por Marina Garcés, se publicó, con el título «El nuevo discurso antidemocrático: entrevista con Jacques Rancière», en *Archipiélago. Cuadernos de Crítica de la Cultura* 72 (2006), págs. 87-92.

por entonces como la marca del protestantismo, que la época de las Luces había prolongado y que tenía su culminación en la destrucción revolucionaria de los cuerpos que aseguraban la cohesión de la sociedad. Pero este *topos* no ha definido solamente el sistema de pensamiento de los nostálgicos de la «comunidad» de moda monárquica, católica y feudal. Es un *topos* que también se ha presentado como la descripción adecuada de la sociedad que se imponía en los años de la Restauración contrarrevolucionaria en Europa, a saber, la sociedad regida por la industria capitalista. Los cuatro términos (capitalismo, egoísmo, individualismo, democracia) se pusieron en un mismo plano a principios del siglo XIX, equivalencia que ha marcado todas las formas de oposición al orden económico y estatal dominante, desde el «liberalismo» a la manera de Tocqueville hasta las diversas versiones del socialismo. Equivalencia que marcó particularmente el pensamiento del joven Marx y la tesis de *La cuestión judía*: la democracia es el reino del «hombre», es decir, del individuo propietario egoísta, escondido tras el ideal abstracto del «ciudadano». Por ello, «capitalismo» y «lucha de clases» siempre son susceptibles de borrarse tras significantes como «individualismo» o «pérdida de lazos sociales».

El final oficial de los regímenes «comunistas» tuvo como consecuencia que la tesis marxista –que identificaba la democracia con la forma cuyo contenido es la propiedad privada– se encontrara desconectada de su complemento (la revolución como realización de la «democracia real») y se viera entonces reconducida a su terreno original: la crítica del «individualismo democrático». Así es como la crítica de la economía mercantil ha podido convertirse en la crítica del consumidor democrático. Y dado que, según la lógica de la tesis contrarrevolucionaria, el individualismo democrático conduce al Terror, ese «consumidor democrático» se ha acabado considerando como el precursor del totalitarismo. No debe olvidarse que los intelectuales que identifican actualmente la democracia con el reino de los deseos individuales y anuncian en consecuencia los horrores del «totalitarismo democrático» (en Francia, por ejemplo, Finkielkraut, Gauchet, Milner...) se formaron en el marxismo. Es un fenómeno que sobrepasa la cuestión de las trayectorias individuales. El derrumbe del comunismo liberó el marxismo de todo tipo de apropiación: el sentido de la historia y la necesidad económica se volvieron (de nuevo) el pensamiento oficial de los apologistas del mercado sin límites, la crítica de la «democracia formal» se volvió (de nuevo) la crítica de la democracia misma. El sistema de equivalencias desplegado por el pensamiento contrarrevolucionario permite, en resumen, borrar ciertos términos bajo otros. Actualmente, permite borrar «capitalismo» tras «consumo» y «lucha de clases» tras «individualismo».

El discurso antidemocrático opone a la subjetividad consumidora —que es insolidaria, errática y caprichosa— un «principio social del límite» encarnado en las instituciones que representan el «bien común»: República, Constitución, Parlamento. No obstante, usted afirma que lo que este discurso está defendiendo es, en el fondo, la «neutralización del pueblo y de la política». ¿Cómo debe entenderse esto?

El discurso dominante opone simplemente la anarquía de los deseos individuales al sentido de la comunidad. Esta simple oposición permite, de hecho, identificar el principio político con la simple primacía de lo universal sobre lo particular y asimilar la comunidad política al poder de una instancia de la autoridad común que se impone frente a la anarquía de los deseos individuales. Esta oposición reduce la política a lo que llamo «policía», es decir, la simple ordenación del cuerpo social bajo la autoridad de una competencia que distribuye lugares y funciones. La política como «poder del pueblo» es algo muy diferente. No es el poder común, es el poder de cualquiera, la afirmación de la ausencia de fundamento del poder. Tal es la «anarquía» que se encuentra en el fundamento de la política y que el discurso antidemocrático quiere reprimir tras la visión piadosa del bien común opuesto a los apetitos individuales: la política significa que no hay una «competencia» que otorgue el derecho a gobernar las comunidades. La política siempre es ese suplemento del poder de todos que se opone a la identificación del poder común con el poder de aquellos que están autorizados para gobernar por su nacimiento, su ciencia... No hay *un* bien común. La política empieza cuando ese bien común se convierte en tema de litigio, cuando se sustrae ese bien común al monopolio de los que pretenden encarnarlo.

¿Cuáles son las similitudes y las diferencias entre ese nuevo discurso antidemocrático y el discurso que crearon en un momento dado «reaccionarios» ilustres como Platón, o viejos contrarrevolucionarios como Joseph de Maistre o Donoso Cortés?

Como ya he comentado antes, ese discurso actual retoma algunos elementos de base del discurso contrarrevolucionario o antidemocrático clásico. Retoma especialmente las formas de descripción de la sociedad individualista, de la pérdida de «lazos sociales», etcétera. Ahora bien, precisamente, la política es ante todo una manera de describir la comunidad, de definir lo que se da a ver y a pensar, lo que constituye el marco de una acción posible. A partir de ahí, el nuevo discurso antidemocrático puede autorizarse ciertas variaciones tomando prestadas nuevas máscaras de otros discursos. Para caracterizar el «individualismo democrático», por ejemplo, puede retomar los puntos capitales de la denuncia marxista contra el reino de la mercancía o de la crítica situacionista de la «sociedad del espectáculo». O bien, para deplorar la ruina de la religión, de la familia o de los «lazos sociales», puede utilizar la formalización lacaniana de lo simbólico, de lo imaginario y de lo real, como lo hacen Pierre Legendre o Jean-Claude Milner. Vemos entonces cómo los discursos europeos más sofisticados coinciden con los discursos más burdos de los evangelistas estadounidenses.

La escuela es uno de los terrenos precisos en los que se pueden advertir los diferentes discursos sobre la democracia. El discurso (neo)republicano denuncia que la escuela sufre una excesiva democratización: demasiada igualdad entre profesor y alumno, demasiada participación fomentada por los «pedagogos de la escucha» que provienen (supuestamente) del 68. En resumen, la inmadurez al poder. ¿Cómo funciona ese discurso preciso sobre la escuela, inscrito en el discurso antidemocrático más general, para domesticar «el exceso constitutivo de la política»?

La escuela es el lugar simbólico en el que una sociedad y un poder se representan la lógica de su funcionamiento. La escuela está naturalmente en el centro del discurso republicano, puesto que este discurso, desde Platón, pretende identificar el ejercicio del poder común con la formación de las costumbres de una comunidad. Es también el lugar simbólico ejemplar para introducir la cuestión del poder económico y social bajo la cuestión de la relación entre comunidad e individualidad, es decir, para transformar también la lucha contra la desigualdad en una lucha contra la igualdad. Así, el discurso «republicano» sobre la escuela se inscribió primeramente en una problemática referida a la «igualdad de oportunidades», es decir, al papel atribuido a la escuela en la lucha contra la fatalidad que consiste en la reproducción del orden social. Tal discurso reivindicaba, pues, la extra-territorialidad de la escuela como garantía de su independencia respecto a la lógica que estructura la sociedad en función de las necesidades del capital. El reconocimiento del carácter «desigual» de la relación pedagógica aparecía entonces como el medio de realizar los fines *igualitarios* de la escuela. Pero, como intenté mostrarlo en *El maestro ignorante,* la igualdad no es un fin, según Jacotot, sino un punto de partida. La relación escolar no es el medio de la relación social. Cada una es la simbolización de la otra. No hay una desigualdad escolar al servicio de la igualdad social. En el caso de la escuela, como también respecto a la sociedad y al ejercicio de los poderes públicos, la relación desigualitaria solo funciona si está ligada a la relación igualitaria: el maestro transmite su saber o el jefe hace que se ejecute su orden en la medida en que el alumno o el subordinado entienden lo que dicen y son capaces de ejecutarlo. La cuestión consiste entonces en saber cómo se trata ese nudo, qué relación se privilegia. El privilegio otorgado por los «republicanos» a la desigualdad pedagógica, pretendidamente como un medio de igualdad, era de hecho una decisión de desigualdad que se ha ido acentuando cada vez más. La lucha por la igualdad de oportunidades se ha convertido en una lucha contra el igualitarismo de los individuos consumidores, en favor de la restauración de la jerarquía, de la trascendencia...

Indudablemente, el principal acusado del discurso antidemocrático es Mayo del 68, en el cual participaron muchos de esos acusadores. Si la democracia es sobre todo «el reino de los deseos ilimitados del individualismo consumista», Mayo del 68 fue la hoguera en la que se quemaron definitivamente los restos de los lazos sociales tradicionales que hacían de nosotros algo más que esas «partículas elementales». ¿Qué desorden evoca todavía Mayo del 68 para ser tan insostenible a ojos del discurso dominante? ¿Se trata del mismo odio a la democracia que incita a ensañarse contra el movimiento altermundialista, contra las revueltas de los barrios periféricos o contra la contestación política del Contrato Primer Empleo (CPE)?

El odio a Mayo del 68 está de hecho sobredeterminado. Hubo evidentemente el odio de los partidarios del orden establecido frente a un movimiento que dejaba al descubierto el secreto del fundamento de la autoridad, a saber, el hecho precisamente de que no tiene fundamento último, que todo el sistema del orden social puede derrumbarse como un castillo de naipes. Esa es la revelación intolerable de Mayo del 68: la revelación de la contingencia última del orden social, del principio anárquico que sostiene el orden estatal mismo. El odio a 1968 es primero el odio a la igualdad, el odio suscitado por la afirmación de la inteligencia de todos y de la contingencia del poder. Pero el odio suscitado por el 68 ha sabido recodificarse: en un primer momento, denunció a los que querían instituir en Francia el orden del Gulag. A medida que la amenaza soviética perdía su valor de espantajo, el discurso anti-68 se transformó en otra forma de denuncia, pretendidamente anticapitalista: se dijo entonces que Mayo del 68 había sido una revuelta de jóvenes ávidos de romper las barreras a la satisfacción de sus deseos consumistas; que ese movimiento preparó, sin saberlo, el triunfo del mercado y del consumo rompiendo las barreras tradicionales que lo contenían: la autoridad, la religión, la familia...

Esta transformación se produjo por el resentimiento de los agentes del movimiento mismo cuando el movimiento cayó: el fracaso de su deseo de transformar el mundo se convirtió en resentimiento contra la ideología que les hizo creer que podían cambiar el mundo. Tras lo cual vino el resentimiento de los más jóvenes –la generación de Houellebecq y compañía–, que se muestran celosos por haberse visto privados de las «ilusiones» de los mayores y que han invertido el sentido del resentimiento afirmando que la generación del 68 les había forjado, con su falsa revuelta, un mundo marcado por el triunfo de la barbarie del consumismo. Aún hoy, la denuncia de todos los movimientos que quieren cambiar el mundo se alimenta de ese doble discurso. Lo hemos podido ver durante la movilización anti-CPE. Se ha acusado a los jóvenes que se han implicado de querer restaurar las ilusiones revolucionarias de Mayo del 68 y, al mismo tiempo, de ser en realidad reformistas preocupados solamente por asegurar una buena adaptación de la Universidad al mercado. Los antiguos sesentayochistas que forman la vanguardia de la reacción intelectual les decían al mismo tiempo: «No intentéis de nuevo, como nosotros, querer hacer la revolución». Y, también: «Nuestra revolución era diferente de vuestro miserable movimiento reformista».

De Joseph de Maistre hasta Carl Schmitt, el discurso reaccionario ha puesto en cuestión (desde posiciones aberrantes en la mayoría de los casos) algunos fetiches de la izquierda: la confianza en la razón, la equivalencia entre progreso y felicidad, el sueño de tabula rasa, el cosmopolitismo abstracto... En este sentido, ¿hay algo interesante en el nuevo discurso democrático?

A mi entender, lo que caracteriza la situación actual es de hecho la concurrencia de dos discursos reaccionarios que han confiscado, cada uno por su cuenta, una parte de la herencia progresista o revolucionaria. Por un lado, existe un discurso «progresista» que presenta la liquidación de las conquistas sociales y el desarrollo de las burocracias internacionales irresponsables como necesidades del movimiento histórico, y estigmatiza en consecuencia las luchas democráticas que se oponen a ello como luchas «populistas» para el mantenimiento de antiguos privilegios e ideologías desuetas. La reivindicación del progreso racional, el sentido de la historia, el «combate por la democracia» y el cosmopolitismo se han convertido así en la marca distintiva del discurso oligárquico dominante. Simétricamente, la denuncia de la ley de la mercadería se ha visto confiscada para acabar sirviendo a una denuncia de la democracia y la glorificación de la ciencia se ha transformado en glorificación de la autoridad que transmite el saber, en reivindicación de un retorno a los valores de la autoridad, a la ley de la filiación, al respeto de la élites, etcétera. Esta tradición se ha declarado heredera de la época de las Luces y la ciencia para desembocar finalmente en el elogio sin ambages de la autoridad y de la trascendencia. Creo que esta coyuntura de doble confiscación debe empujarnos a extraer la racionalidad propia del principio igualitario y democrático, sustrayéndola de las ambigüedades del pensamiento histórico del progreso y de la educación –pensamiento que esos dos discursos retoman erigiéndose así en sus herederos–. Hay que separar lo incondicionado del principio igualitario y el desarrollo de sus consecuencias de toda visión del sentido de la historia o de la necesidad objetiva.

Los territorios del pensamiento compartido[1]

[con Jacques Lévy, Juliette Rennes y David Zerbib]

David Zerbib [DZ]: Empecemos por una pregunta de orden general sobre la manera en que usted podría presentar su obra, con los aspectos compuestos y dispersos que lo sitúan —es una de sus propias reivindicaciones— del lado de la interdisciplinariedad. ¿Qué lazos, qué dinámicas, qué hilos conductores tejen la trama de su trabajo?

El hilo conductor de lo que he hecho es un intento por reformular una pregunta muy sencilla: ¿cómo alguien, en un lugar preciso, puede percibir y pensar su mundo? Se trata de poner en cuestión la manera en que este problema se ha planteado bajo el concepto de ideología en el marxismo o de desconocimiento en la obra de Pierre Bourdieu. En estos dos tipos de pensamiento, se afirma que la gente tiene una manera de ser y de pensar determinada tanto por su lugar como por su incapacidad de situar ese lugar en un orden del mundo. Por mi parte, adopté muy pronto una posición polémica frente a esta visión, pero también contra la visión inversa, que estaba de igual manera en boga en

---

1. «Les territoires de la pensée partagée», entrevista realizada por Jacques Lévy, Juliette Rennes y David Zerbib, publicada en EspacesTemps.net, Actuel, 8 de enero de 2007, www.espacestemps.net/document2142.html.

los años setenta y que apelaba a una autenticidad reencontrada de la palabra o del pensamiento popular contra su sumisión a las ideologías «manipuladoras». Trabajando sobre la historia de la emancipación obrera, me di cuenta de que esta no traducía de ninguna manera el paso de una ignorancia a un saber, ni la expresión de una identidad y de una cultura propias, sino más bien una manera de atravesar las fronteras que definen las identidades. Todo mi camino se ha concentrado en esta cuestión, que llamé posteriormente el «reparto de lo sensible»: pensar cómo se organiza, en un espacio dado, la percepción del propio mundo, cómo se vincula una experiencia sensible a modos de interpretación inteligibles.

El reparto de lo sensible

Este hilo conductor de mis trabajos desembocó, por un lado, en una teorización de la política en términos de conflictos entre mundos perceptibles y, del otro, en una teorización de la estética en términos de ruptura sensible, en términos de definición de un campo de experiencia en ruptura con respecto a otros campos de experiencia.

Jacques Lévy [JL]: Si intentáramos identificar el origen no cognitivo de su impulsión hacia el conocimiento, ¿podríamos decir que es militante? Usted ha hablado de «polémica»...

Polémica no quiere decir necesariamente militante. Polémica significa que se trata de marcar el *polemos,* el carácter litigioso de ciertos repartos dados como evidentes y, de entrada, el reparto mismo entre saber e ignorancia. Desde este punto de vista, militantes y científicos comparten a menudo los mismos presupuestos. Y, para devolverle su fuerza a la emancipación obrera, tuve que polemizar tanto contra los unos como contra los otros.

Juliette Rennes [JR]: Una de las expresiones de ese carácter polémico de su trabajo es el posicionamiento crítico que usted adopta en relación con cierto uso dominante, consensual, de palabras como «política», «democracia» o «república» que, como lo muestra en El odio a la democracia, *defienden una forma de conservación del orden social. Su trabajo también se implica en formas de batallas semánticas.*

Sí, pero no en el sentido de devolver a las palabras su «verdadero» sentido o de atacar el uso «fraudulento» de las palabras. No es una cuestión de disimulación, sino que es una guerra sobre el sentido de las nociones. Hay una guerra en torno a la palabra *democracia* que ya está en la palabra misma, hay una guerra sobre la palabra *república,* son guerras de principios. Hay algo insoportable en la democracia, tal y como la defino, a saber, la capacidad de cualquiera. Y, ante eso que resulta insoportable, puede reaccionarse de dos maneras. Existe una manera *soft* que fija la democracia como cierto tipo de constitución, en el que el poder del pueblo está limitado a las elecciones y viene garantizado de hecho por los representantes; y existe la manera fuerte que consiste en oponer «república» y «democracia», en hacer de la república el verdadero nombre del vínculo político comunitario y de «democracia» el nombre de un modo de vida social en el que cada uno hace lo que le place, un régimen de «pérdida de lazos» que tiene como consecuencia el advenimiento del totalitarismo. Esta última tendencia es muy fuerte hoy en día. El libro de Jean-Claude Milner, *Les Penchants criminels de la démocratie européenne,* aparece así como síntoma; cada vez más, un discurso intelectual caracteriza la democracia como el poder de los individuos-consumidores que amenaza el buen orden político y los lazos sociales. En el discurso dominante se retoma, paradójicamente, la crítica marxiana de la democracia como máscara de la dominación económica. Pero, en este caso, sirve para sustituir la crítica del sistema capitalista por la crítica del «individuo democrático», a quien se atribuye el poder del mercado. De modo que se acaba identificando simplemente democracia, individualismo y consumo.

DZ: Algunos pensadores de su generación con los que usted ha establecido relación reivindicaban la necesidad de «comprometerse». ¿Cómo se posicionó usted ante la cuestión del compromiso de los intelectuales? ¿Y qué piensa de ello actualmente?

No sé muy bien qué significa estar «comprometido». Empecé a trabajar en los años sesenta, en un ambiente cognitivo muy marcado por el marxismo, en un periodo en el que, para decirlo en palabras de Chris Marker, «el fondo del aire era rojo». Se tenía la impresión de que un gran movimiento de ruptura cognitiva correspondía a una emancipación. De ese ambiente y de ese periodo me quedó grabada cierta sensibilidad por todo lo que es posibilidad de ruptura, por la relación entre ruptura cognitiva y política, ruptura cognitiva y posibilidad de emancipación. Las cuestiones cognitivas siempre han estado vinculadas para mí a cuestiones de igualdad y de desigualdad.

JL: Usted afirma que hay ciertas cosas que ha conservado del periodo marxista. Pero ¿qué es entonces lo que no ha conservado?

Lo que no he conservado es el cientificismo dominante, la fe en una forma de necesidad histórica, objetiva, de la emancipación. Mi posición pasó rápidamente a apoyarse, al contrario, en la idea de una contingencia fundamental del orden existente, en la idea de que toda emancipación era de alguna manera un proceso contingente. De ahí resulta mi alejamiento respecto a los debates sobre la modernidad y la posmodernidad, y mi relativa indiferencia respecto a los pensamientos que declaran que ha acabado una época de la historia, que hemos entrado en un mundo que es «post-». También me distancié muy rápidamente de la idea de una posición privilegiada del científico que describe la realidad y define, mediante tal descripción, sus condiciones de transformación.

JR: Esta crítica de una posición privilegiada del científico que produciría los conocimientos necesarios para la emancipación es uno de los puntos fundamentales de su oposición respecto a Pierre Bourdieu...

Bourdieu analiza la relación dominación/sujeción en términos de conocimiento e ignorancia. Comparte con la tradición marxista la idea de que la gente se encuentra dominada porque no conoce las condiciones de su explotación. Pone entonces el conocimiento del sistema de sujeción como una condición de acceso a la liberación. Desde el principio afirmé contra Bourdieu que esa no es la cuestión. Uno no está bajo una relación de sujeción porque ignore los mecanismos de tal sujeción. La historia de la sujeción obrera me mostró que el conocimiento y la ignorancia se dividen en dos: conocer una situación es quizá también una manera de participar en ella. La posibilidad de la emancipación, al contrario, depende entonces del hecho de ignorar cierto tipo de necesidad que te obligaría a encontrar tu propio lugar. La emancipación no implica un cambio en términos de conocimiento, sino en términos de posición de los cuerpos. Por ello he insistido en la dimensión «estética» del problema de la emancipación. No obstante, «estética» no remite aquí a una teoría de lo bello o del arte, sino a un modo de inscripción en un universo sensible. En el siglo XIX, ser obrero es estar provisto de cierto cuerpo, definido por capacidades e incapacidades, y por la pertenencia a cierto universo perceptivo.

La emancipación es una ruptura con esa corporeidad, por ejemplo, una ruptura entre la mirada y los brazos. Es la ruptura de una adecuación entre cierto tipo de ocupación y cierto tipo de equipamiento intelectual y sensorial. Por ello, precisamente, la emancipación es una ruptura estética y la crítica simplista que hace Bourdieu de la «ilusión» estética lo lleva a confirmar al contrario que cada uno está necesariamente en su lugar y que solo el conocimiento que aportan los que saben puede ofrecer una salida. La teoría del conocimiento necesario para la emancipación es también la teoría del aplazamiento infinito de la emancipación: es el modelo pedagógico. La distancia entre los que saben y los ignorantes se prorroga así indefinidamente. Respecto a esta oposición a la sociología de Bourdieu, no he variado: el hecho de que Bourdieu adoptara cierta posición durante los movimientos de 1995 de la que me sentía cerca no ha alterado esta distancia. Toda la teoría de Bourdieu acerca de la reproducción y de la distinción se ajusta al modelo sociológico clásico que supone que una condición define necesariamente cierto tipo de presencia en el mundo y, así pues, cierto tipo de conciencia.

Romper las fronteras de las competencias en el mapa político

JR: Este rechazo del principio según el cual el conocimiento sería una condición previa para la emancipación equivale también a poner en cuestión cierto papel de «aclarador» asumido por el que sabe (científico...) en las luchas por la emancipación. ¿A partir de qué modelos alternativos se representa eventualmente el papel del pensador político? ¿Podría afirmarse que la imagen del «maestro ignorante» —que usted ha utilizado, en el libro epónimo, para señalar su rechazo al reparto propiamente pedagógico entre los que saben y los ignorantes— funcionaría también para describir el trabajo del filósofo político en la ciudad?

No sé si puede hablarse de un ámbito de competencias específico que sería el del «filósofo político». El papel que siempre he desempeñado es precisamente el de romper esos tipos de especialidades, esas competencias que tienden a reafirmar la repartición de los papeles contra la cual deberían luchar. En el fondo, ¿qué puede hacerse cuando se escribe sobre política? Uno de los objetivos es quizá señalar la doble contingencia de la política y del pensamiento: reconfigurar el campo del saber un poco a la manera en que la emancipación es la reconfiguración del campo de la percepción de un individuo. Romper las fronteras que definen los territorios, las competencias. Esta posición significa que nunca hay una consecuencia práctica directa de la teoría, en términos de liberación y de emancipación; hay desplazamientos que modifican el mapa de lo que es pensable, de lo que es nombrable, perceptible y, por tanto, también de lo que es posible. Si se producen avances, deben ser pensados en términos de englobar topografías y no en términos de aplicación de un saber. La política se define como cierto mapa de lo que es político, de lo que se da a la inteligencia de todos, de los problemas comunes, cierto mapa que señala la distribución de las competencias y de las incompetencias en relación con esos problemas comunes. Lo que intento hacer en el dominio del pensamiento es contribuir a la posibilidad de otros mapas de lo que es pensable, perceptible y, en consecuencia, factible.

JL: ¿Qué papel desempeña la historia en este proceso? Usted ha publicado un libro sobre el relato histórico, titulado Los nombres de la historia: *puede interpretarse, por una parte, como un intento de contestar la pretensión de la historia de ser una ciencia. No obstante, usted mismo fundamenta sus análisis en sólidas bases empíricas y ha hecho un trabajo de investigación que se apoya en métodos propios del historiador.*

Encontramos aquí una doble exigencia. Por un lado, estos asuntos de dominación y de liberación, de saber y de ignorancia pueden y deben ser puestos a prueba mediante una investigación sobre sus formas efectivas, la cual rompe las falsas evidencias de los repartos filosóficos. Pero no se trata simplemente del refuerzo que una disciplina aporta a otra. Se trata de romper las separaciones disciplinarias porque es la condición misma de la inteligibilidad del objeto. La práctica del archivo es posible para cualquiera. Para ello no es necesario ser historiador, en el sentido de miembro de cierta corporación que dispone de métodos que solo le pertenecerían a ella. Toda disciplina tiende a presentar como método de investigación lo que custodia las fronteras. Si se acepta esto, se valida entonces el reparto entre los que son investigadores y los que siempre serán objetos de investigación. En mi caso, no se ha tratado de añadir la competencia del historiador a la del filósofo, sino más bien de poner a ambas en cuestión. No hay, por un lado, las ciencias positivas y, por el otro, las ciencias reflexivas. La filosofía no es un discurso *sobre,* sino un discurso *entre,* un discurso que pone en cuestión los repartos entre los territorios y las disciplinas. Si la historia o la sociología son ciencias, lo son de entrada a través de actos de lenguaje, de procedimientos discursivos que definen el territorio mismo en el que aspiran a ser ciencias. Así pues, lo que llamamos objetos, métodos y territorios de las ciencias humanas y sociales siempre son, al mismo tiempo, decisiones de pensamiento, decisiones que separan los actos que son del pensamiento y los que son el objeto de ese pensamiento. Estas decisiones pasan por discursos que dependen de una poética, en el sentido de *re-trabajar* las posibilidades del lenguaje. Para que haya sociología o historia, hay que redefinir la relación entre los modos de ser y las capacidades de pensamiento que implican.

Para que hayamos podido hacer una historia de las masas, tuvo que haber primero esa revolución poética que llamamos literatura. Pudo surgir la «nueva historia», la historia de las mentalidades, porque la literatura había roto la separación entre gente considerada como un grupo que pertenece a la historia y gente cuya vida no era considerada como digna de ser explicada.

Ocupando una situación institucional de «filósofo», he intentado utilizar esa situación para promover un pensamiento de la filosofía, no como reflexión sobre la disciplina, sino como un esfuerzo de derribo de la división entre disciplinas. Porque la división siempre es, en última instancia, una separación entre los que son capaces y los que no lo son. Ahora bien, mi idea fundamental es que hay diferentes *maneras* de delimitar territorios, pero los *objetos* pertenecen a todos. Lo que llamé «poética del saber» depende de esta voluntad de devolver los métodos de las ciencias a un territorio que es el del pensamiento compartido.

Poder de cualquiera, capacidad de todos

JL: *Su crítica a una pedagogía elitista, ¿no tiene como efecto interesante la democratización de la responsabilidad? Si cada uno es amo de su relación cognitiva con el mundo, es también responsable de esa competencia que le da ese conocimiento del mundo. ¿Acaso esto no acerca su posición, paradójicamente, a un liberalismo como el de John Rawls, cuya concepción rechaza que el individuo pueda eximirse frente a sí mismo y a la sociedad?*

Esta idea de la responsabilidad no implica, empero, que yo esté intentando emular a Rawls. En su teoría, se trata de colocarse en el punto de vista de cualquiera, pero esa capacidad no es la capacidad de cualquiera. Siguen siendo las élites quienes proponen, bajo el velo de la ignorancia, los principios de una distribución justa. Pero es verdad que, si tenemos una teoría un poco rigurosa de la igualdad, no hay exención para unos u otros.

JL: Usted critica el terrorismo respecto a las sociedades de intelectuales y de los «competentes». Ahora bien, los clérigos europeos no tienen análogo en Norteamérica. De ahí resulta una sociedad efectivamente más democrática, menos cerrada en principio a la intervención de «cualquiera». Sin embargo, ello da unos resultados poco atractivos. La emergencia del populismo y de la extrema derecha en Europa es también una especie de liberación de «cualquiera» frente a los discursos autorizados de los expertos.

El poder de *cualquiera* no puede identificarse con el poder de los grupos de presión evangelistas de Estados Unidos. Y hay que calibrar bien lo que significa el desarrollo de los movimientos de extrema derecha en Europa, evitando conceptos dudosos como el del populismo. La emergencia de la extrema derecha en Europa es también la consecuencia de una reducción del espacio político. Es correlativa al ascenso de la cultura consensual que reserva la cosa común a la alianza entre oligarquías gubernamentales, oligarquías económicas y expertos oficiales. A su manera, tal emergencia traduce el rechazo de esa confiscación de la política. Por ello, la unión sagrada contra los extremos vergonzosos, como en las elecciones de 2002, es completamente catastrófica. Hay que luchar contra la extrema derecha mediante el desarrollo de la esfera de la discusión política, y no mediante la unión consensual tras la alianza de los oligarcas.

DZ: El consenso, precisamente para cierta filosofía política contemporánea, es el objetivo y el horizonte del debate político que debe alcanzarse al final de una discusión racional. ¿A qué nivel su teoría del «desacuerdo» se vuelve incompatible con el modelo comunicacional de Jürgen Habermas?

Me parece que estas teorías no son compatibles desde el momento en que toda teoría comunicacional presupone un terreno común de reconocimiento de los problemas y de las capacidades para definirlos. Lo que yo intento mostrar es, al contrario, que la política está marcada por la disimetría de las posiciones mismas. La escena de la capacidad de todos debe siempre reinventarse de una manera transgresiva en relación con la regla del juego definida por la competencia oficial que define lo que es problema común y quién está capacitado para hablar de él.

Por ello mismo, creo que toda política es una lucha entre dos mundos perceptivos. Una lucha entre un mundo en el que los datos son objetivables, en el que los expertos los traducen en decisiones, y un mundo en el que hay de entrada un debate sobre los datos mismos y sobre quién está capacitado para definirlos. Ello no significa que la discusión no desempeñe su papel, sino que la discusión tiene lugar sobre la base de una disimetría de las posiciones, que el reconocimiento tanto de lo que es objeto de discusión como de la capacidad de los interlocutores es en sí mismo un objeto de controversia, lo cual se opone al modelo de la deliberación racional.

JL: Pero ¿no hay límites al disenso mismo? ¿No es la esfera del desacuerdo solo una parte de la configuración del ideal en una sociedad dada? ¿No hay ciertos temas sociales que han sido objeto de debate en un momento determinado y sobre los cuales existe finalmente un consenso, temas de los que ya no se habla porque se ha llegado a un acuerdo sobre ellos, incluso si este acuerdo no ha pasado forzosamente por una discusión racional tal y como la entendería Habermas?

No es algo tan sencillo. Sobre ciertos temas, efectivamente, existe un acuerdo mayoritario. Pero es el resultado de relaciones de fuerza. Y los acuerdos no son nunca definitivos: a veces vemos cómo se manifiestan ciertas reacciones contra ideas que parecían gozar de cierto acuerdo (por ejemplo, sobre la igualdad sexual, la homosexualidad, el aborto...). Estas reacciones no se expresan solo por la vía de lo que llamamos «populismo», sino también por la vía de la cultura más refinada, por ejemplo, la del psicoanálisis, la antropología, el derecho. El segundo punto es que el acuerdo eventual sobre cierto número de conquistas puede ser el resultado de motivaciones políticas extremadamente diversas: uno puede estar a favor del aborto por feminismo o por eugenismo.

DZ: Su pensamiento separa al individuo de los determinismos que estarían en el origen de sus posiciones y, después, rechaza vincularlo a lo que usted llama «la pobre dramaturgia de los fines». Sobre el panorama que usted esboza, a través de esta metáfora cartográfica en la que todas las direcciones parecen posibles, y teniendo en cuenta este postulado de las condiciones aleatorias de emergencia de las posiciones de cada uno, ¿cómo puede reconstruirse la política, la cual supone en cierto momento la definición de fines y objetivos comunes?

Hay que tener claro, de entrada, lo que llamamos «definir objetivos». Hay definiciones que presuponen un sentido de la historia: hace 30 años, este sentido conducía a la revolución mundial y, actualmente, conduce al triunfo del mercado. Es un puro postulado. Además, respecto a los fines que se plantean los que llamamos «políticos», aparte del que consiste en conservar su propia existencia, en perseverar en su propio ser, no hay muchos más. Sus fines se definen en relación con cierto territorio de lo que es, el cual define a su vez cierto territorio de lo posible. Pueden definirse programas con vistas a obtener, miserablemente, un 0,5 por ciento de los sufragios suplementarios en unas elecciones. Pero, a mi entender, hay que cambiar radicalmente esa concepción de los fines, como también la que apela a nuevas utopías o a nuevos mesianismos. No son los fines históricos los que crean los dinamismos del pensamiento y de la acción. Son estos dinamismos lo que crean fines y alteran el mapa de lo que se da, de lo que es pensable y, por tanto, de lo que es imaginable como objetivo de cierta estrategia. En 1788, no había un horizonte de fines inmanentes adecuado para provocar la revolución. Hubo, de entrada, la constitución de cierto espacio de decisión común que creó nuevos posibles, nuevos sujetos y fines. Es la creación de una esfera de «poder del pueblo» lo que define la abertura de un campo de lo posible. De igual manera, la emancipación social fue de entrada una modificación de las capacidades y de los comportamientos, y no un horizonte de espera definido. La pregunta preliminar siempre consiste en saber «*quién puede qué*». Así vemos, por ejemplo, que todos los fines que se encuentran actualmente en el mercado están definidos a partir de competencias determinadas, la competencia de los expertos y de los gobernantes.

Articular lo afectivo y lo político

JL: ¿Y los fines del individuo o del actor? ¿Cómo se sitúa usted en relación con el «paradigma del actor» en las ciencias sociales, que reconoce que los individuos poseen ambiciones estratégicas, intencionalidades políticas, un punto de vista sobre la sociedad que no es forzosamente el resultado de la manipulación por parte de los «grandes» actores? Tal y como lo ha recordado usted hace un momento, su trabajo ha contribuido a desmitificar al proletariado como actor colectivo. ¿Significa ello que los individuos como actores políticos ocupan un lugar en su pensamiento?

Creo que hay que salir de la alternativa entre los grandes sujetos colectivos del tipo «proletariado» y los individuos con la combinación de sus estrategias individuales. Por mi parte, no pretendía criticar a Bourdieu para contribuir a una teoría de los actores racionales individuales. Para mí, el problema general es el de la capacidad de *cualquiera*. Esta capacidad se concreta bajo formas colectivas. No podemos pensar de ninguna manera la política como la simple combinación de actitudes individuales. Lo que hay que pensar no son los grandes sujetos o los pequeños actores, sino más bien la constitución concreta de la capacidad de cualquiera: ello implica la acción de colectivos, los cuales se basan evidentemente en individuos dotados de capacidades para pensar el mundo por ellos mismos. Pero la política tiene esto de específico: que apela a formas de enunciación colectiva.

DZ: Su trabajo no es un pensamiento del individuo. Ahora bien, ¿no dibuja en filigrana o en negativo, sin abordarla nunca en cuanto tal, cierta teoría del sujeto?

Hay más bien una teoría de los modos de subjetivación, de las formas de construcción y de manifestación de las capacidades. No pretendo definir la relación del sujeto con el colectivo, por ejemplo, ni formular una teoría de la *psyché*, de la construcción del sujeto en el sentido psicoanalítico. Me interesa pensar la capacidad de cualquiera y lo que es el ejercicio de una capacidad, la manera como se define y se ejerce.

DZ: Lo que usted introduce como nueva variable en el análisis de esas evoluciones en el debate político y las relaciones de fuerzas, ¿no sería entonces la variable de los factores sensibles que, añadiéndose a la racionalidad discursiva, hacen variar las posiciones a lo largo del tiempo, definiendo diferentes modos de sentir y de percibir?

Sí, pero a condición de que no se opongan esos factores sensibles y otros, inteligibles o racionales. Mi idea fundamental es que toda racionalización es racionalización de lo que se da como percibido por cualquiera. Siempre se trata de redistribución estética, pero no en el sentido de una esfera propia de lo sensible. La sensibilidad a un fenómeno siempre está vinculada a la manera en que se nombra y se racionaliza un fenómeno. Sucede tanto respecto a cuestiones relacionadas con costumbres como también con el trabajo. Lo que llamo «reparto de lo sensible» es la articulación entre cosas que pueden ser percibidas, nombradas y pensadas. Se trata de «formas a priori», por decirlo así, en el sentido kantiano. Hay un esfuerzo constante por parte del pensamiento dominante para decir que hay un estado de cosas, que unas personas piensan el estado de cosas y que otras reaccionan afectivamente. Ahora bien, si hay política, las reacciones afectivas siempre son, al mismo tiempo, reacciones racionales. Son racionalidades que luchan entre ellas, y no la razón contra los afectos.

JR: Su propio discurso sobre lo político se articula a través de un vocabulario afectivo. El hecho de haber calificado como «odio» la relación de cierto mundo intelectual con la democracia, oponiéndole las «pasiones democráticas» o la «alegría» de «compartir con cualquiera el poder igual de la inteligencia» (esta es la última frase de El odio a la democracia)*, ¿se trata de una forma que ataca implícitamente el discurso que separa la racionalidad y la sensibilidad?*

Toda batalla de ideas es, al mismo tiempo, una batalla de mundos percibidos y, así pues, una batalla de afectos. Uno de los afectos dominantes de este odio a la democracia es, por ejemplo, el resentimiento. Vemos cómo toda una generación que ha visto frustradas sus esperanzas de transformación radical sigue rumiando su resentimiento, manteniendo esa visión apocalíptica de una sociedad habitada por pequeños individuos que solo piensan en consumir Coca-cola y Nike, y que ponen en peligro las grandes visiones del porvenir de las que son portadores. Esta visión está marcada por una morosidad fundamental. Esta morosidad –tal es en cierto modo la lección de *El maestro ignorante*– es propia de los que se piensan superiores. Ahora bien, mi trabajo no está centrado directamente en los afectos por ellos mismos: lo que intento hacer es articular las cuestiones afectivas con las grandes decisiones políticas, las de la desigualdad y de la igualdad.

Odio a la estética, odio a la democracia

DZ: En El reparto de lo sensible, *usted escribe que los debates son el lugar actual en el que se ha instalado la batalla ideológica de tipo moderno o «modernizante». La «estética» –término al que usted asigna un sentido particular pero que apareció en el vocabulario filosófico a finales del siglo XVIII para designar una «ciencia de la sensibilidad»– aparecería hoy como una especie de refugio o de grado cero de la política (descrita así por Jean-François Lyotard, al que usted cita: «La estética es el modo de una civilización desertada por sus ideas»). Ahora bien, en* El malestar en la estética, *usted constata la existencia de un ataque en toda regla contra la estética. ¿Cómo explica este paralelismo que se perfila así a lo largo de sus libros entre «odio a la democracia» y «odio a la estética»?*

Constato efectivamente que se dispara de manera ordenada y paralela, desde hace unos veinte años, contra una democracia que llevaría supuestamente el germen del totalitarismo y contra las vanguardias artísticas consideradas como su precursor. De ahí surge la necesidad de una reflexión conjunta sobre el significado de la democracia y de la estética. En este sentido, ya no se entiende la estética como teoría del arte o de lo bello, sino como término que surge para manifestar la ruptura de cierto orden en el que la organización de las Bellas Artes (separando especialmente las artes liberales de las artes mecánicas) correspondía a cierto tipo de organización jerárquica del mundo, en el que los hombres de inteligencia quedaban separados de los hombres de sensibilidad.

La estética no equivale aquí a negar la incorporación social de los juicios del gusto, como deploraba Bourdieu. No se trata de negar lo social, sino de comprender cómo la adquisición de un punto de vista estético y el ejercicio de una mirada desinteresada –tal y como lo he mostrado en mis investigaciones sobre la emancipación obrera– vienen acompañados de una redefinición de los posibles. Contemporánea de las revoluciones estadounidense y francesa, la estética aparece en un punto de ruptura como la definición de la capacidad sensible de cualquiera. Esta capacidad es paralela a la definición política de las capacidades de cualquiera por parte de la ley, pero propone otra idea de igualdad que opera no solo en la ley, sino también en formas concretas de la vida. Desde este punto de vista, la polémica antiestética corre paralela a la polémica antidemocrática. La estética se ve atacada ora como desinterés que se opone a lo útil y que niega lo social, ora como peligrosa utopía de la transformación radical del mundo que ha conducido al totalitarismo. Ahora bien, concibiendo la estética tal y como propongo, siguiendo la ruptura que introduce, vemos cómo se dibuja una relación entre arte y política mucho más abierta. Así, podemos ver actualmente cómo el mundo del arte y de las exposiciones se convierte en una especie de «refugio» cuando las escenas propias de la política tienden a borrarse. Estos lugares del arte juegan entonces con su extraterritorialidad para elaborar y hacer circular modos de percepción, de nominación y de pensamiento del mundo que son *disensuales* en relación con los pensamientos dominantes.

DZ: ¿Cree usted que esas «sustituciones estéticas» pueden realmente recomponer la política?

Hablar de sustitución es ya emitir un juicio. Por un lado, se produce como una explosión de los lugares de lo político y, por el otro, existen formas de activismo artístico o de información por medio del arte que son elementos de recomposición de un sentido común. En efecto, por los lugares de arte pasa información política; ahí aprendemos cosas que no aprendemos en otros lugares, se abren miradas nuevas sobre lo que se da o no y sobre el vínculo de lo dado con lo imageable y con lo pensable. Sin embargo, este movimiento viene acompañado de dos fenómenos negativos concomitantes. Por una parte, la complacencia frente a modelos críticos anticuados que comportan supuestamente una virtud subversiva, en los que fingimos creer que, al reproducir simplemente formas comerciales o mediáticas con un ligero desplazamiento, se está desarrollando una crítica radical de los medios y del consumo. Por otra parte, un activismo artístico que tiende hacia el servicio social, encargándose, por ejemplo, de ir a los barrios periféricos para crear lazos. Ahí se produce una ilusión de recomposición de la sociedad que tiende a inscribirse en el discurso dominante, el cual afirma que la sociedad está disgregada y hay que remallarla.

DZ: Usted advierte de una nueva amenaza, lo que llama el «giro ético», que se cierne tanto sobre la estética como sobre la política.

Designo así la manera —constatada desde un punto de vista teórico, práctico y artístico— de recodificar los conflictos políticos en términos de destino de civilización. Es algo que adopta formas diferentes: la transformación de los conflictos políticos en lucha entre el bien y el mal; la visión de la sociedad contemporánea como si existiera una amenaza sobre la tradición de la transmisión humana por parte del reino del individualismo y la pérdida de los lazos sociales, etcétera. A un nivel artístico, ello se manifiesta en un doble aspecto: existe el aspecto consensual del arte que restaura los lazos sociales o devuelve al hombre un «lugar en el mundo»; y existe, al contrario, el *dissensus* exacerbado, convertido en el enfrentamiento de la catástrofe inmemorial. Pienso aquí en Lyotard y su teoría de lo sublime, que convirtió el pensamiento moderno de vanguardia en testimonio de la deuda infinita de la criatura respecto al Otro, y en todos esos discursos que consagran el arte a la meditación interminable sobre el gran crimen totalitario. Se coloca entonces el desgarro sublime y el gran drama de la civilización en el lugar del conflicto político y de la experimentación artística.

JR: Para terminar, quizá podría avanzarnos algo sobre sus investigaciones actuales, sobre lo que le interesa o interpela en estos momentos.

Actualmente trabajo en lo que llamo el régimen estético del arte. Para mí, es un medio de romper el concepto de modernidad y, por tanto, de pensar de otra manera lo que define propiamente una ruptura en relación con la lógica representativa clásica, lo cual implica pensar al mismo tiempo cómo se redefinen las relaciones ente el dominio del arte y los otros dominios, especialmente la política. Trabajo en este momento en una historia del régimen estético del arte, en una historia un poco atípica: intento hacer, respecto a las manifestaciones multiformes de este régimen, un poco lo que hizo Erich Auerbach en *Mímesis* a propósito de la transformación de la relación de la literatura con la realidad desde Homero hasta Virginia Woolf. Se trataría entonces de pensar la ruptura de una economía de lo representativo, de lo figurable. La dificultad particular de mi proyecto consiste en intentar pensar esta ruptura no en el seno de un único arte, sino en toda una serie de artes y de discursos sobre el arte, tanto en un cuadro, en una coreografía, como en un discurso crítico o filosófico.

Otro tipo de universalidad[1]

[con Markus Klammer, Stéphane Montavon,
Stefan Neuner y Mladen Gladic]

Las últimas páginas de El desacuerdo *constatan, respecto al consenso posdemocrático y la policía mundial, un «eclipse actual»[2] de la política que se da la mano con la «revocación de la esfera de visibilidad del pueblo».[3] La inscripción de una parte de los «sin parte»,[4] condición de existencia de la política, ya no parece entonces posible. Sus escritos recientes se ocupan más de cuestiones artísticas y de la política de tales cuestiones. No obstante, en su texto titulado* «Die Politik der Kunst und ihre Paradoxien»,[5] *usted alerta contra la asignación de los dispositivos del arte a una «función de* ersatz *[sustituto]»[6] de la política.*

1. «Un autre type d'universalité», entrevista realizada con ocasión del círculo de lectura de Eikones (Bâle), con preguntas de Markus Klammer, Stéphane Montavon, Stefan Neuner y Mladen Gladic, editadas por Stéphane Montavon para la *Revue 31 – Das Magazin des Instituts für Theorie* 10-11 (diciembre de 2007), «Paradoxien der Partizipation», en torno a Jacques Rancière, dirigido por Stefan Neuner y Philippe Ursprung, Zúrich, págs. 21-27.
2. Jacques Rancière, *La Mésentente. Politique et philosophie,* París, Galilée, 1995, pág. 188 [vers. cast.: *El desacuerdo,* trad. de Horacio Pons, Buenos Aires, Nueva Visión, 1996].
3. *Ibid.*, pág. 144.
4. *Ibid.*, pág. 169.
5. Jacques Rancière, *Die Aufteilung des Sinnlichen. Die Politik der Kunst und ihre Paradoxien,* Berlín, 2006, págs. 75-100.
6. *Ibid.*, pág. 96.

¿Puede haber una política del arte que, más allá de tal función, represente un modelo para una nueva política de la participación?

He hablado de eclipse, no de imposibilidad de la política. La ausencia de formas fuertes de subjetivación política conlleva necesariamente dos cosas. Por una parte, un desplazamiento de la actividad disensual hacia otros lugares, como los del arte; por otra parte, teorizaciones que intentan convertir ese desplazamiento en el principio de una política nueva, en la cual el arte y la política se confundirían. Respecto al primer punto, es un hecho que incluso algunas funciones políticas elementales como la de la información están aseguradas a menudo por dispositivos artísticos: en relación con una obra-*performance* de Walid Raad, oí hablar por primera vez del proceso de la *extraordinary rendition;* a menudo, son obras de artistas las que dan una forma disensual sensible a situaciones de opresión o de conflicto que los medios ignoran o no conocen más que a través de algunos estereotipos discursivos y visuales. No veo ningún problema en el hecho de utilizar los medios y los lugares del arte para dar una forma visual inédita y provocadora a lo que los aparatos gubernamentales y mediáticos hacen desaparecer del tejido consensual. Es así precisamente como entiendo la «política» del arte: como construcción de paisajes sensibles y formación de modos de ver que destruyen el consenso y forjan a la vez posibilidades y capacidades nuevas. El error tradicional respecto a la política del arte ha sido presuponer una teleología implícita que convertía esta reconfiguración del paisaje sensible en un simple instrumento para la disposición de energías y estrategias militantes. El error ha sido, pues, malentender la paradoja íntima del régimen estético, a saber, que la experiencia estética tiene de entrada un efecto político suspendiendo las lógicas estratégicas que someten los fines a los medios y la sensibilidad al entendimiento. Tenemos la perfecta ilustración de ello en la involución del modelo «crítico», el cual tenía supuestamente que proveer de armas a la revuelta, desenmascarando las formas de dominación, y se convirtió de hecho en la demostración nihilista de la omnipotencia de la mercadería y del espectáculo.

El problema es que tal fracaso, que podría haber conducido a una puesta en cuestión, ha conducido, al contrario, por la debilidad de la escena política, a una mera huida hacia adelante, o a la idea de que el arte debía al fin volverse directamente político saliendo del museo y convertirse en una forma de intervención en lo real, o bien que debía hacer que sus propias *performances* se convirtieran en las formas de una política actual.

El problema es justamente que el museo no está de un lado y lo real del otro, y que la política no es el paso a lo real, sino la pluralización de lo real, la puesta en cuestión del monopolio de lo real construido por los aparatos de poder dominantes. La identificación de la politización del arte con su salida hacia lo real ha conducido a la repetición por parte de los artistas de formas militantes de los años sesenta y setenta. Cierto número de artistas se han convertido en trabajadores sociales imitando a los estudiantes «establecidos» en las fábricas, pero, como la formación de los núcleos obreros revolucionarios no está verdaderamente en el orden del día, lo que resulta de ello corre el riesgo de conducir a formas de contribución de los artistas para «la reconstrucción de los lazos sociales».[7] Otros han identificado la politización del arte con formas de acción simbólica que marcaron la gran época de la izquierda: la *performance*/manifestación al estilo de *Reclaim the streets* o la infiltración en los circuitos dominantes a la manera de *Yes Men*. Ahora bien, estas son formas que deben ser juzgadas desde el punto de vista de

---

7. Nicolas Bourriaud, *Esthétique relationnelle,* Dijon, Les Presses du Réel, 1998, pág. 37 [vers. cast.: *Estética relacional,* trad. de Michèle Guillemont, Buenos Aires, Adriana Hidalgo, 2009].

la política, desde el punto de vista de su poder de formación de formulaciones subjetivas de la capacidad de los más numerosos (los *Yes Men* le han jugado malas pasadas a los capitalistas, pero ¿qué nuevas posibilidades de subjetivación colectiva han producido mediante sus acciones?), en lugar de ser valoradas como la buena forma de politización del arte.

Se llega al final de la huida hacia adelante cuando se subsume la política del arte bajo la idea que afirma que ahora todo es producción, que la producción es cada vez más inmaterial y que, por tanto, todas las *performances* productivas participan en el gran desencadenamiento del poder de las multitudes que hará explotar el poder capitalista. Frente a esto, nunca he sostenido que debamos «volver» a un arte por el arte que no ha existido nunca, sino que debemos repensar la singularidad de políticas del arte fundadas en el corte estético entre causa y efecto. Me parece que los artistas que recuerdan que la política del arte se ejerce mediante imágenes, en pantallas, por medio de combinaciones de puntos luminosos, ante visitantes que no saben lo que han venido a buscar y que no saben lo que obtendrán, nos permiten quizá repensar mejor las posibilidades presentes de esa política que los artistas que llenan los mismos espacios con imágenes de sus acciones «reales» o con instalaciones que atestan su efectividad política mediante su agigantamiento.

El sujeto de actos políticos de participación, tal y como usted lo ha analizado en El desacuerdo, *es un sujeto colectivo. Pero ¿no se topa una lectura política de la estética kantiana con el hecho de que tanto la experiencia como el juicio estéticos se piensan en* La crítica del juicio *en tanto que «subjetivos», en el sentido también de «individuales»? La vinculación de la experiencia estética subjetiva a la aprobación de los otros, que es lo único que puede dar lugar a una «comunidad estética», ¿no constituye ya un problema en Kant mismo? ¿Cómo se comporta el sujeto de la política frente al sujeto de la experiencia estética?*

«Subjetivo» no quiere decir «individual» y no se opone a universal. Subjetivo se opone a «objetivo». El juicio estético es subjetivo en el sentido en que la cualidad que afirma («es bello») no corresponde a ninguna propiedad del objeto al que se refiere. Y así se da como fundador de otro tipo de universalidad, que no se identifica con el recuento de voces que comparten tal afirmación. Lo que el juicio requiere no es que todo el mundo encuentre bella la misma cosa, sino que todo el mundo pueda decir de alguna cosa que «es bella», separando esta afirmación tanto de la designación de una propiedad objetiva de la cosa como de la de un estado de ánimo individual en un momento preciso. En este sentido, la universalidad subjetiva del juicio estético no es lo que se opone a la política, sino, al contrario, lo que permite formar la idea de una política que no se identifique ni con la adición de las decisiones individuales ni con la expresión objetiva de una colectividad sustancial. El «ni... ni» de la experiencia estética (ni un objeto de conocimiento, ni una cuestión dependiente del estado de ánimo individual) ha podido adoptar una significación política porque ya hay, en el corazón mismo de la subjetivación política, la afirmación de una doble separación del mismo género: ni el todo de la comunidad, ni una adición de individuos. Así es como funcionó, precisamente, el «Nosotros somos el pueblo» de los manifestantes de Alemania del Este. Los manifestantes no eran quizá más que unos cientos. Pero decían lo que es el pueblo político: la abertura en acto de un espacio de comunidad que se separa de la totalidad encarnada por el Estado «popular» y de la suma de individuos requeridos como unidades por esa totalidad encarnada.

Lo que caracteriza la estructura estética de la subjetivación política, y lo que la distingue de la forma del juicio estético kantiano, es justamente que esa estructura es algo más que un juicio, que es la forma de una práctica y de una práctica colectiva. Se presenta inmediatamente no solo como la afirmación de lo que los miembros de un colectivo pueden experimentar y afirmar en común, sino como la afirmación de lo que son en tanto que comunidad, de lo que hace de ellos un sujeto.

En El desacuerdo, *usted plantea un «como si», el «como si» del juego estético, frente a un «como si» político, el de los sin parte que suben a la escena política haciendo como si una parte, ya siempre, les estuviera asignada, como si ya siempre hubieran tenido participación. ¿En qué medida son idénticos los «repartos» que opera cada uno de estos «como si»? ¿En qué medida se distinguen sus funciones?*

El «como si» estético y el «como si» político tienen en común el hecho de oponer una ficción subjetiva a la ficción objetivista del consenso que declara que las cosas son «como son».[8] Ambos operan, pues, un disenso. Pero el «como si» político tiene la forma de la afirmación de una capacidad colectiva: no se trata solo de que yo haga como si todos pudieran compartir el mismo juicio, sino que nosotros hacemos como si fuéramos los miembros de una comunidad ya existente. Y lo hacemos precisamente en tanto que somos aquellos que no están contabilizados en esa comunidad. Lo hacemos incluyendo en nuestra cuenta a aquellos que no cuentan, a aquellos que no conocen nuestra acción como un acto político ni el espacio-tiempo en el que los producimos como perteneciendo al espacio o al tiempo de la política. La política tiene esta estructura dialógica y polémica en la que el *nosotros* instituye una escena polémica que redistribuye las cuentas y a las personas. La reconfiguración de lo sensible es ahí idéntica a una redistribución de las capacidades enunciativas.

No sucede lo mismo cuando el artista reconfigura el paisaje de lo sensible. El artista puede ser un colectivo de artistas, pero

---

8. En francés, *«comme si»* y *«comme cela»*, que traducimos respectivamente por «como si» y «como son». *(N. del T.)*

no es ese el problema. El problema es que la reconfiguración artística no se identifica con la producción de un sujeto que dice «nosotros». El trabajo artístico produce para una comunidad estética aleatoria una reconfiguración del «como son», de las formas de visibilidad de lo que es dado. Si miramos las evoluciones artísticas desde el siglo XIX, constatamos que esta reconfiguración tiende por ella misma a hacer explotar el tejido consensual en el sentido de la polimerización de los universos subjetivos. Las ecceidades de Deleuze y Guattari son un poco esto: la democracia de los perceptos y de los afectos diluidos, que se ha vuelto irreductible a la separación de unidades subjetivas polémicas. Evidentemente, siempre existe la tentativa de exceder a la vez el corte estético y la desubjetivación artística en el sentido de la autosuperación del arte, de su identificación con potencias colectivas de la nueva vida. Pero la forma más corriente de la relación entre dos formas de disenso es la forma de las negociaciones siempre aleatorias, negociaciones sin concepto entre desubjetivación artística, suspensión estética y subjetivación política.

En El reparto de lo sensible, *usted afirma: «Producir une el acto de fabricar con el acto de sacar a la luz, de definir una nueva relación entre el hacer y el ver. El arte anticipa el trabajo porque realiza su principio: la transformación de la materia sensible en autopresentación de la comunidad».[9] Si el arte visibiliza de manera paradigmática el trabajo de la sociedad, entonces se plantea la cuestión de saber para qué lo hace y por qué es justamente el arte el que posee esa propiedad. ¿Sobre qué, y cómo, se regulan las capacidades de los miembros de una*

---

9. Jacques Rancière, *Le partage du sensible. Esthétique et politique,* París, La Fabrique, 2000, pág. 71 [vers. cast.: *El reparto de lo sensible. Estética y política,* trad. de Cristóbal Durán et al., Santiago de Chile, LOM, 2009; también en la traducción de Antonio Fernández Lera, *La división de lo sensible: estética y política,* Salamanca, Centro de Arte de Salamanca, 2002].

sociedad globalizada, o mundial, para leer los signos del arte y sus desfiguraciones, para tomar parte en el trabajo de desfiguración y, así, formar una comunidad estética?

Lo que he descrito en el pasaje que usted cita no es mi concepción de las relaciones entre arte y trabajo, sino cierta constelación histórica y teórica de su relación. Tal constelación ha marcado lo que se llama el tiempo de las vanguardias, cuando el trabajo y la máquina aparecían como potencias constitutivas de una nueva sociedad. Esta concepción sigue fundando el uso inflacionista actual de la noción de producción en el pensamiento de las «multitudes», en el cual el trabajo artístico sobre los perceptos y los afectos se encuentra atrapado en la gran manifestación de la producción inmaterial colectiva en la que desembocaría, para su propia negación, la lógica capitalista. La pregunta que se me había planteado se refería a ese horizonte de pensamiento e intenté explicitarla en ese sentido. Sin embargo, está claro que esta identificación entre un hacer ver y un actuar es precisamente, para mí, problemática. La estética es precisamente la tensión entre los dos. Esta comporta como fin imaginario su propia superación, la transparencia del actuar o el volverse-acto de la producción de las representaciones. Esta tendencia ha tenido sus formas de manifestación históricas. Hoy en día, atraviesa más bien una fase de caricaturas. Así pues, las formas del arte pueden actualmente hacer ver, de una manera más modesta, las mutaciones que caracterizan el estatuto de los actos, el rostro de las cosas y los modos del ver. Es lo que intentaba señalar en la respuesta a la primera pregunta.

Contra los modelos de participación salidos de la vanguardia clásica, los cuales proponen implicar al público de tal manera que forme una comunidad consigo mismo, y respectivamente con el artista, usted objeta en el texto titulado «El espectador emancipado»[10] *que una «comunidad emancipada» solo puede fundarse por la mediación de un «tercer término». El concepto clásico de obra de arte, como unidad cerrada sobre sí misma y afirmación de autor, que las vanguardias del siglo pasado criticaron y disolvieron en nombre de la participación, ¿debería entonces comprenderse como ese «tercer término»? Usted describe la «comunidad emancipada» del público que se forma a partir de esa mediación como una «comunidad de narradores y traductores».*[11] *¿Significa esto que esa «comunidad emancipada» es una comunidad «de discurso», una comunidad que se constituye hablando de arte más que en la inmediatez de una experiencia estética?*

Debe quedar claro que la valorización de ese tercer término no tiene nada que ver con la concepción de la obra de arte cerrada sobre ella misma, lo cual es el emblema de la autonomía soberana del arte. El concepto mismo de autonomía es lugar de una ambivalencia. La autonomía estética de la obra no es su autonomía artística, no es equivalente a una «afirmación de autor», sino que es más bien una puesta a disposición para cualquiera por la cual la obra deja de ser la expresión o la firma de su creador. Inversamente, la posición pretendidamente crítica que transforma la obra en gesto tiende a reforzar la afirmación de autor y la figura soberana del artista, convirtiendo el producto en algo inseparable del productor. Una comunidad emancipada es una comunidad en la que cada uno puede recibir su instrucción donde la encuentre. Ello supone que tiene que habérselas con un mundo de palabras, de historias, de cosas y de imágenes

10. «El espectador emancipado» fue publicado en inglés en *Art Forum* 7/XLV (2007), págs. 271-280, texto aumentado y retomado posteriormente en *Le spectateur émancipé*, París, La Fabrique, 2008, págs. 7-29 [vers. cast.: *El espectador emancipado*, trad. de Ariel Dilon, rev. de Javier Bassas Vila, Castellón, Ellago, 2010, págs. 7-28].

11. *Ibid.*, ed. francesa citada, pág. 29.

disponibles, a partir de las cuales podrá constituir sus propias historias, sus propias «aventuras intelectuales», y no con programas de instrucción o de movilización cuya concepción ya le ha asignado un lugar. Ello también supone otra concepción del medio sensible de esas relaciones.

La concepción tradicional está gobernada por la polaridad del producir y del recibir, de lo activo y de lo pasivo. El espectador se ve asimilado al individuo pasivo que recibe. A partir de ahí, se dividen las estrategias de los que quieren proveerles de las buenas palabras y las buenas imágenes y, por otra parte, las estrategias de los que quieren extraerlo de su posición de espectador, volverlo activo, es decir, convertirlo en actor de su propio programa, encerrado en su propia actuación.

Lo que sostengo es que el espectador es activo, que él mismo estructura lo que ve, que él mismo lo inscribe en su propia aventura. Ello significa también que nunca estamos en la inmediatez de un ver o de un sentir, que siempre estamos en un encuentro entre «creadores» que continúan su aventura y espectadores activos que la integran en la suya propia. Ello significa que las obras existen haciendo mundo y que hacen mundo cuando se constituye un espacio en el que se encuentran, se desplazan, se desfiguran y se reconfiguran. Por ello, en oposición a toda esa palabrería que afirma que las obras son autosuficientes y que deben preservarse del veneno del comentario y del discurso, es esencial que haya ese tejido discursivo que las saque de sí mismas: ¿qué sería el cine sin todas las palabras que le han hecho un mundo desfigurando sus imágenes?

En El reparto de lo sensible, *usted analiza la «revolución antirrepresentativa» de la pintura a partir de su relación con la «superficie» de la página escrita.*[12] *En el régimen estético, el arte se caracteriza por un*

---

12. Jacques Rancière, *Le partage du sensible, op. cit.*, pág. 20.

abandono del veredicto platónico contra la superficialidad de la escritura que, en el Renacimiento, seguía enunciándose en pintura en la representación de la profundidad y «la afirmación de su capacidad para captar un acto de palabra oral».[13] *¿Qué relación ve usted entre sus desarrollos en torno a la escritura y el concepto de escritura en Derrida? ¿O bien respecto a la idea de un «comunismo literario» en el pensamiento de la comunidad propuesto por Jean-Luc Nancy?*

La relación es, de hecho, bastante distante. Mi visión no se ha formado leyendo a los filósofos contemporáneos, sino más bien poniendo en relación universos discursivos aparentemente extranjeros los unos respecto a los otros: el archivo obrero, la literatura novelada moderna, la filosofía antigua... Mi reflexión sobre la escritura no se ha organizado a partir de las tesis de Derrida sobre el *pharmakon*, sino a partir de los manuscritos literarios y poéticos soterrados en los archivos obreros. Me di cuenta de lo que representaba, desde el punto de vista de la emancipación, la entrada en un universo de palabras que era el universo de los otros, el universo de la escritura y, especialmente, de la escritura poética, apartado del universo oral que era supuestamente el del mundo obrero y la cultura popular. A partir de ahí, lo que me interesó en Platón fue el aspecto político de su crítica a la escritura: la escritura es esa circulación de la palabra que está separada de la autoridad del maestro y que se va desplazando de aquí para allá, sin saber a quién hay que hablar y a quién no. He advertido el efecto de esta proscripción en la interminable polémica de los poderosos y de las élites contra los riesgos mortales del desorden de los hombres y las mujeres del pueblo captados por el veneno de la escritura. Esos hombres y esas mujeres del pueblo son tanto Emma Bovary o Jude el oscuro como los obreros emancipados. Unos y otros, utilizan-

---

13. *Ibid.*, pág. 19.

do palabras sin maestro, palabras disponibles, se construyen un universo sensible peligroso para el orden de los hogares y de la sociedad. La literatura es el lugar en el que se pone en juego, de manera ejemplar en el siglo XIX, el poder disruptivo de la escritura y, al mismo tiempo, la tentativa de denunciarlo o controlarlo. Pueden encontrarse sin duda ciertas correspondencias entre mi problemática y la de Derrida o Nancy, pero yo la he construido por otras vías, con otras preocupaciones.

A partir de su libro Política de la literatura, *se puede captar mejor el papel que desempeña implícitamente en sus escritos una figura como la de Debord, cuyo objetivo principal parece situarse en lo que usted llama, en una entrevista publicada en* L'Humanité *el 5 de abril de 2007, «la fluctuación entre lo singular y lo colectivo». Entre, por un parte, una teoría que afirma el diagnóstico de la totalidad del espectáculo y proporciona al mismo tiempo el medicamento de un colectivo susceptible de desdoblarla y, por otra parte, la deriva que, con los momentos de intensidad impersonal, permite disponer en potencia de las frases, los gestos y las «ecceidades» de los otros para componer el retrato de un maestro del tiempo* (Panegírico); *así, la instancia «Debord» vive alternativamente entre desacuerdo y malentendido. Esta alternancia es, en el fondo, una estrategia de suspensión del sujeto que trabaja al mismo tiempo el todo y las unidades.*[14] *¿Por qué la última etapa de la crítica de las vanguardias tendría que consistir en hacer que «Debord» mate a Debord?*

Quizá podemos aplicar a Debord lo que digo ahí, si optamos por considerarlo como un escritor. Pero no estaba pensando en él cuando escribí esas afirmaciones, porque mi mirada sobre él es diferente. Con Debord me sucedió lo mismo que con muchos

---

14. Véase Jacques Rancière, *Politique de la littérature,* París, Galilée, 2007, pág. 52.

de mis contemporáneos: lo empecé a leer bastante tarde, en un momento en el que ya no podía influir tanto mi pensamiento, positiva o negativamente, sino tan solo servir de referencia para establecer ciertas distancias y también para calibrar el trabajo realizado durante años. Personalmente, considero la dualidad que usted señala menos como un recuento literario de unidades que desde el ángulo de la relación del personaje con lo que él expone. Así es como percibo en Debord las dos figuras que usted comenta: existe el Debord que denuncia la sociedad del espectáculo, prolongando el esquema marxiano del mundo invertido y apelando a la recuperación de la totalidad escindida; y existe también el Debord que juega y que no opone el todo a la escisión, sino un estilo de vida singular al estilo de vida masificado. En definitiva, existe la siguiente distinción: el Debord crítico que desmonta el espectáculo demuestra al mismo tiempo que la crítica del espectáculo no puede invertir el mundo. Lo que debe oponerse al espectáculo es la acción, pero la acción encuentra su modelo en comportamientos que no tienen nada que ver con el mundo de *El Capital:* un estilo de vida aristocrático, como el del gran señor contestatario a la manera de Retz.

Para mí, lo que comparten los dos Debord es la misma posición que mira desde lo alto y se aparta de la medida común afirmando que todos estamos sometidos. Es la misma posición que, bajo su forma más banal, ha adoptado el discurso de nuestros contemporáneos: identifican la democracia de masas y el poder sin límites de la mercancía y del espectáculo. No es necesario «matar a Debord», pero sí que sería conveniente acabar con el discurso de la crítica del espectáculo que se ha convertido en el discurso de la ideología dominante. Y es necesario trazar la genealogía de la tradición sobre la que se basa. Los que han inventado la crítica de las imágenes y del consumo espectacular son las «élites» del siglo XIX, asustadas por la difusión incontrolada de formas de experiencia puestas a disposición de cualquiera a través de las nuevas formas de exposición de las cosas, imágenes y signos. La tradición de la emancipación se ha dejado contaminar por este discurso de las élites sobre las masas cautivadas por las imágenes, así como por la postura de dominación que implica. Debord no ha servido, en definitiva, para librarse de ese discurso.

Construir los lugares de lo político[1]

[con *Le Sabot*]

Le Sabot *quiere ser un medio para vincular a los diversos componentes de lo que se presenta como un «cuerpo social»: asalariados, campesinos, estudiantes, parados... [la cantina, etcétera]. ¿Qué semejanzas y diferencias pueden advertirse ahora respecto a la situación de finales de los años sesenta?*

La idea de vincular a los estudiantes, a los obreros y a veces a los campesinos desempeñó un papel fundamental en 1968, especialmente en experiencias como las de la «comuna de Nantes», aunque la perspectiva de los grupos militantes constituidos era generalmente más utilitaria. En el caso de la Gauche Prolétarienne (GP) [Izquierda Proletaria], el establecimiento de militantes en las fábricas o el trabajo militante en lugares de vida social, como los cafés, servía principalmente para conseguir cierta presencia en el medio obrero, es decir, para obtener a la vez cierta

---

1. «Construire les lieux du politique», título dado para la presente edición a «Un entretien avec Jacques Rancière», publicada en *Le Sabot, Outil de Liaison Locale sur Rennes et ses Environs* 4 (marzo de 2009), por *Le Mouvement des Chômeurs et Précaires en Lutte de Rennes,* versión francesa disponible en Internet gracias a la Coordination des Intermittents et Précaires CIP-IDF (www.cip-idf.org/article).

legitimidad, un conocimiento del medio mismo y la capacidad de extraer el potencial de lucha, en términos de situaciones y activistas. Pero la creación de un vínculo o la construcción de lugares de vida social como medio para constituir una fuerza no era una preocupación prioritaria. Se presuponía que la fuerza ya estaba ahí. Se partía de la existencia de una tradición de lucha obrera, intentando apoyarse en los elementos más radicales de la clase obrera: sindicalistas duros o ex sindicalistas que habían roto con la CGT, obreros inmigrantes radicalizados. Se trataba de participar en sociabilidades existentes antes que crear otras nuevas. Existía un rechazo a la representación de la clase obrera bajo la forma tradicional de partido y, al mismo tiempo, una adhesión a la idea de la clase obrera como elemento dirigente. La idea de vincular presupone, actualmente, la explosión de esta configuración social y política.

Le Sabot basa su método en la constatación de una disolución de la clase obrera como sujeto político. Hace unos quince años, algunos exaltaban el redescubrimiento de las «formas-de-vida» irreductibles contra la «clase-medianización» generalizada. Se trataba de arrancarse de las formas de vida empobrecidas para instituir nuevas colectividades. Pero resultó que las colectividades constituidas de esta manera —digamos las colectividades de deserción— no podían como tales coincidir con las fuerzas políticas. Y esta no-coincidencia es lo que ha hecho resurgir la necesidad del vínculo o del tejido político.

Las formas de militancia radical se engendran mediante acontecimientos que crean su propia temporalidad. En Mayo del 68, la comunidad militante fue creada por el acontecimiento mismo. De ahí surge una línea de división que separó, por un lado, a los dirigentes del PCF y, por el otro, a las personas que no estaban en relación con esa tradición; de ahí, empero, también surge la seguridad de encontrarse ante una especie de potencial revolucionario «clásico», es decir, la conjunción entre una explosión democrática y una fuerza proletaria histórica anclada en los desarrollos del capitalismo. O, si se prefiere, la conjunción entre una explosión democrática y el esquema revolucionario de una fuerza social llevada por la historia. Así, parece que el acontecimiento y el largo tiempo de la historia coinciden. Las derrotas de los movimientos obreros y revolucionarios durante los años ochenta dinamitaron esta configuración. Pero el presupuesto sociológico se ha vuelto a encontrar en la idea de la «clase-medianización» general en su doble versión: en la izquierda, la exaltación de formas de vida liberadas y, en la derecha, la denuncia del individualismo democrático destructor del vínculo social. Actualmente, reaparecen la violencia sin ambages propia de la dominación de clase y la necesidad de repensar la lucha de clases como política, o la política como lucha de clases. Y lo que así reaparece es que esa lucha no se confunde con ninguna necesidad histórica.

El concepto de proletariado parece remitir, al mismo tiempo, a dos cosas diferentes: por un lado, a una pertenencia comunitaria, a una comunidad de gestos o de formas de vida; y, por el lado opuesto, a «cualquiera» en la medida en que el proletario es aquel que quiere la abolición de las clases como tales.

Creo que cabe distinguir dos cosas. Por un lado, está la tensión entre una definición del proletariado como grupo sociológico constituido y, por el otro, la visión del proletariado como la no-clase, la comunidad de cualquiera, constituida en un proceso político de lucha. La confusión entre ambos ha producido sucesivamente la figura marxista clásica del partido de la clase obrera y, después, su otra cara, la figura posmarxista y neo-nietzscheana del triunfo universal del discurso de una pequeña burguesía narcisista en la que solo existen individuos aislados. A partir de esto, nos topamos con otra tensión: por un lado, hay que recrear comunidades visibles, comunidades ejemplares de vida; por el otro, hay que volverse invisibles para asestar golpes a ese orden global. Los análisis que quieren evitar el dilema fusionando las dos figuras sociológicas en una misma clase de trabajadores inmateriales se ven obligados a ignorar que el trabajo «material» continúa existiendo por todas partes. Me parece que habría que hablar de un proceso material dinamitado antes que de un devenir inmaterial del trabajo.

En la problemática que ustedes plantean, cuyo objetivo es la «creación de un vínculo», se trata de reafirmar el comunismo articulando la creación de lugares comunitarios con la multiplicidad de los lugares de trabajo. Se trata, asimismo, de dar figura a las capacidades empleadas en esos procesos de trabajo y de lucha. Así pues, no puede haber separación entre la constitución de islotes comunitarios y el objetivo consistente en crear vínculos. Los lugares de encuentro son, al mismo tiempo, lugares de vida social y espacios de unión. Puede entonces suprimirse la tensión entre la comunidad comunista modélica y el grupo de lucha clandestino contra el enemigo capitalista.

Pero esta tensión se inscribe en un nuevo contexto. Podemos hablar de una especie de democratismo de tipo management, *incluso en los espacios obreros tradicionales. Algo así como un «porvenir sonriente del capitalismo». En el discurso de tipo* management, *se requiere constantemente el «tú puedes», «cada uno es capaz de»...Y más aún en esta época de rehabilitación del keynesianismo, que es históricamente el lugar de una victoria del capitalismo por medio de la integración de la clase obrera...*

Hay una tensión entre dos interpretaciones del «tú puedes»: puede entenderse como «cada uno puede obtener su lugar empujando a los otros», o bien como «cada uno posee la capacidad de todos». Se trata de introducir una división en el seno mismo del «cada uno puede». Las fórmulas de integración y las fórmulas de lucha siempre han funcionado a la vez. Y no tenemos por qué identificar el discurso de los seminarios de *managers* con la nueva organización del trabajo. Respecto al keynesianismo, me parece que hay que salir de la visión unilateral de los años treinta que lo considera como un simple movimiento de integración de la clase obrera –una visión más o menos apoyada en una visión igualmente unilateral del orden biopolítico según Foucault–. El keynesianismo y el *Welfare State* también son el resultado de un desplazamiento y de una intensificación bajo otras formas de la lucha de clases. Siempre se cree que la Seguridad Social, las leyes sociales, las formas de gestión paritaria, etcétera, han sido regalos del capital para integrar a la clase obrera. Pero todo ello son también formas que resultan del conflicto y engendran otros. Hay que salir de esquemas totalizantes que ayer afirmaban el papel revolucionario de la clase obrera y que actualmente afirman que esta ha desaparecido por completo. O, más precisamente, debe abandonarse la idea de que el sujeto político «proletariado» debe entenderse a partir del desarrollo de las fuerzas productivas –o de las fuerzas «biopolíticas», que viene a ser lo mismo.

La Gauche Prolétarienne parecía querer mantener cierta proximidad con las luchas obreras. Actualmente, la violencia que quiera golpear al enemigo corre el riesgo de quedar aislada…

No se llevaban a cabo acciones como si se tratara de aplicaciones locales de un objetivo central, sino como prolongaciones de luchas determinadas. Esto es la diferencia con respecto a los recientes sabotajes de las vías de SNCF:[2] estos sabotajes no están

---

2. Siglas de la red ferroviaria francesa, Société Nationale des Chemins de fer Français. Jacques Rancière se refiere aquí al sabotaje de cinco catenarias de la SNCF, llevado a cabo en octubre y noviembre de 2008 e impu-

asociados a una lucha, sino que son acciones que pretenden bloquear la máquina en general. El objetivo de la Gauche Prolétarienne nunca consistió en bloquear la máquina en general, sino en intensificar los potenciales de lucha —y, para algunos, los actos radicales podían producir tal intensificación–. Podían suscitar por entonces una especie de vaga simpatía. Ahora bien, estas acciones de la GP estaban en aquel momento ligadas a algo que ya existía, a núcleos de lucha. No se trataba de aplicaciones en un lugar preciso de un análisis global. Podían reivindicarse y encontrar un espacio democrático para difundirlas.

Hay una herencia de la autonomía en la idea de que las acciones no deben ser reivindicadas. La reivindicación corre el riesgo de hipostasiar un gesto que solo tiene sentido si viene asumido por todos. En esta historia, el problema radica sobre todo en el uso que se hace del significante «terrorismo».

En este caso, reivindicación no significa apropiación. Significa difusión de una práctica radical en un espacio democrático. Toda la cuestión reside en la admisibilidad de ciertas prácticas ilegales. Las luchas políticas y sociales siempre han supuesto un espacio de juego entre legalidad y legitimidad. Este espacio de juego bloquea el concepto de terrorismo. Hay que ver la novedad que supone. En torno a 1968, se incriminaba a los «violentos» de cara a la opinión pública despolitizando así sus acciones y, por otro lado, se utilizaba contra los militantes una legislación que prohibía la reconstitución de ligas disueltas que había sido establecida por la izquierda en 1936 contra las ligas de extrema derecha. Pero, por aquel entonces, no se hablaba de «terrorismo». Lo que tiene lugar

---

tado como «acto terrorista» a Julien Coupat y su grupo de «ultraizquierda, anarco-autónomo», llamado Comité Invisible. Se volverá a hacer referencia más adelante. *(N. del T.)*

hoy en día es principalmente una criminalización de los ilegalismos, lo cual era impensable en aquellos años. La ocupación de locales o el secuestro de miembros administrativos eran considerados en aquella época como elementos de la relación de fuerza, y se perseguía el sabotaje como acción criminal ordinaria.

La cuestión consiste en saber lo que puede provocar una ruptura, ya que actualmente las acciones de sabotaje se han convertido en actos «terroristas». Los escritos no consiguen, por ellos mismos, ocasionar una ruptura. Se necesita al mismo tiempo la construcción de discursos radicales y de acciones de ruptura, precisamente como los actos de sabotaje.

Más vale evitar la fetichización de los gestos de ruptura como gestos espectaculares y excepcionales. Y hay que asumir que no toman necesariamente la forma de sabotaje, de secuestro, etcétera. Estoy pensando, por ejemplo, en RESF,[3] en los que impiden que despeguen los aviones que llevan a bordo a una persona sin papeles expulsada del territorio... Es importante pensar que la ruptura siempre es local y que tiene lugar en el momento en que se cuestiona la estructura de autoridad o la estructura de explotación. Ahora bien, es cierto que no hay política al margen de la conflictividad y de los ilegalismos.

Hay quizá algo que unifica esas prácticas de lucha y esos ilegalismos, algo así como el horizonte de un bloqueo de la economía...

Pero entonces hay que saber lo que ello significa. «Bloquear la economía», ¿es un acto simbólico o un acto real? Un acto que

---

3. Siglas de Réseau d'Éducation Sans Frontières (Red de Educación Sin Fronteras): red de solidaridad con los niños y las niñas de familias sin papeles y los jóvenes sin papeles escolarizados, constituida por colectivos en las escuelas y en los barrios. *(N. del T.)*

bloquea las vías ferroviarias durante algunas horas no bloquea la
«economía». Materialmente, la acción de los piratas somalíes o
las especulaciones osadas de los *traders* tienen un efecto superior.
El problema se plantea en términos de eficacia simbólica. Este
tipo de acciones da por hecho actualmente cierta inversión
de la lógica militante. Presupone que el nivel de las luchas
en masa no es suficiente para provocar, como antes, prácticas
ilegales (sabotaje u otras) por su dinámica y que, por tanto,
hay que invertir las cosas: provocar, mediante acciones aisladas,
una llamada a la renovación de la acción en masa. Esta lógica
que quiere fundamentar la radicalización porque presupone
el debilitamiento de los potenciales de lucha no me parece
defendible.

Pero debemos salir de la alternativa: o bien el esquema totalizante de la política marxista, o bien la política de las minorías; o bien la totalidad, o bien las multiplicidades emergentes, irreductibles, intotalizables. Bloquear la economía es bloquear la política del capital. Si se quiere trazar la línea divisoria respecto al enemigo, entonces eso tiene sentido.

¿Puede pensarse la línea de división política a partir de la designación del enemigo? Hay aquí dos posibilidades: o bien se parte de una potencia contra la cual se lucha, o bien se lucha en nombre de una potencia común, de una capacidad común. Si la política consiste en atacar al enemigo, entonces se trata de una concepción militarista del enemigo. Hacer algo «contra» no crea un comunismo positivo. En mi opinión, ese es el problema de los actos que dicen: «Lo estamos haciendo para que despertéis, panda de cretinos». ¿Por qué se quiere crear un comunismo con aquellos que han sido considerados como cretinos?

Al menos en estos casos no queda eludida la dimensión del acto, que no aparece en ningún lugar de lo que se presenta como «política».

Pero se produce al riesgo de una fetichización del «acto» que lo separa de aquello que lo inscribe en la dinámica de una acción y de un pensamiento colectivos para convertirlo en un acto ejemplar, en un gesto que pretende despertar a los pasivos –pero, por ello, los está constituyendo *ipso facto* como pasivos.

El tipo de actos del que hablamos pretende alcanzar objetivos precisos, cortar los flujos. No tienen por qué interpretarse forzosamente como gestos para «despertar a los cretinos». Se trata más bien de partir de la cólera acumulada en el lugar en que se detuvo la lucha. ¿Acaso no había en los maoístas la voluntad de determinar el paso a la acción mediante una identificación con el pueblo que sufre?

Esta voluntad no se confundía con la voluntad de despertar a los adormecidos, ni con una identificación con el pueblo que sufre: se trataba solamente de pasar a una fase superior. Servir al pueblo no era servir al pueblo que sufre. «Servir al pueblo» no era una consigna caritativa, contrariamente a lo que explicaban los trotskistas sobre los maoístas, sino que era servir a las luchas populares, identificar los focos, prolongar su resonancia.

El problema siempre radica en una consistencia política, constituir un grupo con vistas a la acción. Desde este punto de vista, querría volver a la cuestión de la lucha de LIP: ¿qué es lo que determinó exactamente? ¿Se consideraron el grupo o la organización militante, a partir de ese momento, como apoyos auxiliares de las luchas obreras? ¿Qué sucedía entonces con el tema de la vanguardia?

La Gauche Prolétarienne tenía muchos defectos, pero no el de ser una vanguardia. Tampoco era un simple soporte. Se consideraba más bien como fermento en el seno de las masas, creando las condiciones de emergencia de una verdadera «dirección obrera». Tenía la idea de ser un intermediario para que se constituyera un verdadero movimiento obrero. LIP coincidió con el derrumbe de la Gauche Prolétarienne, pero resulta que fue el ejemplo soñado del grupo de obreros que construye una lucha. La gente de LIP fue capaz de unir las formas de lucha, la capacidad de organizarse en colectivo de producción e incluso de hacer circular una inteligencia colectiva.

¿Por qué se interrumpió entonces la radicalidad maoísta? Se produjeron varios acontecimientos (LIP, pero también la revolución de los claveles en Portugal) que hicieron pensar que se había tomado el relevo, que el impulso tomaba fuerza en otros lugares. En cierto modo, LIP permitió un final pacífico a la Gauche Prolétarienne. En Francia, el izquierdismo persistió bajo la forma de movimiento democrático difuso, antes de quedar liquidado definitivamente por los socialistas. A finales de 1970, los socialistas tenían un programa hipermarxista, un discurso de clase. Lo que ha sucedido desde entonces no habrá sido más que una gigantesca impostura histórica: el Partido Socialista se ha apropiado de todo el espacio, recuperando el electorado del Partido Comunista y las energías intelectuales y militantes de la izquierda. Lo que ha pasado en Alemania e Italia es diferente.

Hay una diferencia entre Alemania e Italia, país en el que se puede hablar de un movimiento de masas que reunía a cientos de miles de obreros y de estudiantes. No había una separación entre sus componentes, como fue el caso efectivamente en Alemania y Francia. En este sentido, me gustaría plantearle una pregunta: en 1977, en Bolonia, o en la gran manifestación de Roma, ¿cree que el rechazo al esquema de la «toma del poder» dejó pasar algo importante? Oreste Scalzone explicaba que un periodista le preguntó varios años más tarde: «¿Habían preparado alguna cosa para ese día?». Scalzone se quedó algo ruborizado y acabó respondiendo: «No, no habíamos pensado en ello».

En la Gauche Prolétarienne, nuestra perspectiva tampoco era la toma del poder. De manera general, las revoluciones están hechas por personas que no quieren tomar el poder: piense en 1830, en 1848... Las barricadas no están hechas para tomar «el poder», sino para oponer una afirmación material del pueblo a la confiscación estatal del poder común.

El problema es que, por un lado, estábamos en un esquema marxista de poder obrero y que, por el otro, la idea de hacer algo como en 1917 no tentaba a muchos. Mayo del 68 fue, ante todo, una huelga general en un sentido amplio, una interrupción de las formas de trabajo, autoridad y legitimidad de la dominación. Faltó ciertamente imaginación respecto al medio de constituir una potencia colectiva popular de un nuevo tipo. Además, los movimientos de izquierda en general y maoístas en particular fueron en Francia muy minoritarios. Todo esto no tiene nada que ver con la historia de la autonomía italiana.

La autonomía no se tomó en serio la idea de que algo podía sustituir a la organización policial de la sociedad. En el libro del Comité Invisible, incriminado actualmente en el asunto de los sabotajes de la SNCF, observamos también un rechazo de la perspectiva consistente en tomar el poder. En la perspectiva de este libro, son las «comunas» las que efectúan la deposición del poder; no tiene que haber gobierno, hay que «volverse ingobernables», etcétera. Sin embargo, la cuestión del gobierno revolucionario es precisamente muy importante.

Hay que distinguir lo que depende de problemas de organización en el seno del grupo y la cuestión de la toma del poder. En el caso de la organización leninista, ambos problemas se confunden...

La cuestión del gobierno revolucionario puede, no obstante, plantearse en una situación en la que el poder de Estado vacile. Se trata de saber cómo pensar y qué hacer con ese momento de vulnerabilidad del poder.

La verdadera cuestión es la de la persistencia. Nos encontramos confrontados, primeramente, con la dispersión en la que cada uno se define por un horario que está fragmentado y saturado. Por ejemplo: acciones con RESF, *reuniones para mantener vivo un colectivo informal, tiempo de movilización puntual... Creo que es necesario salir de esta distribución del tiempo y asumir cierta irreversibilidad en el encadenamiento de los actos. La cuestión no es tanto la de tomar el poder –que es una consigna trotskista que Daniel Bensaïd parece querer rehabilitar actualmente–, sino más bien la del poder de tomar el poder.*

Todas las variantes del trotskismo persistirán hasta el fin del mundo. Todo ser tiende a perseverar en su ser. Pero es cierto que la cuestión consiste en saber lo que puede unir las luchas que se suceden unas tras otras (sin vivienda, sin papeles, hospitales, cierre de fábricas...). ¿Qué es lo que puede transformar esas energías en una capacidad colectiva? Si se responde diciendo «Hace falta un partido», se está respondiendo con un parche, puesto que se está afirmando que, en definitiva, para unificar hace falta una instancia unificadora. Pero también sabemos que no es la «convergencia de luchas», los encuentros entre una miríada de miniorganizaciones lo que opera esta transformación. Se trata de saber cómo extraer un nombre común que sea susceptible de nombrar lo que es común como dinámica de acción y como esperanza de porvenir.

Respecto al argumento de la dispersión, es reversible. Hay cierta alegría militante en mantener la abertura del mundo, incluso podría decirse que también existe tal alegría en la irresolución. Podemos hablar de un comportamiento consistente en sistematizar la espera en el sentido fuerte del término: estamos en un presente que se basta a sí mismo. Es algo que queda demostrado claramente en el ejemplo de la autonomía obrera, y solo retrospectivamente puede decirse «Habríamos podido hacer algo...». Si ciertas personas se implican en política, si le consagran sus energías vitales, es para conseguir una vida más intensa, con más comunidad, y en el presente. Es lo que intenté mostrar en *La noche de los proletarios:* el futuro comunista siempre ha sido un presente. No hay comunismo sin la puesta en común de las capacidades implicadas en ciertos puntos de resistencia.

Querría abordar otro punto. Creo que resulta interesante ir en contra de la idea de una extinción de la clase obrera. Sin duda, es cierto que está dispersada, desmantelada. Pero la cuestión es saber si puede considerarse una unificación política por medio de la figura obrera.

Cabe distinguir dos cosas. Está el nivel de la descripción de lo contemporáneo, de la realidad de los procedimientos de explotación: a este nivel, puede afirmarse que la desaparición de cierta idea de proletariado no impide la conflictividad obrera. En este sentido, hay que reafirmar el componente obrero en la constitución de una fuerza democrática. No estoy seguro, en cambio, de que «figura obrera» pueda ser el nombre común que buscamos. ¿Puede «el obrero» ser el nombre de la figura de los sin parte? Y, si no, ¿qué puede sustituirlo? Hay que encontrar nombres que sean capaces de dividir de otra manera la distribución de las identidades. Recientemente, las personas que forman la RESF han redactado un «manifiesto de los innumerables». Es una bella palabra, pero tampoco basta para operar el tipo de unificación que buscamos. Hay que pensar en una figura subjetiva que pueda tener la consistencia de lo obrero y, al mismo tiempo, la inconsistencia de lo innumerable.

Ha sido necesario hacer el duelo de la idea de que se podría llevar a cabo la toma de conciencia, que se tendría que llevar la verdad a las masas. Como también hay que hacer el duelo de una confianza en la simple capacidad de propagación de las ideas y de los actos. El problema, por tanto, es el de una redefinición de la transmisión en el orden de la política. Así pues, la cuestión podría formularse así: ¿cuál podría ser políticamente el equivalente del encuentro entre Jacotot y sus alumnos?

Hay que conjugar una doble exigencia: por un lado, poder dar confianza a la puesta en común de esas capacidades dispersadas, lo cual corresponde a lo que usted llama un trabajo de «vinculación». Por otro lado, crear una forma de ruptura simbólica fuerte. Es decir, crear una forma de reunión en la que todos los que despliegan una capacidad propia puedan tener confianza en la extensión de esa capacidad. Para ello, hay que crear modos de información y de archivo, formas de circulación y de discusión de las ideas, de los lugares sociales, de los modos de afirmación y de las formas de acción que se erijan claramente como alternativa a lo que se llama la vida política con sus organismos, sus medios de comunicación, sus partidos, sus maneras de construir los problemas y sus soluciones. Se trata de construir los lugares de una problematización diferente de lo político, lugares verdaderamente autónomos que den testimonio de una singularidad fuerte, con tesis claras sobre lo que se entiende por política, sobre lo que puede quererse y lo que se piensa poder. Para ello, no es necesaria la arrogancia del Comité Invisible. La ultraizquierda sostiene actualmente un discurso de pedagogo embrutecedor en el sentido jacotista del término, presentándose como la última chispa de inteligencia crítica que brilla en el seno de un mundo de cretinos alienados.

La perspectiva que consiste en bloquear o atacar la economía, desarrollada entre otros por el Comité Invisible, ¿no constituye justamente una ruptura simbólica fuerte, un discurso de ruptura?

Insisto de nuevo: la ruptura simbólica debe hacerse en nombre de la igualdad y no en nombre de un ataque a la economía.

Es decir, que debe operarse en nombre de una afirmación (la igualdad) y no en nombre del enemigo (la economía).

Hay una verdadera toxicidad de los discursos sobre la economía. Se juega, por ejemplo, con la oposición entre economía financiera y economía real, pero es una falsa división. Y los que son capaces de no sostener esta falsa división permanecen encerrados en horizontes limitados. Estoy pensando, por ejemplo, en la entrevista entre Moulier Boutang y Frédéric Lordon en la RiLi:[4] se trata una vez más de saber cómo acabar con las crisis financieras. Hay consenso sobre el hecho de que debe evitarse absolutamente el derrumbe de la economía «real», porque sería el desastre, el caos, lo impensable. Ahora bien, lo que sucede actualmente es esencialmente eso: podemos pensar al margen de la evidencia de que es la economía la que hace mundo. Podemos pensar al margen de la economía, colocándonos en el lugar mismo de lo «impensable».

Se trata de saber lo que es exactamente ese lugar de lo impensable, ese afuera o «al margen de la economía». El debate sobre economía financiera y economía real es insuficiente, efectivamente, pero atesta el hecho de que cierta figura de la economía –la que se identifica con el todo de la evolución de las sociedades– está justamente en debacle. El beneficio de la crisis financiera es justamente liberarnos de la «economía» como realidad unívoca y ley ineluctable. El pensamiento de la economía como modo de gobierno del mundo que se impone por sí mismo se encuentra debilitado. Ello significa, asimismo, que la desresponsabilización de los Estados en nombre de la necesidad económica está debilitada, que vuelve a ponerse de manifiesto que son ellos mismos los que crean esa necesidad. El poder oligárquico se ejerce, entre

---

4. Frédéric Lordon, «Finance: la société prise en otage», entrevista con Yann Moulier Boutang y Jérôme Vidal, *RiLi, La Revue Internationale des Livres et des Idées* 8 (noviembre-diciembre de 2008), págs. 11-17.

otras maneras, como necesidad económica y no hay razón alguna para aislar la economía como potencia autónoma. Ahora bien, esta obsesión por un nombre oculta evidentemente otra cuestión: ¿qué otra organización de formas de producción, de consumo y de intercambio podemos considerar actualmente como posible y deseable?

Bibliografía de Jacques Rancière

La leçon d'Althusser, París, Gallimard, 1975.
La parole ouvrière, con Alain Faure, París, 10/18, 1976 (París, La Fabrique, 2007).
La nuit des prolétaires. Archives du rêve ouvrier, París, Fayard, 1981 (París, Hachette Pluriel, 1997) [vers. cast.: *La noche de los proletarios. Archivo del sueño obrero,* trad. de Enrique Biondini y Emilio Bernini, Buenos Aires, Tinta Limón, 2008].
Le philosophe et ses pauvres, París, Fayard, 1983 (París, Flammarion, 2007).
Louis-Gabriel Gauny. Le philosophe plébéien (edición), Saint-Denis, Presses Universitaires de Vincennes, 1985.
Le maître ignorant. Cinq leçons sur l'émancipation intellectuelle, París, Fayard, 1987 (París, 10/18, 2004) [vers. cast.: *El maestro ignorante: cinco lecciones sobre la emancipación intelectual,* trad. de Núria Estrach Mira, Barcelona, Laertes, 2010, 2ª ed. revisada].
Courts voyages au pays du peuple, París, Seuil, 1990 [vers. cast.: *Breves viajes al país del pueblo,* trad. de Irene Agoff, Buenos Aires, Nueva Visión, 1991].
Aux bords du politique, París, Osiris, 1990 (París, La Fabrique 1998; París, Folio, 2003) [vers. cast.: *En los bordes de lo político,* trad. de Alejandro Madrid, Buenos Aires, La Cebra, 2007].

Les noms de l'histoire. Essai de poétique du savoir, París, Seuil, 1992 [vers. cast.: *Los nombres de la historia. Ensayo de una poética del saber,* trad. de Viviana C. Ackerman, Buenos Aires, Nueva Visión, 1993].

La mésentente, París, Galilée, 1995 [vers. cast.: *El desacuerdo,* trad. de Enrique Pons, Buenos Aires, Nueva Visión, 1996].

Mallarmé, la politique de la sirène, París, Hachette, 1996.

Arrêt sur histoire, con Jean-Louis Comolli, París, Centre Georges Pompidou, 1997.

La chair des mots. Politique de l'écriture, París, Galilée, 1998.

La parole muette. Essai sur les contradictions de la littérature, París, Hachette, 1998 [vers. cast.: *La palabra muda. Ensayo sobre las contradicciones de la literatura,* trad. de Cecilia González, Buenos Aires, Eterna Cadencia, 2009].

Le partage du sensible. Esthétique et politique, París, La Fabrique, 2000 [vers. cast.: *El reparto de lo sensible. Estética y política,* trad. de Cristóbal Durán et al., Santiago de Chile, LOM, 2009; *La división de lo sensible: estética y política,* trad. de Antonio Fernández Lera, Salamanca, Centro de Arte de Salamanca, 2002].

L'inconscient esthétique, París, La Fabrique, 2001 [vers. cast.: *El inconsciente estético,* trad. de Silvia Duluc y Silvia Costanzo, Buenos Aires, Del Estante, 2005].

La fable cinématographique, París, Seuil, 2001 [vers. cast.: *La fábula cinematográfica,* trad. de Carles Roche Suárez, Barcelona, Paidós, 2005].

Le destin des images, París, La Fabrique, 2003 [vers. cast.: *El destino de las imágenes,* trad. de Pablo Bustinduy Amador, Pontevedra, Politopías, 2010].

Les scènes du peuple. Les «Révoltes Logiques», 1975-1985, París, Horlieu, 2003.

Malaise dans l'esthétique, París, Galilée, 2004.

Chronique des temps consensuels, París, Seuil, 2005.

L'espace des mots. De Mallarmé à Broodthaers, Nantes, Musée des Beaux-Arts de Nantes, 2005.

La haine de la démocratie, París, La Fabrique, 2005 [vers. cast.: *El odio a la democracia,* trad. de Irene Agoff, Madrid, Amorrortu, 2006].

La philosophie déplacée. Autour de Jacques Rancière, Actas del coloquio de Cerisy, París, Horlieu, 2006.

Politique de la littérature, París, Galilée, 2007 [vers. cast.: *Política de la literatura,* trad. de Marcelo G. Burello, Buenos Aires, Libros del Zorzal, 2010].

Le spectateur émancipé, París, La Fabrique, 2008 [vers. cast.: *El espectador emancipado,* trad. de Ariel Dilon, revisión y notas de Javier Bassas Vila, Castellón, Ellago, 2010].

Démocratie, dans quel état?, obra colectiva con Giorgio Agamben, Alain Badiou, Daniel Bensaïd, Wendy Brown, Jean-Luc Nancy, Kristin Ross y Slavoj Žižek, París, La Fabrique, 2009 [vers. cast.: *Democracia en suspenso,* trad. de Tomás Fernández Aúz y Beatriz Eguibar, presentación y revisión de Javier Bassas Vila, Madrid, Casus Belli, 2010].

Moments politiques. Interventions 1977-2009, París, Lux/La Fabrique, 2009 [vers. cast.: *Momentos políticos. Intervenciones 1977-2009,* trad. de Gabriela Villalba, Buenos Aires, Capital Intelectual, 2010].

Les écarts du cinema, París, La Fabrique, 2011 [vers. cast.: *Las distancias del cine,* trad. de Javier Bassas Vila, Castellón, Ellago, próxima publicación, 2012].

Índice analítico

Agamben, Giorgio, 124, 136, 162.
Althusser, Louis, 75, 81, 84, 176-178, 180.
«Animal literario», 58-59, 91, 197.
Arendt, Hannah, 86, 122, 162, 194-196, 225.
Aristóteles, 55, 61, 74, 82-83, 103, 121-123, 184, 201, 208, 215-217.
Badiou, Alain, 35, 192-193, 211.
Balibar, Etienne, 126, 179.
Ballanche, Pierre-Simon, 46, 107, 220.
Balzac, Honoré de, 95, 97-98, 201-202, 209.
Barthes, Roland, 57.
Bellas Letras, las, 37, 59, 97.
Biopoder/biopolítica (Foucault), 121-127, 136, 138, 150, 293.
Blanqui, Auguste, 220-222.
Boltanski, Luc, 89.
Bourdieu, Pierre, 82, 84-87, 127, 144, 146, 168, 170, 255, 259-260, 267, 271.
Braudel, Fernand, 33, 39, 41, 55.
Ciencias sociales/humanas, 34, 35-36, 43, 47, 56, 59, 64-65, 69, 71, 95, 262, 267.
Cientificismo, 69, 82, 91, 100, 258.
Cine, 168.
Comité invisible, 293 (nota 2), 299, 302.
Comunismo, 167, 172, 227, 247, 285, 292, 296, 301.
Consenso, 39, 88-89, 140, 159-160, 172-173, 225, 227, 264-265, 275-276, 280, 303.
Debord, Guy, 286-288.
Deleuze, Gilles, 34, 138, 209, 281.

Democracia, 35, 37, 41, 43, 59-60, 80, 89-90, 102, 130, 140-142, 167, 169-170, 172-173, 183, 185, 187-188, 224, 226, 245-250, 252, 257-258, 269-270, 281, 287.
Demos, 89, 102, 138, 163-167, 195, 224.
Derrida, Jacques, 209, 211, 285-286.
Disenso, 89, 140, 173, 192, 200, 227, 231, 265, 280-281.
Emancipación, 27, 38, 46, 74, 76-77, 107, 109, 114, 130-131, 140, 144-145, 169, 171, 195, 197, 205, 210, 223, 234, 240, 256, 258-261, 267, 271, 285, 288.
Estética, 43, 54-55, 85, 136-137, 175, 197-203, 208-209, 212, 224-231, 256, 259-260, 269-272, 276-279, 281-283.
Flaubert, Gustave, 168-169, 199-202, 226.
Foucault, Michel, 126, 133-137, 209, 211, 293.
Gauche Prolétarienne (Izquierda Proletaria), 289, 293-294, 297-299.
Globalización, 150, 153, 155, 164-165, 173, 190-191.
Hugo, Victor, 43, 52, 90, 95, 197.

Igualdad, 38-42, 44, 49, 68, 74, 80-81, 86, 104-107, 123, 131-132, 144-147, 149, 151-152, 160, 169-170, 183-187, 192, 197, 200, 202-203, 207, 214, 217, 223-224, 226, 228, 231, 240, 249-251, 258, 264, 266, 270-271, 302-303.
Jacotot, Joseph, 38, 130, 184, 196-197, 240, 250, 302.
Kant, Immanuel, 202, 269, 278-279.
Lacan, Jacques, 207-209, 248.
Le Roy Ladurie, Emmanuel, 44, 92.
Lefort, Claude, 188.
Literatura, 33-37, 43-44, 54, 56, 58-59, 66, 72, 95-97, 99, 166, 169-170, 197-198, 200-203, 209-210, 212, 226, 228, 263, 273, 285-286.
Los sin parte, 80, 88, 103-105, 108-111, 113, 117, 127, 163, 165, 214-215, 220, 233-234, 239, 280, 301.
Mallarmé, Stéphane, 98, 197-199, 203-204, 229-230.
Marx, Karl [y marxismo], 23-26, 40, 58, 75-78, 81-82, 84, 86, 105, 107, 124-125, 127, 130, 135, 137-138, 153-154, 162-163, 169, 174, 177-178,

180-182, 190, 204, 223, 227, 234, 246-248, 255, 258-259, 287, 291, 296, 298-299.

Mayo del 68, 28-29, 170, 176, 178-179, 181, 249-252, 289-290, 294, 299.

Metapolítica, 127, 138, 152, 154, 225-227.

Michelet, Jules, 33, 39, 41-44, 58, 196-197, 199.

Milner, Jean-Claude, 247, 249, 257.

Mímesis/diégesis, 42-43, 45, 57-58, 273.

Movimiento obrero, 24, 28, 76-78, 99, 105, 114-115, 119-120, 180-182, 234, 298.

Negri, Antonio, 133, 136-137, 154, 234.

París VIII (Universidad de), 33, 176, 178-179.

Platón [platónico y platonismo], 26, 34-35, 37-38, 40, 42, 46-48, 53-54, 58, 63, 69-70, 137, 195, 248-249, 285.

Policía [y policial], 73-75, 77, 101-102, 104-106, 108, 111-113, 119, 122-127, 129-130, 133, 135, 140, 143, 146-147, 150, 155, 163, 170, 172, 189-190, 192-193, 214, 216-217, 222, 235-238, 247, 275, 299.

Pueblo, 23, 29, 36, 38, 40-44, 52, 102, 119, 129-131, 149-152, 155-156, 159-160, 164-165, 168, 171, 183-184, 190, 196-197, 200, 226-227, 229, 233, 247, 257, 267, 275, 279, 285, 297, 299.

Régimen estético del arte, 204-205, 209, 212, 225-226, 228-230, 273, 276, 284.

Reparto de lo sensible, 122-123, 126, 136-137, 218-219, 221, 223-224, 229, 256, 269-270, 281, 284.

Revolución [compuestos y derivados], 23, 28-29, 39-44, 71, 97, 115, 118, 140, 154-155, 159, 162, 164, 182-183, 195-196, 201-204, 220-221, 224, 227, 229-231, 233, 241, 245-248, 252, 262, 266-267, 271, 277, 284, 291, 293, 298-299.

Sartre, Jean-Paul, 168-169, 177.

Schelling, Friedrich von, 227-230.

Schiller, F. W. J., 202, 227-230.

Sin papeles, 75, 80-81, 111, 117, 157, 171-172, 192, 194, 215, 218-219, 223, 241-244, 295, 300.

Utopía [y derivados], 24, 27-28, 30, 37, 39, 70, 73,

77, 105, 172, 198, 204, 210, 243, 266, 271.
Woolf, Virginia, 45, 52, 68, 273.
Yes Men (colectivo de artistas), 277-278.
Žižek, Slavoj, 188.

Obras citadas de J. Rancière:

El desacuerdo, 101, 113, 121, 125, 129, 150, 159, 184, 189, 198-199, 213, 216, 221, 275, 278, 280.
El destino de las imágenes, 229, 232.
El inconsciente estético, 207.
El maestro ignorante, 38, 144, 196, 240, 250, 270.
El malestar en la estética, 270.
El odio a la democracia, 245, 257, 269.
El reparto de lo sensible, 136, 270, 281, 284.
En los bordes de lo político, 73, 192, 234.
La lección de Althusser, 180.
La noche de los proletarios, 44, 51-52, 81-82, 90, 99, 198, 232, 301.
Los nombres de la historia, 39, 54-55, 57-58, 71, 90, 261.
Mallarmé. La política de la sirena, 197-199.
Política de la literatura, 286.